国立大学法人
兵庫教育大学教育実践学叢書 5

「優秀教員」の職能開発

効果的な現職研修の検討

當山　清実◎著

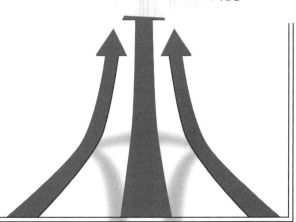

まえがき

　本書は、2011年3月に兵庫教育大学大学院連合学校教育学研究科より、博士（学校教育学）の学位を授与された論文「『優秀教員』の職能開発における現職研修の効果に関する研究」に加筆修正を行ったものである。

　本書の基礎となる研究は、教員の資質向上・職能開発という普遍的な課題について、文部科学大臣優秀教員表彰制度の被表彰者（「優秀教員」）を教職における職能開発の成功モデルと推定している。そして、優秀教員が経験してきた現職研修の効果を明らかにすることにより、優秀教員が育成される条件を探るとともに、職能開発を促進する支援策の在り方を考究することを目的として取り組んだ。

　本書の内容・構成として、研究の対象・方法及び優秀教員表彰制度の概要を示し（第1章〜第3章）、現職研修（校内研修、校外研修、自主研修）の効果意識に関する質問紙調査の集計結果に基づく統計的考察を行う（第4章〜第6章）。また、抽出した対象者に対するインタビュー調査の結果に基づく事例的考察を行う（第7章〜第9章）。さらに、統計的考察及び事例的考察を踏まえた現職研修の効果に関する総合考察（第10章）に加え、教員の職能開発を促進する現職研修と支援策の在り方を総括的に検討する（第11章）。

　研究主題となる教員の職能開発は、それ自体が最終目的ではなく、あくまでも児童・生徒に対して良質の学びを提供するための手段として、学校教育の成否を左右する重大な要因であるという認識に基づいている。すなわち、学校教育の質的向上の実現に向けて、教員の職能開発を優先課題として位置付け、現職研修を通じた職能開発によって組織活動を活発化しながら教育目標の達成をめざす必要がある。その最適な方法である現職研修の効果測定・分析により、職能開発を促進する現職研修の条件を探るとともに、今後の支援策の在り方を考究する。

　本書の中核を構成している各章の論稿は次のとおりであるが、博士論文と本書の執筆時にそれぞれ若干の加筆修正を行っている。

第2章・第3章　「優秀教員表彰制度の特質と課題」兵庫教育大学学校経営研
　　　　　　　究会『現代学校経営研究』第21号、53-62頁、2009年1月

第4章	「『優秀教員』の職能開発における現職研修の効果に関する研究－校内研修に対する効果意識を基にして－」兵庫教育大学大学院連合学校教育学研究科『教育実践学論集』第11号、51-62頁、2010年3月
第5章	「『優秀教員』の職能開発における現職研修の効果に関する調査研究－校外研修を中心として－」教育開発研究所『日本教育行政学会年報』第35号、182-198頁、2009年10月
第6章	「『優秀教員』の職能開発における自主研修の効果」学事出版『日本教師教育学会年報』第19号、70-79頁、2010年9月
第9章	「教員の自主研修に対する効果意識とその態様に関する考察－優秀教員対象の調査結果を基礎として－」『兵庫教育大学研究紀要』第49巻、87-95頁、2016年9月
第10章・第11章	「教員の職能開発を促進する現職研修の在り方に関する検討－優秀教員に対する調査結果を基礎として－」兵庫教育大学学校経営研究会『現代学校経営研究』第25号、83-96頁、2018年2月

　本書の基礎となる研究の遂行過程において、次の助成制度を活用することによって進捗を図ることができた。
1．2013年度独立行政法人日本学術振興会科学研究費助成事業（科学研究費補助金）奨励研究（課題番号：25907035）「教員の資質能力の向上を促進する現職研修の条件整備・支援策に関する調査研究」（研究代表者：當山清実）
2．2016年度公益財団法人日本教育公務員弘済会（本部奨励金）「教員の資質能力の向上に資する自主研修の支援策に関する調査研究－先進事例に基づく支援の在り方の検討－」（研究代表者：當山清実）

　本書には、筆者の力量不足による拙い部分が多々あると思われるが、とりあえずの区切りとしてまとめた次第である。研究上の課題が存在することも自覚してお

り、改善を図っていくためにも、読者の皆様からのご批評・ご叱正をいただければ幸いである。今後も研鑽を積みながら進展を図るとともに、成果の還元に努めていく決意である。本書で展開する論考に関しては、各地で推進されている現職教員研修の改革に関する議論の材料となれば望外の喜びである。

　なお、本書の出版にあたり、「兵庫教育大学教育実践学叢書」第5巻として刊行される幸運に恵まれた。通読・判定を担当してくださった兵庫教育大学研究推進委員会及び学術図書出版委員会の諸先生方、担当の研究推進課をはじめ、関係各位に感謝を申し上げる。また、出版の労をとっていただいた株式会社ジアース教育新社の加藤勝博社長、懇切丁寧に編集を担当してくださった市川千秋氏にお礼を申し上げる。

2019年4月

兵庫教育大学　當山　清実

目　次

まえがき ……………………………………………………………………3

第1部　序論：研究の目的

 1．研究の目的 ……………………………………………………………14
 2．用語の定義 ……………………………………………………………16
 3．研究の構成 ……………………………………………………………19

第1章　研究の対象と方法 …………………………………………………23
第1節　先行研究の検討 ……………………………………………………23
 1．優秀教員（教員評価）に関する研究 ………………………………23
 2．教員の職能開発に関する研究 ………………………………………24
 3．現職教員研修に関する研究 …………………………………………26
 4．教育・研修の効果測定に関する研究 ………………………………29
第2節　研究の対象 …………………………………………………………31
 1．研究対象の焦点化 ……………………………………………………31
 2．現職研修の分類・区分 ………………………………………………33
第3節　調査の概要と対象者の属性 ………………………………………35
 1．質問紙調査の概要 ……………………………………………………35
 2．インタビュー調査の概要 ……………………………………………38

第2部　本論：優秀教員の職能開発における現職研修の効果

第2章　優秀教員表彰制度の創設 …………………………………………44
第1節　優秀教員表彰制度の創設に至る政策動向 ………………………44
 1．教員に求められる資質能力 …………………………………………44
 2．養成・採用・研修の各段階における資質能力の形成の連続性 …48
 3．教員評価制度と公務員制度改革との連動 …………………………51

4．教員評価制度を通じた資質能力の向上 ……………………………53
　第2節　優秀教員表彰制度の実施状況 ……………………………………55
　　1．地方レベルの「優秀な教員の表彰等の取組」 ………………………55
　　2．全国レベルの「文部科学大臣優秀教員表彰制度」 …………………59
　第3節　優秀教員表彰制度の運用上の課題 ………………………………67
　　1．表彰基準の整備 ………………………………………………………67
　　2．待遇改善と活用方策 …………………………………………………69

第3章　優秀教員の実像 …………………………………………………71
　第1節　優秀教員の実績・表彰理由 ………………………………………71
　　1．学習指導 ………………………………………………………………71
　　2．生徒指導、進路指導 …………………………………………………72
　　3．体育、保健、給食指導 ………………………………………………73
　　4．部活動指導 ……………………………………………………………74
　　5．特別支援教育 …………………………………………………………75
　　6．その他 …………………………………………………………………75
　第2節　優秀教員のライフコース上の経験 ………………………………77
　　1．入職前の経験 …………………………………………………………77
　　2．初任期の経験 …………………………………………………………78
　　3．職務上の経験 …………………………………………………………80
　第3節　優秀教員の勤務実態と意識 ………………………………………82
　　1．勤務の実態 ……………………………………………………………82
　　2．表彰後の変化 …………………………………………………………83
　　3．優秀教員の意識 ………………………………………………………86

Ⅰ．質問紙調査に基づく統計的考察　89

第4章　校内研修の効果に関する統計的考察 …………………………92
　第1節　校内研修の効果 ……………………………………………………92
　　1．校内研修の全体的な特徴 ……………………………………………92
　　2．実績分野別の特徴 ……………………………………………………94
　　3．校種別の特徴 …………………………………………………………97
　第2節　校内研修の統計的考察 ……………………………………………100
　　1．校内研修の有効性 ……………………………………………………100

2．インフォーマル研修の有効性 ……………………………………………102
　　3．実績分野別・校種別の特徴 ………………………………………………103
　第3節　本章のまとめ ……………………………………………………………105

第5章　校外研修の効果に関する統計的考察 ……………………………107
　第1節　校外研修の効果 …………………………………………………………107
　　1．校外研修の全体的な特徴 …………………………………………………107
　　2．実績分野別の特徴 …………………………………………………………109
　　3．校種別の特徴 ………………………………………………………………110
　第2節　校外研修の統計的考察 …………………………………………………112
　　1．行政研修の有効性 …………………………………………………………112
　　2．派遣研修の有効性 …………………………………………………………113
　　3．実績分野別・校種別の特徴 ………………………………………………114
　第3節　本章のまとめ ……………………………………………………………115

第6章　自主研修の効果に関する統計的考察 ……………………………117
　第1節　自主研修の効果 …………………………………………………………117
　　1．自主研修の全体的な特徴 …………………………………………………117
　　2．実績分野別の特徴 …………………………………………………………118
　　3．校種別の特徴 ………………………………………………………………119
　第2節　自主研修の統計的考察 …………………………………………………121
　　1．自主研修の有効性 …………………………………………………………121
　　2．自主研修に対する意欲 ……………………………………………………123
　　3．実績分野別・校種別の特徴 ………………………………………………124
　第3節　本章のまとめ ……………………………………………………………125

Ⅱ．インタビュー調査に基づく事例的考察　　127

第7章　校内研修の効果に関する事例的考察 ……………………………141
　第1節　フォーマル研修による職能開発 ………………………………………141
　　1．初任校における研究活動の盛んな環境 …………………………………141
　　2．模範となる先輩教員からの実践的な学び ………………………………142
　第2節　インフォーマル研修による職能開発 …………………………………143
　　1．先輩教員からの指導・助言 ………………………………………………143

2．子どもたちとのふれあい　……………………………………………146
　第3節　フォーマルとインフォーマルの混合による職能開発　………………148
　　1．先輩教員が後輩教員を指導・育成する学校文化　………………148
　　2．先輩教員への憧憬とコミュニケーションによる「裏技」の伝授　……149
　第4節　校内研修の事例的考察　………………………………………150
　　1．良き指導者の存在　……………………………………………151
　　2．教員同士が学び合う環境　……………………………………154
　　3．前向きな意識・姿勢・態度　……………………………………155
　第5節　本章のまとめ　……………………………………………………156

第8章　校外研修の効果に関する事例的考察　……………………………159
　第1節　行政研修による職能開発　………………………………………159
　　1．プラス思考による行政研修への参加　………………………159
　　2．学び取る意欲と柔軟な思考による吸収　……………………160
　　3．行政研修における実践事例からの学び　……………………161
　第2節　派遣研修による職能開発　………………………………………162
　　1．得意分野の伸長と全国・海外への視野の拡大　……………162
　　2．研修成果の教育実践活動への還元　…………………………163
　　3．多様な派遣研修による教職キャリアの形成　………………164
　　4．大学における2度の長期派遣研修　…………………………165
　第3節　行政研修と派遣研修の混合による職能開発　…………………166
　　1．研修機会の有効活用と費用対効果の自覚　…………………166
　　2．教育行政職の経験と中央研修による視野の拡大　…………167
　　3．教育実践活動に関する情報収集と理論的知識の獲得　……168
　　4．行政研修の効果と派遣研修の付加的・波及的効果　………169
　第4節　校外研修の事例的考察　………………………………………170
　　1．行政研修の機会の有効活用　…………………………………170
　　2．派遣研修の成果の還元　………………………………………173
　第5節　本章のまとめ　……………………………………………………178

第9章　自主研修の効果に関する事例的考察　……………………………180
　第1節　自主研修による職能開発　………………………………………180
　　1．教育に関する専門的書籍の購読　……………………………180
　　2．自主的組織・サークルでの研修　……………………………183

3．民間の教育研究団体による研修 ……………………………184
　　4．先進校への視察研修 …………………………………………187
　第2節　自主研修の事例的考察 ……………………………………189
　　1．自主研修に取り組む契機 ……………………………………189
　　2．自己負担（時間・費用）への対応 …………………………193
　第3節　本章のまとめ ………………………………………………194

Ⅲ．統計的・事例的考察に基づく総合考察　197

第10章　現職研修の効果に関する総合考察 ……………………198
　第1節　校内研修の効果に関する総合考察 ………………………198
　　1．校内研修に関する統計的考察の知見 ………………………198
　　2．校内研修に関する事例的考察の知見 ………………………199
　　3．校内研修の総合考察 …………………………………………200
　第2節　校外研修の効果に関する総合考察 ………………………201
　　1．校外研修に関する統計的考察の知見 ………………………201
　　2．校外研修に関する事例的考察の知見 ………………………202
　　3．校外研修の総合考察 …………………………………………203
　第3節　自主研修の効果に関する総合考察 ………………………204
　　1．自主研修に関する統計的考察の知見 ………………………204
　　2．自主研修に関する事例的考察の知見 ………………………205
　　3．自主研修の総合考察 …………………………………………205
　第4節　優秀教員が育成される現職研修の条件 …………………207
　　1．職能開発の前提条件 …………………………………………207
　　2．現職研修の推進条件 …………………………………………208
　　3．現職研修体系の再編・整備 …………………………………214
　　4．学校管理職の役割 ……………………………………………215
　　5．教育行政の役割 ………………………………………………216

第3部　結論：研究の総括と課題

第11章　教員の職能開発の促進に向けて ……………………………222
第1節　研究の総括 ……………………………………………………223
1. 職能開発を促進する基盤の形成 …………………………………223
2. 職能開発を促進する研修システムの構築 ………………………223
3. 職能開発を促進する教育経営上の課題 …………………………224

第2節　政策動向を踏まえた補遺 ……………………………………226
1. 教員の職能開発に関する政策動向 ………………………………226
2. 教員の職能開発に向けた重点課題 ………………………………230
3. 現職教員研修の今後の方向性 ……………………………………231

第3節　今後の研究課題 ………………………………………………233

資料　質問紙調査票 ………………………………………………………237
参考文献 ……………………………………………………………………247
あとがき ……………………………………………………………………252

第 1 部
序論

研究の目的

1. 研究の目的

　本研究の目的は、文部科学大臣優秀教員表彰制度の被表彰者[1]（以下、「優秀教員」）を教職における職能開発の成功モデルと推定し、彼らが経験してきた現職研修の効果を明らかにすることにより、優秀教員が育成される条件を探るとともに、職能開発を促進する支援策の在り方を考究することである。

　教員の資質向上・職能開発は、長年にわたり教育政策上の重要課題として位置付けられてきた。近年においても、学校教育を取り巻く環境の急激な変化に伴い、教職員一人ひとりの資質能力の一層の向上が求められるとともに、学校の組織開発による教育力向上が喫緊の課題となっている。学校教育の直接の担い手である教員には、幼児・児童・生徒の人格形成に多大な影響を与えることから、専門職としての職責の重要性に基づき、ライフステージに応じた多様な資質能力が要求されている。

　現下、世界各国において教育改革が進展する中、我が国においても広範多岐にわたる改革プログラムが矢継ぎ早に打ち出されている。その一環として、養成・採用・研修・評価等の各段階における総合的な教師教育改革が推進されている。具体的には、教員養成カリキュラムの見直し、教員採用選考の多様化、現職研修や教員評価の改善・充実をはじめ、既存の制度や運営の見直しによる充実・強化が図られている。加えて、大学院修学休業制度の開始（2001年）、法定研修としての教職10年経験者研修の実施（2003年）、指導が不適切な教員に対する指導改善研修の実施（2008年）、中核的・指導的な教員の養成・研修の場としての教職大学院の開設（2008年）、教員免許更新制の開始（2009年）といった法制度の改正が具現化するに至った。さらに、直近においては、教育委員会と大学等との協議会の設置による育成指標とそれを踏まえた研修計画の策定・実施（2017年）をはじめ、学び続ける教員を支えるキャリアシステムの構築のための体制整備が進められている。

　こうした情勢の下で、教員評価を通じた資質向上策の一環として、指導力不足教員への厳格な対応と表裏一体の制度である「優秀な教員の表彰等の取組」[2]が全国各地で推進されている。また、都道府県・指定都市レベルの認定制度として、

いわゆる「スーパーティーチャー制度」[3]の導入も進んでおり、他の教員への指導・助言や研修講師としての活用により、教職キャリアの複線化が企図される傾向にある。また、2006年度からは、各任命権者からの推薦に基づき、文部科学大臣による優秀教員の全国表彰が実施されている。その趣旨として、教員の意欲と資質能力の向上に資する効果への期待に加え、教職に対する信頼感と尊敬の念を社会全体に醸成することが明示されている。

　優秀教員は、教育実践上の顕著な実績により、学校―教育委員会―文部科学省という公的推薦ルートの審査を経て表彰要件の具備が認定されている。すなわち、人間的資質と専門的力量に基づく個人の実践的指導力に加え、学校組織の活性化や教育力向上に対する貢献度も高く評価されて選定に至っている。したがって、双方の資質能力を兼備した人物であるとの推定が可能であり、少なくとも我が国に現存する唯一の制度に基づき、公認による優秀性が担保されている。このような観点から、優秀教員のライフコースには、教員人事（養成・採用・配置・異動・研修・評価等）の全般にわたり、職能開発のモデルケースとなる可能性が秘められていると考えられる。

　被表彰者としての適格性を有する優秀教員は、いかなる過程を経て相応する職能開発を達成するに至ったのであろうか。従来から、教育問題が噴出するたびに、教員の資質能力の向上も議論の的となってきたように、今日においてもなお、教師教育における普遍的な課題として位置付けられている。優秀教員の職能開発過程の解明により、望ましい教員の人事管理システムの構築に向けた有益な情報の提供が可能になると考えられる。

　優秀教員の職能開発における多様な要因の中でも、とりわけ入職後の現職研修については、職務遂行との関連性が高く、教育実践に直接結び付くことが期待されるとともに、多額の公費[4]が投入されている点においても、特に重要度の高い研究対象であると考えられる。ところが、教員のライフステージや多様な教育実践活動に対応する資質能力が明確化されていない実態にあるため、研修の効果測定に困難が生じ、単なる研修の満足度評価にとどまる傾向にあり、より厳密な費用対効果の測定・検証が求められている現状にある。

　現職研修の分類として、「校内研修（OJT：On-the-Job Training）」、「校外研修

(Off-JT：Off-the-Job Training)」及び「自主研修（SD：Self Development)」という形態や実施（主催）者別の区分が一般的であり、各研修において教員の職能開発に即した事業展開及び支援が要求されている。具体的には、義務教育の質の保証という国家責任、学力向上の基底的要因となる授業力向上、教育病理現象への適切な対処、といった多種多様な教育課題への対応が挙げられる。加えて、地方分権化と学校の特色づくり、教育予算・研修関連予算の削減、といった状況の変化も相まって、より効率的な実施が求められている点においても、その効果を一層重視する必要があると考えられる。

　本研究は、職能開発モデルとしての可能性を有する優秀教員に関する研究及びその職能開発における現職研修の効果測定に関する研究が数少ない現況に着目し、両者を横断する内容を扱う。すなわち、職能開発の成功モデルとしての優秀教員が経験してきた現職研修の効果意識とその具体的な態様を基礎として、優秀教員が育成される条件を探るとともに、職能開発を促進する支援策の在り方を考究し、新たな知見の提示をめざす研究課題に取り組む。

2．用語の定義

　本研究における重要用語について、類似用語との比較・整理を含め、以下のとおり定義する。

（1）優秀教員（Excellent Teachers）

　本研究における「優秀教員」とは、2006年度から実施されている文部科学大臣優秀教員表彰制度の被表彰者である。ただし、本研究の調査対象は、2006年度及び2007年度の2年間、公立学校の所属、表彰時の年齢を35歳から45歳までに限定する。

　「優秀教員」の要件として、①現職、②教職経験10年以上かつ35歳以上、③原則として都道府県レベルの表彰を受けている、または表彰に準じる評価を得ている、④勤務実績良好かつ過去に懲戒処分を受けていない、以上の4点が明示されている。

　他方、類似する「優秀な教員の表彰等の取組」については、教員評価に基づく

都道府県・指定都市レベルの表彰制度である。また、「スーパーティーチャー」についても、都道府県・指定都市レベルの高い指導力を有する教員の認定制度である。両者ともに、全国レベルの「優秀教員」表彰制度の基礎として位置付けられるが、必ずしもリンクしているわけではない。

なお、「教員」と「教師」の用語については、社会的制度的存在（公教育）としての「教員」、教育という働きに着目した「教師」という一般的な概念に基づくが、定着用語や引用資料の関係上、両者を混用している部分がある。

（2）職能開発（Professional Development）

本研究における「職能開発」とは、教員個人の主体性に着目し、専門的力量を獲得していく全ての活動であり、正式な講座をはじめ、個人レベルの研究を含む概念として使用する。

類似の「力量形成」については、専門的な知識・技術といった側面に加え、責任感や奉仕の精神といった人間的資質を含む概念であることが示されている[5]。しかし、職務行為に限定されない広すぎる意味合いを持つとの指摘も存在する[6]。他方、「資質能力」については、一般的に「人間的資質」と「専門的力量」に大別されるが、先天的な素質や才能という意味合いが比較的強く、養成・採用段階にも相当の比重が置かれていると認識できる。さらに、同じ「Development」の訳語としての「発達」、あるいは「成長（Growth）」という生涯発達研究の基本理念に基づく用語も存在する。

本研究では、既得の資質能力の量的増大・質的進化に加え、職務遂行に要する新たな分野を切り開いて獲得していくことを含意するとともに、外部からの働きかけによって育成可能なニュアンスを持つ適語として、「職能開発（Professional Development）」を選択・使用する。

（3）現職研修（INSET：IN-Service Education and Training）

本研究における「現職研修」とは、教員の職務遂行能力を維持・向上させる必要性から、入職後（本務採用前の非正規教員を含む）に行われる教育・訓練活動である。その分類・区分については、参加対象者、提供主体（主催者）、実施形態（法的拘束性）をはじめ、様々な方法が可能である[7]。

本研究では、人材育成の観点と場所的・時間的な基準から、「校内研修（OJT：

On-the-Job Training)」、「校外研修（Off-JT：Off-the-Job Training)」及び「自主研修（SD：Self Development)」の3つに大別する。次に、各研修において分類・区分する内容を個別に確認していく。

1）校内研修（OJT：On-the-Job Training）

本研究における「校内研修」とは、場所的には勤務校内において行われる研修である。時間的な基準と参加形態により、勤務時間内に実施される義務的集合形式（フォーマル）、勤務時間外や学校内部関係者との交流を含む形式（インフォーマル）に大別する。

すなわち、「フォーマル」については、勤務時間内に教員集団によって組織的・計画的に実施される狭義の研修とする。他方、「インフォーマル」については、職能開発の視点から、日常の職務遂行過程における実践的な OJT や個人的なコーチング・メンタリング等を含めるとともに、厳密には勤務時間内のみに限定できない場合もあり得る広義の研修とする。

なお、「フォーマル（研修）」及び「インフォーマル（研修）」という表現は、校外研修や自主研修にも該当するが、本研究では校内研修に限定して使用する。

2）校外研修（Off-JT：Off-the-Job Training)

本研究における「校外研修」とは、場所的には勤務校の外において、時間的には勤務時間内に職務として実施される研修である。

次に、「校外研修」を提供主体（主催者）によって、「行政研修」と「派遣研修」に分類・区分する。「行政研修」については、主として都道府県教育センター等において、直接運営方式で実施される事業とする。その中には、法定研修・悉皆研修をはじめ、属性に基づく職務命令によって参加に強制力を伴う「義務的研修」が含まれる。

他方、「派遣研修」については、国・大学（院）・民間企業をはじめ、関係機関において外部委託方式によって実施される事業とする。なお、研修期間の大半が6ヶ月以上から、1年間あるいは2年間という長期にわたることから、「長期派遣研修」という用語と混用している部分がある。

3）自主研修（SD：Self Development）

本研究における「自主研修」とは、場所的には勤務校の内外に関わらず、自宅

等での取組を含む形態である。時間的な基準では、原則として勤務時間外の取組とするが、職務専念義務の免除によって行われる場合を含む形態とする。

　すなわち、自主的・主体的な意思と責任に基づき、特定の目標達成や課題克服等をめざしながら、必要な知識・技能等を自らの責任において形成する営みであり、場所（校内・校外）、単位（個人・集団）、内容等を特に限定せず、勤務時間外または職務専念義務の免除によって行われ、私的な時間や費用の負担を伴う形態を基本とする。

　類似の「個人研修」については、共同研修や集合研修との対語として使用される。次に、「自己研修」については、自己を高めるために研究と修養に努めるという研修の本来的な意味であり、「個人研修」を含む包括的な概念として使用される場合が多い[8]。

　他方、「自主研修」については、職務命令を伴う義務的な参加が求められる研修の対語として使用され、自律的か他律的かの違いとしても捉えられる。しかし、義務的研修の中にも自主的に選択可能な部分が含まれるため、単なる対立概念としては使用できない場合もある。

　以上を踏まえるとともに、近年の定着用語としての「自主的・主体的研修」の短縮形でもある適語として「自主研修」を使用する。

3．研究の構成

　本研究は以下のとおり、序論・本論・結論の3部、合計11章で構成している。

> **第1部　序論：研究の目的**
> 　　第1章　研究の対象と方法
> **第2部　本論：優秀教員の職能開発における現職研修の効果**
> 　　第2章　優秀教員表彰制度の創設
> 　　第3章　優秀教員の実像
> 　Ⅰ．質問紙調査に基づく統計的考察
> 　　第4章　校内研修の効果に関する統計的考察
> 　　第5章　校外研修の効果に関する統計的考察

>   第6章　自主研修の効果に関する統計的考察
>
> Ⅱ．インタビュー調査に基づく事例的考察
>   第7章　校内研修の効果に関する事例的考察
>   第8章　校外研修の効果に関する事例的考察
>   第9章　自主研修の効果に関する事例的考察
>
> Ⅲ．統計的・事例的考察に基づく総合考察
>   第10章　現職研修の効果に関する総合考察
>
> **第3部　結論：研究の総括と課題**
>   第11章　教員の職能開発の促進に向けて

　序論では、研究の背景、問題意識及びテーマ設定の理由を述べる。加えて、本研究における用語の定義及び全体の構成を示す。

　第1章では、本研究のキーワードに関連する先行研究をレビューする。次に、研究の対象として、焦点化する内容とその理由を明示する。さらに、質問紙調査及びインタビュー調査の概要と対象者の属性を示す。

　本論では、質問紙調査に基づく統計的考察及びインタビュー調査に基づく事例的考察に加え、両者を統合した総合考察を行う。

　第2章では、優秀教員表彰制度の創設に至る政策動向を概括する。また、地方レベル及び全国レベル双方の表彰制度の実態を明らかにし、今後の制度運用上の課題を指摘する。

　第3章では、質問紙調査の回答結果から、6つの分野別の実績及び表彰理由を明らかにする。また、優秀教員のライフコース上の経験、勤務の実態、表彰後の変化、将来の進路希望等に関する意識を明らかにする。

　Ⅰ．統計的考察では、第4章「校内研修」、第5章「校外研修」及び第6章「自主研修」の効果に関し、質問紙調査の集計結果の分析に基づく統計的考察を行う。

　第4章では、校内研修の効果について、研修内容・研修単位・研修形式別の分析を行うとともに、実績分野・校種別の特徴を明らかにする。加えて、インフォーマル形式の校内研修の有効性を中心に考察する。

　第5章では、校外研修の効果について、行政研修と派遣研修に大別するとともに、

4つの研修グループに分類・区分して分析する。加えて、行政研修と派遣研修の有効性を中心に考察する。

　第6章では、自主研修の効果について、効果意識及び経験率の双方から分析する。影響度の高い研修項目の特徴に加え、自主研修の有効性と意欲の向上を中心に考察する。

　Ⅱ．事例的考察では、第7章「校内研修」、第8章「校外研修」及び第9章「自主研修」の効果に関し、インタビュー調査の結果に基づく事例的考察を行う。

　第7章では、校内研修の効果について、フォーマル形式及びインフォーマル形式に加え、両者の混合による職能開発の事例について、個別・具体的な態様を詳述する。その結果に基づき、優秀教員が育成される校内研修の条件について考察する。

　第8章では、校外研修の効果について、行政研修及び派遣研修に加え、両者の混合による職能開発の事例について、個別・具体的な態様を詳述する。その結果に基づき、優秀教員が育成される校外研修の条件について考察する。

　第9章では、自主研修の効果について、4つの主要な研修項目による職能開発の事例について、個別・具体的な態様を詳述する。その結果に基づき、優秀教員が育成される自主研修の条件について考察する。

　Ⅲ．総合考察として第10章では、質問紙調査に基づく統計的考察及びインタビュー調査に基づく事例的考察を統合し、校内研修、校外研修及び自主研修に関する各考察を集成した現職研修の効果に加え、優秀教員が育成される現職研修の条件を含めて総合的に考察する。

　結論として第11章では、総合考察を踏まえながら、教員の職能開発を促進する現職研修と支援策の在り方を総括的に検討する。結びに、近年の政策動向を踏まえた補遺を行うとともに、本研究の課題と展望を示す。

【註】

[1] 表彰の要件として、①現職、②教職経験10年以上かつ35歳以上、③原則として都道府県レベルの表彰を受けている、④勤務実績良好かつ過去に懲戒処分等を受けていない、以上の4点が明示されている。また、制度創設当初は「学習指導」、「生徒指導、進路指導」、「体育、保健、給食指導」、「部活動指導」、「特別支援教育」、「その他」の6つの実績分野が設定されていた。2013年度には、「学校運営の改善」が追加されるとともに、表彰に学校事務職員を含めることを

企図して「文部科学大臣優秀教職員表彰」に名称が変更された。さらに、2016 年度時点では「地域連携」、「ユネスコ活動、国際交流」の分野が追加されている。表彰の実施状況をはじめとする詳細は、文部科学省ホームページ「文部科学大臣優秀教職員表彰」を参照されたい。
http://www.mext.go.jp/a_menu/shotou/daijin/index.htm（2019 年 3 月 1 日最終閲覧）

[2] 2006 年度時点で 46 都道府県・指定都市で実施され、8 教育委員会では給与上の措置、7 教育委員会ではそれ以外の優遇措置が設けられていた。その後、取組の普及・拡大によって年々増加し、2015 年度時点では 59 都道府県・指定都市で実施され、給与上の優遇措置が 16 教育委員会に増加している。さらに、それ以外の優遇措置として、「免許状更新講習の受講免除」48 教育委員会、「研修機会の付与」6 教育委員会、「その他」3 教育委員会で拡大実施されている。詳細は、教育委員会月報及び文部科学省ホームページ「優秀な教員の表彰等の取組について」を参照されたい。
http://www.mext.go.jp/b_menu/houdou/18/09/06092206/002.htm（2019 年 3 月 1 日最終閲覧）

[3] 2006 年度時点で 11 都道府県・指定都市で導入され、教育専門監（秋田県）、ティーチャー・オブ・ティーチャーズ（茨城県）、はつらつ先生（埼玉県）、授業力向上アドバイザー（富山県）、エキスパート教員（広島県）、えひめ授業の鉄人（愛媛県）といった特有の名称が設定されている。また、認定者数、認定方法、役割、給与上の措置等においても多様な状況となっている。詳細は、文部科学省ホームページ「スーパーティーチャー制度の導入状況について」を参照されたい。
http://www.mext.go.jp/b_menu/shingi/chukyo/chukyo0/toushin/07062816/006/003.htm（2019 年 3 月 1 日最終閲覧）

[4] 研修費用の構成として、「直接費」と「間接費」に大別することが可能である。前者は、会場・テキスト・講師・出張等に係る費用である。後者には、参加ロス（受講者が職場を抜けることで発生する費用）、機会ロス（就業時間中に得られるはずの生産量・成果）、負担ロス（受講者が職場を抜けたための他のメンバーの負担）が含まれる。詳細は、平松陽一（2001）『教育研修の効果測定と評価のしかた』インターワーク出版を参照されたい。

[5] 佐藤幹男（2002）「教師としての力量を高める」日本教師教育学会編『教師として生きる－教師の力量形成とその支援を考える－』学文社、81-93 頁。

[6] 西穣司（2002）「教師の力量形成と研修体制」前掲書 5、217-230 頁。

[7] 尾木和英・有村久春編著（2004）『教員研修の実際』ぎょうせい、8 頁。

[8] 小山悦司・河野昌晴（1988）「教師のプロフェッショナル・グロースに関する研究－自己研修についての方法論的考察－」『岡山理科大学紀要』第 24 号、96-97 頁。

第1章　研究の対象と方法

第1節　先行研究の検討

　これまでに行われた教員の力量形成や発達、現職研修に関する研究は相当量に及ぶが、本節では「『優秀教員』の職能開発における現職研修の効果」という主要課題に関連する研究の内容を概括する。本研究のキーワードとなる「優秀教員」、「職能開発」、「現職研修」及び「効果測定」の分類・区分に基づき、関連性の高い先行研究を検討していく。

1．優秀教員（教員評価）に関する研究

　優秀教員の資質能力に関する研究として、安藤（2009）[1]において、全国各地で実施されている優秀教員制度のタイプ別の選出規準に基づき、優秀教員の資質能力に関する狭義と広義の2つの捉え方が指摘されている。すなわち、授業に焦点化した狭義の優秀教員と学校マネジメント等にまで拡大した広義の優秀教員が存在し、後者の方が社会性や協働性、教職に対する情熱や使命感、人間性といった特性に着目する傾向にあることが強調されている。

　地方レベルの「優秀教員評価制度」の実態については、佐藤（2005）[2]において詳細が明らかにされている。具体的には、優秀教員表彰制度の新旧区分、各地の導入状況、表彰対象者の範囲、選考方法と表彰実績、被表彰者の扱い等に関する情報が詳報されている。特に、表彰の実施形態については、都道府県・指定都市間の大きな差異が指摘されている。すなわち、①従来から実施されてきた功労的な表彰制度の継続タイプ、②従前制度を根拠にしながら改めて要綱・要領等を定めて新たな方法を開始するタイプ、③新たな人事評価システムの一環として制

度を創設するタイプ、以上の3つのタイプの混在に起因している点である。

　関連する前田(2008)[3]においては、優秀教員表彰制度の給与面での優遇措置は成果主義につながる可能性があることや、キャリアの複線化に関する課題が指摘されている。加えて、教員の「優秀性」について、戦後日本で期待されてきた教員像の歴史的変遷の分析が行われている。その結果、教員に求められる資質能力について、「使命感」、「教育的愛情」、「実践的指導力」等の普遍的で抽象的な用語が一貫して使用されていることが明らかになっている。

　他方、教員(人事)評価制度に関する研究は、従来から諸外国における事例が多数報告されている。とりわけ、浦野(1989)[4]や小松・西川(1992)[5]によるイギリスの教員評価、小野(1989)[6]や榊他(1993)[7]によるアメリカの教員評価に関する研究は、比較的早い時期から取り組まれている。八尾坂(2005)[8]においては、教員人事評価と職能開発に関する比較研究として、9ヶ国における事例がまとめられている。

　我が国における教員評価に関する研究は後発ながらも、大学における教員評価に関する研究に続き、勝野(2001)[9]や蛭田(2001)[10]をはじめ、教員評価制度の動向や課題に関する研究が行われている。その後も、特定の地域や学校に焦点を当てた研究が多数行われ、教員評価に対する意識、制度の運用実態と課題が明らかにされている。また、石元(2003)[11]においては、教師のライフコースに対応した教員評価制度の在り方に関する考察が行われている。さらに、清原(2004)[12]、堀内(2006)[13]、林(2006)[14]らによって、形骸化した勤務評定を改めるために導入された「新しい教職員評価制度」に関する理論的検討が加えられている。高谷(2005)[15]においては、人事管理理論と教員の職務特質の観点から、教員人事評価に関する課題と改善方策が示されている。

2．教員の職能開発に関する研究

　教員の資質向上・職能開発に関する研究については、類似する「職能成長」、「職能発達」をはじめ、様々な関連用語に基づき行われている。また、「資質能力」、「力量形成」、「人事評価」、「研修」、「ライフコース」等の多様な側面から行われるとともに、複数の領域にまたがる研究が多い点が指摘されている[16]。

高井良（2007）[17] においては、教師教育に関する研究の一領域としての「教職生活とキャリア形成に関する研究」について、教員の「力量形成」、「ライフサイクル」、「ライフコース」、「ライフヒストリー」といった研究を含めた分類・区分が行われている。

本研究と関連性の高い「職能成長と研修の関係」について、山﨑（2007）[18] においては、カリキュラム・デザイン力に代表される授業改善の力量とマネジメント能力に代表されるリーダーシップ力量の関係に焦点を当て、職能成長プロセスに関する考察が行われている。

大学が関与する教員研修と資質能力の向上に関する研究として、石川（2006）[19] においては、教員の自律的な研修を支援する大学研修ビジョンが提示されている。また、田上（2006）[20] においては、職能成長の3つのタイプ分類に即した現職教員研修システムの開発が企図されている。さらに、藤原（2006）[21] においては、教育委員会や教職員とともに課題を発見・解決していくアクションリサーチ機能を中核としたプログラムの重要性が示されている。

教師教育におけるメンターの役割に関する島田（2007）[22] においては、現職研修を側面から支援する促進要因としてのメンタリングの効果が明らかにされている。また、小柳（2006）[23] においては、米国の事例を参考にしたメンタリングを取り入れた教師教育によるミドルリーダーの資質能力と成長プロセスが示されている。

教員のライフコースという観点からは、1970年代から80年代初頭にかけての教員需要の増大期において、教職に就く以前の養成段階の準備教育の在り方を探るため、今津（1979）[24] をはじめとした職業的社会化研究が行われている。1980年代になると、教員の生涯にわたる資質能力の向上に対する要求が高まり、初任者研修制度をはじめとする政策的動向を背景として、岸本・久高（1986）[25] らによるキャリア発達・職能発達研究が盛んになってくる。

その後、生涯研修体系の整備といった政策的な側面だけでなく、教員個人の発達の多様性を重視しながら教育活動を把握するという観点から、塚田（1998）[26] を代表とするライフヒストリー研究が登場してくる。さらに、学際的性格を持った発達研究として、山﨑（2002）[27] のライフコース研究において、新たな分析の基本概念や研究手法が取り入れられ、教員の力量形成の契機や発達過程が統計的・事例的に明らかにされている。

これらの先行研究は、教員の資質能力、研修、ライフヒストリー等の多様な側面から行われるとともに、複数の分野・領域にまたがっている場合が多い。また、その研究成果からは、教員の職能開発が生得的な素質や養成段階を含む被教育体験のみならず、入職後の職場環境や職務経験、多岐にわたる現職研修、私生活や社会生活上の出来事にも及ぶ多様な要因が複合的に作用した結果であることが確認できる。

3．現職教員研修に関する研究

　教員の現職研修に関する研究については、職能開発に関する研究との関連性が高く、従来から多数の研究が行われてきた。牧（1982）[28] による総合的な研究も存在するが、現職研修を細分化した特定の内容を扱っている場合が大多数である。広範多岐にわたる現職研修は、次のとおり様々な観点から分類・整理することが可能である[29]。

　第1に、どのような資質向上をめざすかという観点から、教職全般の専門的知識・技能の習得、各教科・道徳・特別活動の指導、生徒指導・教育相談の推進、といった分野・領域による分類・区分である。

　第2に、研修の主催者によって、任命権者、服務監督権者、各種教育機関、教育研究団体、学校内、というような分類・区分である。

　第3に、法的拘束性という観点から、①勤務そのものとして職務命令を伴う義務研修、②勤務に有益であるとの判断に基づく職務専念義務免除による承認研修、③拘束性のない勤務時間外の自主研修、というような分類・区分である。

　しかしながら、研修参加に際しての服務上の取扱いは、同じ研修であっても服務監督権者の判断と個別の事情によって異なる場合もあることから、本研究においては、時間的・場所的な基準を中心として、「校内研修」、「校外研修」及び「自主研修」という3つに分類・区分して設定する。

（1）校内研修

　校内研修に関する研究は、その意義や運営上の充実策をはじめ、長年にわたる成果が蓄積されている。また、授業改善を中心とした企画立案やプログラム開発等の充実・発展に関する調査・報告が都道府県教育センター等において数多く行

われてきた。これらの研究においては、教員の資質向上や学校の教育課題に対する一定の成果が評価されながらも、校内研修の運営方法に関する課題や改善策等も指摘されている。

校内研修の推進条件として、若井（1991）[30]において、校長のリーダーシップによる活性化に関する論述が展開されている。また、小学校の校内研究に関する河村（1999）[31]においては、その効果や問題点、ニーズ等に関する実態調査が行われ、教員に期待される実践力を学習する場としての校内研修の在り方について考察が行われている。さらに、高校の校内研修に関する三橋（2001）[32]においては、その現状と課題を踏まえた上で、機能的・効果的な研修体制を構築するための促進要因として、研修主任に期待される役割を中心とした考察が行われている。

これらの研究においては、校内研修に対する教員個人の意識、組織体制、研修内容、研修環境をはじめとした多くの課題が指摘されている。すなわち、校内研修の計画・運営を見直し、より効果的な実施に向けた改善を企図することに加え、教員集団が自律的・継続的に取り組めるような活性化が求められている。具体的な研究成果として、教育実践上の課題に関する日常性・直接性、その成果を還元できる具体性・即効性のある研修ニーズが高いこと、副次的効果として職場内における相互理解や人間関係も深まることなどが明らかにされている。

他方、校内研修に関する研究動向を踏まえ、近年は人材育成の手段として、学校組織内における意図的・計画的なOJTを重視し、研修体系の中に明確に位置付けた再編・整備等を企図する都道府県・指定都市が増加している[33]。このような動向は、学校内における教員の年齢構成の不均衡や財政悪化による研修関連予算の縮減傾向も相まって、今後も全国的に拡大していくと予見される。

（2）校外研修
1）行政研修

西（2002）[34]において、我が国における戦後の教員研修の経緯として、行政当局が直接企画・実施し、日常の職場を離れた形態の研修事業の拡充に力点が置かれ、行政意思の伝達・徹底が主要な目標であった点が指摘されている。

具体的には、初任者研修制度、経験者研修制度（5年研修、10年研修等）、さらに職位ないし職務内容に対応した研修制度（管理職研修、教務主任研修等）

が、1965年から大幅に拡充・展開されてきた。これらの属性基準による一律的な研修事業は、公教育水準の維持・向上の趣旨からは一定の意義を持ち、相応の役割を果たしてきたが、受講者側からは必ずしも肯定的な評価を得られていないことが指摘されている。

初任者研修については、導入前の試行段階から全国各地における実施状況に関する報告が数多く行われてきた。中留（1989）[35]においては、初任者研修の効果的運用に関する論述が展開されている。また、椎名（1990）[36]においては、特定地域に焦点を当てた初任者研修の実態と問題点に基づく人的・物的条件の整備に関する指摘が行われている。さらに、河合（2006）[37]においては、高校における初任者研修プログラムの開発を企図した研究が行われている。

2003年度から導入された10年経験者研修について、安藤（2004）[38]においては、その法制化に至る経緯等について、中央教育審議会（以下、「中教審」）答申の内容に基づき論述されている。また、山﨑・原沢（2004）[39]においては、受講者の研修ニーズに関する質問紙調査が行われ、教科・道徳・特別活動をはじめとした詳細が明らかにされている。

法定研修に関する服部（2009）[40]において、1989年に導入された初任者研修、2003年の10年経験者研修、2008年の指導改善研修と拡大されてきた法定研修について、任命権者として実施義務を課された教育センター等における人事面・予算面をはじめとした様々な課題が指摘されている。

都道府県教育センター等におけるその他の行政研修については、田中（2003）[41]における教員の力量向上のための効果的な研修の在り方をはじめ、教科別、専門分野別、教育課題別、職層別、校種別等の多種多様な側面から研究が行われている。

2）派遣研修

大学（院）、民間企業、海外の教育関係機関等への派遣研修については、個別の報告書が数多く作成されており、その大多数は研修効果を肯定的に捉えている点では共通している。しかしながら、派遣研修の効果を客観的に分析した研究は非常に少ない現状にある。

その中でも、大学院派遣研修に関する安井（1996）[42]においては、派遣者サイド

の立場から一定の研修効果を認めながらも、修了者の研究成果は個人の域を出ておらず、一層の還元・普及に努める必要性が指摘されている。また、友田（2003）[43]においては、教員の民間企業派遣研修の成果と課題等に関する研究が行われている。

情報教育の長期派遣研修（内地留学、6ヶ月）に関する林（1998）[44]においては、教員に求められる情報活用能力の育成をめざした研修において、課題意識の設定や授業技術の改善を目的とした取組によって、従来のテクニカルアプローチ的な内容の研修に比較し、教員側の意識変容が顕著であったことが明らかにされている。

（3）自主研修

自主研修については、兼子（1972）[45]をはじめとする自主研修の権利や法律問題に関する研究が行われている。

自主研修と教員の職能成長との関連として、小山・河野（1988）[46]をはじめ、自己教育力に関する一連の研究[47]が行われている。その中で、個人研修や自主研修を包含する概念としての自己研修に着目し、それを促進する方法原理（心理的・方法的基盤）に基づく支援方策が検討されている。すなわち、自己研修が多種多様な研修の基盤であり、機会の保障が重要であることに加え、方法論的次元よりも心理的次元に力点を置いた支援方策の重要性が指摘されている。また、一連の調査に基づく分析結果を総合し、自己教育力の高い教員が具備している条件・特徴とともに、自己教育力の経年的推移による成長過程が明らかにされている。

久保（2005）[48]においては、「研修（研究と修養、Study and Self-Improvement）」という用語には本来的な自主性・主体性が含意されているとして、教員の自主的・主体的な研修に焦点を当てた研究が行われている。戦後の日本における教育公務員特例法の成立過程を中心として、教員研修に関する政策的・法制的な側面における歴史的研究によって、その制定過程と原理が解明されている。

4．教育・研修の効果測定に関する研究

（1）教育効果測定

堤・青山・久保田（2007）[49]において、企業内教育の効果測定に関する研究が行われている。その中で、教育効果とは「人材育成投資が組織や個人に与える影

響」であると定義されている。そして、日本国内のみならず、世界的にも企業内教育の効果測定の質を高め、事業戦略の推進や生産性の向上に対する人材資源開発（HRD：Human Resource Development）部門の期待感が高まっていることが強調されている。また、教育効果測定は、教育研修の有効性に関する調査活動であり、コストや手間をかける理由が明記されている。さらに、教育効果測定に際する実施上の留意点に関して、詳細な解説が加えられている。これらについては、教員研修の効果測定にも応用が可能であると考えられる。

　他方、フィリップス（Phillips, J. J.）[50]においては、HRD領域の急激な成長とそれに伴う評価、投下資本利益率（＝費用対効果、ROI：Return On Investment）の重要性に基づく研究成果が示されている。すなわち、評価システムの開発に必要な枠組みと設計思想が述べられるとともに、データの収集と解析に関する詳細な解説が加えられている。また、ROIの開発と評価に関する問題に焦点が当てられ、教育研修の効果測定を実行する上で影響を及ぼす様々な要因が明示されている。

（2）研修効果測定

　研修効果の測定について、カークパトリック（Kirkpatrick, D. L.）[51]の提唱したモデルが最も有名で実用度も高い。その内容として、研修効果の把握には4つの段階があり、高いレベルの効果測定となるにつれて、対象となる研修は限られてくるということである。具体的には、①Reaction（反応：研修直後のアンケート調査等による受講者の満足度調査）、②Learning（学習：筆記試験やレポート等による受講者の知識理解度や学習到達度の評価）、③Behavior（行動：受講者自身へのインタビュー調査や他者評価による行動変容の評価）、④Results（結果：研修受講による組織への影響度に対する評価）、以上の4段階である。カークパトリックの理論に依拠し、研修の目的、内容、評価等の検証を行い、必要な改善・充実を図るために、教育センター等における研修の効果測定に関する調査・研究が数多く行われている[52]。

　他方、浅野（2008）[53]においては、「教員研修インストラクション・デザイン」、「行動目標リスト」、「研修満足度調査システム」及び「行動変容度調査システム」から構成される教育研修評価・改善システムの開発に関する報告が行われている。研究開発の基本方針において、教員の資質能力に関する内容が不明確かつ具体化

が不十分であるとともに、教員研修の効果測定が単なる満足度評価にとどまっている状況が問題点として指摘されている。そのような観点から、教員研修の有効性、適切性、効率性及び発展性を高めるためのシステム開発が行われている。特に、研修の構成要素の比重に基づき、各要素の平均点や標準偏差を提示して評価を行う「研修満足度調査システム」、研修で学んだ項目の評価を行う「行動変容度調査システム」による研修前からの段階的な効果測定の手法が注目される。

以上のとおり、本研究と関連性の高い分野・領域の先行研究には、長年にわたる研究成果の蓄積が確認できる。しかしながら、職能開発モデルとしての可能性を有する優秀教員に着目した研究、その職能開発と現職研修の関係という視点からの研究は、管見の限り数少ない現状にある。本研究においては、上述したキーワードと関連する横断的な内容を扱い、優秀教員の職能開発における現職研修の効果を明らかにすることにより、優秀教員が育成される条件を探り、職能開発を促進する支援策の在り方を考究していく。

第2節　研究の対象

本節では、「『優秀教員』の職能開発における現職研修の効果」という主要課題に基づき、研究対象となる優秀教員の限定とその理由を明示する。また、効果測定・分析の対象となる現職研修の分類・区分と研修項目を提示する。

1．研究対象の焦点化

本研究の課題へのアプローチ手法に関して、焦点化する対象範囲を明示する。第1に、現職研修に関する効果測定の対象を優秀教員に特定する。人間的資質や専門的力量に基づく実践的指導力に加え、学校組織への関与や貢献度に対する評価を含む表彰であるとの認識から、職能開発の成功モデルと推定するためである。

第2に、設置者別の対象を公立学校の所属に限定する。表1-1のとおり、2006年度及び2007年度の優秀教員総数は、国公私立合計で1,577名であるが、その

うち公立学校は 1,494 名（94.7%）という大多数を占めていることに加え、研修環境の差異を最小限にとどめ、可能な限り均一の基準による効果測定・分析を企図するためである。

表 1-1　設置者別優秀教員数（人数）

設置者＼年度	国　立	公　立	私　立	合　計
2006	14 名	741 名	10 名	765 名
2007	16 名	753 名	43 名	812 名
合　計（構成割合）	30 名（1.9%）	1,494 名（94.7%）	53 名（3.4%）	1,577 名（100.0%）

　第3に、研究対象の年齢区分を設定し、35歳から45歳までの優秀教員に絞り込む。表1-2のとおり、優秀教員（公立）の年齢は、40歳代後半から50歳代にかけての割合が高く、年功序列ともいえる状態にある。また、地方における旧来の年功による表彰と新しい人事評価システムによる表彰制度の混在[54]に起因し、優秀教員の年齢に関する都道府県間の格差が存在することから、年功による表彰とは明確に区分した分析の必要性があると考えられる。さらに、年功によらない実質的な優秀さが担保されており、職能開発過程に関する想起情報の確度も高いと認識するためである。

　第4に、多様な職能開発過程の中で、入職後の現職研修の効果に焦点を当てる。現職研修は、教員の職能開発の中核として位置付けられ、教育実践上の課題解決への直結が期待されることに加え、多額の公費が投入されている点においても、その費用対効果をはじめ、重視すべき研究対象として認識するためである。

表 1-2　年齢別優秀教員数（公立）

年齢＼年度	30 歳代	40 歳代	50 歳代	合　計	平均年齢
2006	38 名	414 名	289 名	741 名	48.3 歳
2007	36 名	416 名	301 名	753 名	48.5 歳
合　計（構成割合）	74 名（5.0%）	830 名（55.5%）	590 名（39.5%）	1,494 名（100.0%）	48.4 歳

以上のとおり、限定的な範囲ではあるが、公立学校に所属する 35 歳から 45 歳までの優秀教員の職能開発における現職研修の効果測定・分析を研究対象として設定する。

2．現職研修の分類・区分
(1) 校内研修

既述のとおり、本研究における校内研修については、校内での勤務時間内に組織的・計画的に行われる義務的集合研修（フォーマル形式）に加え、有志・特定グループ単位や日常の職務遂行過程における実践的な OJT を含む研修として定義した。近年の人材育成に関する研究動向に基づき、職能開発という視点から、個人的なコーチングやメンタリング等をはじめ、学校内における日常業務全般（インフォーマル）を含め、表 1-3 のとおり合計 13 項目を設定した。

表 1-3　校内研修の分類・区分

区分		研修項目
内容	形式（フォーマル）	1．授業研究・教科指導に係る研修
		2．生徒指導・教育相談に係る研修
		3．進路指導・キャリア教育に係る研修
		4．教育施策・法令・服務等に係る研修
		5．情報教育・IT 分野に係る研修
単位		6．教科会の単位での研修
		7．学年会の単位での研修
	形式（インフォーマル）	8．有志・特定グループの単位での研修
		9．上司からの指導・助言
		10．先輩教員からの指導・助言
		11．同僚との交流・情報交換
		12．子どもたちとのふれあい
		13．保護者・地域との交流

※研修形式の「フォーマル」及び「インフォーマル」について、前者は勤務時間内の組織的・計画的な集合研修として設定した。後者は職能開発の視点から、日常の職務遂行過程における実践的な OJT を含むものとして幅広く定義し、個人的なコーチングやメンタリング等を含む広義の研修として設定した。

(2) 校外研修

本研究における校外研修については、主として都道府県教育センター等において直接運営方式で実施される「行政研修」、外部関係機関への委託方式によって

実施される「派遣研修」という学校外における研修に大別した。表 1-4 のとおり、「行政研修」として、「指定(必修)研修」4 項目、「課題別(選択)研修」7 項目、「職務(職層)研修」4 項目、計 15 項目に分類・区分した。また、「派遣研修」については 7 項目に分類・区分し、合計 22 項目を設定した。

表 1-4　校外研修の分類・区分

	研 修 項 目	
行政研修	1．指定(必修)研修	
	1-1	初任者研修・新規採用者研修
	1-2	教職経験者研修(5 年)
	1-3	教職経験者研修(10 年)
	1-4	教職経験者研修(20 年)
	2．課題別(選択)研修	
	2-1	教科指導に係る研修
	2-2	生徒指導・カウンセリング研修
	2-3	進路指導・キャリア教育研修
	2-4	情報教育・IT 分野に係る研修
	2-5	人権教育・心の教育に係る研修
	2-6	環境教育に係る研修
	2-7	国際理解教育に係る研修
	3．職務(職層)研修	
	3-1	教務主任研修
	3-2	生徒指導主事(主任)研修
	3-3	進路指導主任研修
	3-4	管理職候補者研修
派遣研修	4．派遣研修	
	4-1	洋上研修
	4-2	海外派遣研修
	4-3	文部(科学)省中央研修
	4-4	大学院派遣研修
	4-5	大学等での内地留学・長期研修
	4-6	人事交流等による一般行政研修
	4-7	民間企業等での長期体験研修

(3) 自主研修

本研究における自主研修については、「校内研修」及び「校外研修」を除き、個人の自発的な意思と責任に基づき、特定の目標達成や課題克服等をめざしながら、必要な知識・技能等を獲得するために、勤務時間外または職務専念義務の

免除によって行われる自主的・主体的な研修とした。表1-5のとおり、実施場所（校内・校外）、実施単位（個人・集団）を問わず、合計11項目を設定した。

表1-5　自主研修の分類・区分

	研 修 項 目
1	教育に関する専門的書籍の購読
2	通信教育の講座受講
3	放送大学での学修
4	大学等の公開講座の受講
5	海外留学・旅行の経験
6	自主的組織・サークルでの研修
7	ボランティア等の社会的活動
8	民間の教育研究団体による研修
9	組合関係の研修活動
10	先進校への視察研修
11	異業種交流への参加

第3節　調査の概要と対象者の属性

1．質問紙調査の概要
（1）調査時期：2008年10月
（2）調査方法：郵送による自記式の質問紙調査を行った。
（3）調査項目：校種や実績分野といった基本属性の他に、養成・選考・配置・研修等に関する過去の経験、教職意識と勤務実態の現況、将来の希望等に関する回答を求めた。現職研修の効果に関しては、「A.校内研修（13項目）」、「B.校外研修（22項目）」、「C.自主研修（11項目）」の総計46項目にわたり、自身の資質能力の向上に役立った度合いについて、「1.全く役立たなかった」から「5.非常に役立った」までの5件法による回答を求めた。
（4）調査対象：文部科学省によって公表された2006年度及び2007年度の優秀教員総数1,577名のうち、公立学校に勤務する35歳から45歳までの優秀教員とした。

(5)回収率:条件に該当する448名に調査票を送付し、246名(54.9%)から回答を得た。

(6)基本属性:回答者の基本属性は、以下のとおり。

1)校種

表1-6は、優秀教員の勤務する校種に関する回答の集計結果である。なお、中等教育学校に所属する回答者がいなかったため、以下の校種表示から除外する。

表1-6 校種

	小学校	中学校	高校	中等教育学校	特別支援学校	合計
回答者数 (構成割合)	90名 (36.6%)	83名 (33.7%)	59名 (24.0%)	0名 (0.0%)	14名 (5.7%)	246名 (100.0%)

2)専門教科

表1-7は、中学校・高校に所属する優秀教員の専門教科に関する回答の集計結果である。なお、中学校については、小規模校が存在するためか、複数教科にまたがる回答が見受けられる。また、中学校及び高校ともに、保健体育が最多を占める結果となった。

表1-7 専門教科

	中学校	高校
教科 (回答者数)	保健体育(21名)、英語(10名)、理科(9名)、社会(9名)、数学(8名)、国語(7名)、音楽(5名)、技術・家庭(4名)、美術(2名)、養護教諭(1名)、数学・保健体育(1名)、国語・保健体育(1名)	保健体育(10名)、工業(9名)、英語(7名)、数学(6名)、理科(5名)、農業(4名)、商業(4名)、国語(2名)、水産(2名)、地歴公民(3名)、音楽(1名)、家庭(1名)、書道(1名)、美術(1名)、福祉(1名)

※自由記述の回答分のみを集計したため、表1-6に示した各校種の回答者数とは一致しない。

3)性別

表1-8は、優秀教員の性別に関する回答の集計結果である。優秀教員全体の割合は、概ね男性6対女性4であることから、本研究の対象に設定した優秀教員については、男性の割合が非常に高い結果となっている。その要因については、

研究対象を35歳から45歳までに限定したことにより、比較的緩やかな成長過程を辿る傾向にある女性教員のライフコースの特性[55]が影響し、女性優秀教員の人数及び回答者数が少ない結果になっていると考えられる。すなわち、女性教員は出産・育児等に伴う休暇・休業を取得するケースが比較的多い傾向にあることに加え、私生活での経験が復職後の職能開発の要因となる比重が高いため、本研究で設定した年齢層までには職務上の評価が十分に得られていないという点が推考される。

表 1-8　性別

	回答者数	構成割合
男　性	195 名	79.3%
女　性	51 名	20.7%
合　計	246 名	100.0%

4）実績分野

表1-9は、優秀教員表彰制度に設定されている6つの実績分野に関する回答の集計結果である。広範多岐にわたる教育実践活動について、明確な分類・区分は困難ともいえるが、その中核として位置づけられる「学習指導」が最多、続いて「部活動指導」、「その他」という順になっている。

なお、実績分野に関する無回答4名を除き、以下においては242名分の集計・分析を行う。

表 1-9　実績分野

	学習指導	生徒指導、進路指導	体育、保健、給食指導	部活動指導	特別支援教育	その他	無回答	合　計
回答者数 (構成割合)	103 名 (41.9%)	22 名 (8.9%)	9 名 (3.7%)	48 名 (19.5%)	25 名 (10.2%)	35 名 (14.2%)	4 名 (1.6%)	246 名 (100.0%)

2．インタビュー調査の概要

（1）調査時期：2009年8月
（2）調査方法：全国各地の優秀教員の勤務地を訪問し、過去に経験した現職研修の効果及び職能開発過程に関し、約1時間にわたる半構造化によるインタビュー調査を実施した。
（3）調査項目：質問紙調査の回答内容の確認に加え、①入職後の研修経験とその効果、②行政研修の在り方・改善策、③現在の教育観・教職観、④優秀教員となり得た要因等に関して質問した。
（4）調査対象：①質問紙調査の回答結果から氏名・連絡先が特定可能であり、②研修に対する効果意識（評価の値）が高く、③実績分野・校種のバランスに配慮する。以上の要件に基づき、12名（7都県）を選定して調査を実施した。
（5）基本属性と主要実績：表1-10のとおり。

表1-10　インタビュー調査対象者の特徴

教員	性別	表彰時年齢	校種（専門教科）	実績分野	調査実施年月日	実績・表彰理由
A	女	39	小学校	学習指導	2009.8.12	①県理科教育研究大会における公開授業3回・研究授業5回、②地区理科教育研究大会公開授業2回・研究発表1回を実施。③教育論文受賞等4回。④教師用指導書・副教材等の編集委員、⑤教科教育研究会役員を担当。
B	女	37	中学校（国語）	学習指導	2009.8.24	①市の委託事業における公開授業での高い評価。②県立教育センターにおける短期研修受講者対象のモデル授業・実践の発表。
C	男	40	小学校	その他（情報教育）	2009.8.24	①情報教育に関する高度な資格を取得し、市内各学校における情報化推進の担当コーディネーターとして貢献。②勤務校のホームページ運営の基礎を作り、コンテストで4年連続県優秀校に選出。
D	男	45	高校（保健体育）	体育、保健、給食指導	2009.8.25	①特色ある学校づくりの一環としての体育コースの発展に尽力し、その後のコース改編による体育系コース運営の取組。②部活動において、インターハイ・国体等の監督として、多くの優秀な人材（北京オリンピック金メダリスト等）を輩出。
E	男	39	特別支援学校	特別支援教育	2009.8.25	文部科学省指定事業「個別の指導計画における評価の在り方」において、特別支援教育に関する研究を推進。
F	女	42	高校（英語）	学習指導	2009.8.25	①教育センター等での実践発表（初任者研修、経験者（3・10年）研修の講師）、②英語スピーチコンテスト（大学主催等）での指導、③研究団体の運営を担当。②英語教育推進重点校（県指定、ネイティブの常勤講師、TESOL、単独で授業）としての実践発表等の専門性を活かした幅広い活動。

G	女	45	小学校	学習指導	2009.8.26	①国指定の「学力向上拠点形成事業」の研究主任、②隣接市町の指導教員（2年間）としての示範授業等。
H	男	44	中学校 (理科)	その他 (道徳 教育)	2009.8.27	①心の教育の研究・実践、道徳の授業を中心に各教科・特別活動・総合学習等を横断的に関連させながら研究実践を推進。②地区のまとめ役、いじめ関連の実践報告等を担当。
I	男	44	中学校 (音楽)	部活動 指導	2009.8.27	吹奏楽部顧問として、県大会：1位3回、全国大会：グランプリ3回、金賞1回、銀賞1回の獲得に導いた指導。
J	男	36	小学校	特別支援 教育	2009.8.27	市内における特別支援教育の推進（支援法の視点の共有：ムーブメント教育（軽運動・認知学習・心の育ち））に関する研修講師・実践報告・校内研究・出前授業等の担当。
K	男	43	中学校 (国語)	生徒指導、 進路指導	2009.8.28	地域と連携を深めながら組織的に進める生徒指導（①組織的に校内で生徒指導を進めていく、担任を孤立させない体制づくり、②地域の教育力を活かした連携）の推進。
L	男	44	中学校 (保健体育)	部活動 指導	2009.8.29	①部活動指導でホッケー部の監督として全国大会に5回出場、3名のU－16日本代表選手を輩出。②日本代表コーチとして3回、遠征事務局長として1回、海外遠征に参加。③その他、教科指導においてインラインスケートの導入を推進。

【註】

1. 安藤輝次（2009）「初任者教員と優秀教員の資質・能力に関する研究」『奈良教育大学紀要（人文社会科学）』Vol.58、No.1、147-156頁。
2. 佐藤晴雄（2005）「優秀教員評価制度とその活用に関する調査報告－都道府県・指定都市調査から－」八尾坂修編著『教員人事評価と職能開発－日本と諸外国の研究－』風間書房、406-435頁。
3. 前田晴男（2008）「優秀教員表彰制度に関する一考察」九州大学大学院人間環境学府（教育学部門）教育経営学研究室編『教育経営学研究紀要』第11号、99-101頁。
4. 浦野東洋一（1989）「教員評価制度に関する一考察：英国での動向を素材として」『東京大学教育学部教育行政学研究室紀要』第9号、1-7頁。
5. 小松郁夫・西川信広（1992）「イギリスの教員評価と学校経営改革：教員の職能成長と学校教育の「質」の向上を目指す方策」『日本教育経営学会紀要』第34号、64-77頁。
6. 小野由美子（1989）「アメリカにおける教員評価の動向」『教育方法学研究』第15号、143-151頁。
7. 榊達雄・笠井尚・山口拓史・佐久間正夫・片山信吾（1993）「アメリカにおける教員評価・教員資質向上等と教職の専門職制」『名古屋大学教育学部紀要』第39巻第2号、171-197頁。
8. 八尾坂修編著（2005）『教員人事評価と職能開発－日本と諸外国の研究－』風間書房。
9. 勝野正章（2001）「教員評価制度をめぐる動向と課題」『日本教育法学会年報』第30号、135-144頁。
10. 蛭田政弘（2001）「教員評価制度実施上の課題」『学校経営』第46巻第11号、第一法規出版、40-45頁。
11. 石元浩子（2003）「教師のライフコースに即した教員評価制度の在り方に関する一考察」『東京大学大学院教育学研究科教育行政学研究室紀要』第22号、37-52頁。
12. 清原正義（2004）「教員評価制度導入をめぐる問題」『日本教育政策学会年報』第11号、35-42頁。
13. 堀内孜（2006）「学校経営の構造転換にとっての評価と参加」『日本教育経営学会紀要』第48号、2-15頁。

[14] 林孝（2006）「学校評価・教員評価による学校経営の自律化の可能性と限界」『日本教育経営学会紀要』第 48 号、16-27 頁。
[15] 高谷哲也（2005）「日本の教員人事評価の課題と改善方策」『日本教師教育学会年報』第 14 号、92-101 頁。
[16] 山崎保寿（2009）「教師の職能成長に関する研究の動向と課題」『日本教育経営学会紀要』第 51 号、206-215 頁。
[17] 高井良健一（2007）「教師教育の現在」『教育学研究』第 74 巻第 2 号、251-260 頁。
[18] 山崎保寿（2007）「新たに求められる教師の資質能力とその課題」小島弘道編『時代の転換と学校経営改革－学校のガバナンスとマネジメント－』学文社、106-115 頁。
[19] 石川英志（2006）「教師の自律的研修を支える大学研修のヴィジョン－教師の問題意識の探求と発展を軸とした協働的研修－」岐阜大学教育学部研修計画委員会教員研修部会編『教師教育研究』第 2 号、19-28 頁。
[20] 田上哲（2006）「大学における現職教員研修システム開発のための基礎的考察 2－教員の研修観と職能成長のタイプの問題－」『香川大学教育実践総合研究』第 12 号、59-67 頁。
[21] 藤原文雄（2006）「学校管理職からみた教務主任の職務と力量に関する調査研究」『静岡大学教育実践総合センター紀要』第 12 号、356-367 頁。
[22] 島田希（2007）「反省的な教師教育におけるメンターの役割－石川県における『熟練教師に学ぶ授業力向上事業』をもとに－」『日本教師教育学会年報』第 16 号、88-97 頁。
[23] 小柳和喜雄（2006）「教師教育におけるミドルリーダー養成に関する研究ノート－メンタリングを中心に－」『奈良教育大学教育実践総合センター研究紀要』第 15 号、201-209 頁。
[24] 今津孝次郎（1979）「教師の職業的社会化（1）」『三重大学教育学部研究紀要』第 30 巻第 4 号、17-24 頁。
[25] 岸本幸次郎・久高喜行（1986）『教師の力量形成』ぎょうせい。
[26] 塚田守（1998）『受験体制と教師のライフコース』多賀出版。
[27] 山﨑準二（2002）『教師のライフコース研究』創風社。
[28] 牧昌見（1982）『教員研修の総合的研究』ぎょうせい。
[29] 尾木和英・有村久春（2004）『教員研修の実際』ぎょうせい。
[30] 若井彌一（1991）「校内研修の活性化と校長のリーダーシップ」『教育委員会月報』第一法規出版、第 43 巻第 1 号、9-13 頁。
[31] 河村茂雄（1999）「校内研究と教育心理学」『教育心理学年報』第 38 集、169-179 頁。
[32] 三橋弘（2001）「高校における校内研修－研修主任の役割－」『東京大学大学院教育学研究科教育行政学研究室紀要』第 20 号、117-128 頁。
[33] 先駆的事例として、神奈川県立総合教育センター『学校内人材育成（OJT）実践のためのガイドブック』（2008 年 3 月）、東京都教育委員会『OJT ガイドライン－学校における OJT の実践－』（2008 年 10 月）の刊行が挙げられる。
[34] 西穣司（2002）「教師の力量形成と研修体制」日本教師教育学会編『講座教師教育学Ⅲ教師として生きる』学文社、217-230 頁。
[35] 中留武昭（1989）「初任者研修制度をいかに効果的に運用するか」『季刊教育法』第 75 号、エイデル研究所、17-29 頁。
[36] 椎名萬吉（1990）「初任者研修の実態と問題点－長野県における学校調査から－」『日本教育学会大会研究発表要項』No.49、165-166 頁。
[37] 河合宣孝（2006）「高等学校教員初任者研修の改善に関する研究－『授業研究力量』形成を促進する校外研修プログラムの開発－」大塚学校経営研究会編『学校経営研究』No.31、42-55 頁。
[38] 安藤知子（2004）「10 年経験者研修の特質と研修体系」『教職研修』第 33 巻第 1 号、教育開発研究所、126-129 頁。
[39] 山崎保寿・原沢浩（2004）「10 年経験者研修における教員の研修ニーズに関する研究」『信州大学教育学部紀要』No.112、53-64 頁。
[40] 服部晃（2009）「法定研修としての教職初任者研修の現状と課題」『教育情報研究』第 25 巻第 3 号、3-14 頁。
[41] 田中洋三（2003）「教員自らが力量を高めるための研修のあり方－アンケート調査が示す効果ある研修－」京都市教育委員会・京都市立永松記念教育センター編『平成 14 年度研究紀要』Vol. 1。
[42] 安井幸夫（1996）「東京都における教員の大学院派遣研修」社団法人日本化学会編『化学と教育』第 46 巻第 6 号、358-361 頁。

43 友田美智子(2003)「教員の民間企業等派遣研修に関する研究」中国四国教育学会編『教育学研究紀要』第49巻第1号、285-290頁。
44 林徳治(1998)「小学校教員に求められる情報活用能力−内地留学教員研修生を対象とした情報教育研修を通して−」『日本教育情報学会年会論文集』No.14、36-39頁。
45 兼子仁(1972)「教師の自主研修権をめぐる法律問題」『日本教育法学会年報』第1号、80-84頁。
46 小山悦司・河野昌晴(1988)「教師のプロフェッショナル・グロースに関する研究−自己研修についての方法論的考察−」『岡山理科大学紀要』第24号、95-114頁。
47 小山悦司を中心とする「教師の自己教育力」に関する一連の研究は、次のとおりである。
①小山(1987)「教師のプロフェッショナル・グロースに関する研究−教師の自己教育力をめぐる一考察−」『岡山理科大学紀要』第23号B、115-132頁。②小山・河野・村島・曽我・妹尾(1989)「教師の自己教育力に関する調査研究−成長の契機についての自己形成史的分析−」『岡山理科大学紀要』第25号B、117-137頁。③小山・河野・村島・曽我(1989)「教師の自己教育力に関する調査研究−自己教育力の経年的推移をめぐる自己形成史的分析−」中国四国教育学会編『教育学研究紀要』第1部、第35号B、231-242頁。④小山・河野(1990)「教師の自己教育力に関する調査研究−自己教育力をめぐる因子分析的考察−」『日本教育経営学会紀要』第32号、100-114頁。⑤小山・河野・村島・曽我・赤木・加藤・妹尾(1991)「教師の自己教育力に関する調査研究−第3次調査結果を中心に−」『岡山理科大学紀要』第27号B、227-245頁。⑥小山・河野・赤木・加藤(1992)「教師の自己教育力に関する調査研究−2次調査および3次調査の比較分析を中心にして−」中国四国教育学会編『教育学研究紀要』第37巻、339-349頁。⑦小山・河野・赤木・加藤・別惣・妹尾(1994)「教師の自己教育力に関する調査研究−第4次調査結果の分析を中心にして−」『岡山理科大学紀要』第29号、295-320頁。
48 久保富三夫(2005)『戦後日本教員研修制度成立過程の研究』風間書房。
49 堤宇一・青山征彦・久保田亨(2007)『はじめての教育効果測定−教育研修の質を高めるために−』日科技連。
50 フィリップス, J. J. 著、渡辺直登・外島裕監訳(1999)『教育研修効果測定ハンドブック』日本能率協会マネジメントセンター。
51 Kirkpatrick, D.L.(1975) "Techniques for Evaluating Training Programs," Evaluating Training Programs. Alexandria, VA, American Society for Training and Development.
52 一例として、広島県立教育センターにおいて、教員研修を改善する方略を得るための研究が行われている。詳細は、(2005)「教員の資質・能力及び指導力の向上を図る研修の効果に関する研究Ⅱ−10年経験者研修の効果測定を通して−」『研究紀要』第32号、1-20頁、及び(2007)「教員研修評価・改善システムの開発に関する研究−研修効果測定の方法とその評価指標の構築や検証を通して−」『研究紀要』第34号、1-24頁を参照されたい。
53 浅野良一(2008)「教員研修体系及び各研修の評価・効果測定手法の研究開発事業実績報告書」兵庫教育大学。
54 佐藤晴雄(2005)「優秀教員評価制度とその活用に関する調査報告−都道府県・指定都市調査から−」八尾坂修編著『教員人事評価と職能開発−日本と諸外国の研究−』風間書房、423頁。
55 山﨑準二(2002)『教師のライフコース研究』創風社、180-182頁、251頁、340-343頁において、女性教師特有の成長過程が詳述されている。本研究では、教職における男女間の職能開発過程の差異や私生活・社会生活上の影響の存在を認識しながらも、性別区分による分析は行わないこととする。職業生活上の男女平等・均等待遇といった環境において、男性の優秀教員が回答者の多数を占めていることに加え、現職研修の効果意識に基づく推進条件を探るとともに、職能開発を促進する支援策の在り方を考究するという研究目的から逸脱することはないと考えるからである。

第2部
本論

優秀教員の職能開発における現職研修の効果

# 第2章 優秀教員表彰制度の創設

第1節　優秀教員表彰制度の創設に至る政策動向

　教員の資質向上・職能開発は、学校教育の充実・発展にとって普遍的な課題であり、養成・採用・研修・評価等の各段階における総合的な教師教育改革が推進されている。本節では、その端緒ともいえる1971年の中教審答申以降の政策文書における主要な提言のうち、優秀教員表彰制度と関連性の高い「研修」と「評価」に関する内容を中心に概括する。

1. 教員に求められる資質能力

　1971年の中教審答申「今後における学校教育の総合的な拡充整備のための基本的施策について」(46答申)では、教職に要求される高度な資質と総合的能力として、「教育者としての基本的な資質の上に、教育の理念及び人間の成長と発達についての深い理解、教科の内容に関する専門的な学識、さらにそれらを教育効果として結実させる実践的な指導能力など、高度の資質と総合的な能力が要求される」ことが示された。

　1972年の教育職員養成審議会[1]（以下、「教養審」）建議「教員養成の改善方策について」では、「教職は、教育者としての使命感と深い教育的愛情を基盤として、広い一般的教養、教科に関する専門的学力、教育理念・方法及び人間の成長や発達についての深い理解、優れた教育技術などが総合されていることが要請される高度の専門的職業である。このような資質能力は、その養成の段階のみならず、教員としての体験や研修の過程を通じて形成され向上が図られていくものである」という点が明示された。この時点において、現職教育の改善方策が提起され、教

員の資質能力は生涯を通じて形成・向上される「教師教育」観に立って、現職教員の研修のための新構想大学院の創設、新任教員の研修の充実などが提言された。

1978年の中教審答申「教員の資質能力の向上について」では、「教員に対して、広い教養、豊かな人間性、深い教育的愛情、教育者としての使命感、充実した指導力、児童・生徒との心の触れ合いなどをいっそう求める声が強い」ことが指摘された。これを契機として、国・都道府県・市町村が実施する研修の相互調整・体系化、学校に基礎を置いた研修の推進などが提言され、その後の研修の体系化や校内研修の重視が誘導された。

1987年の教養審答申「教員の資質能力の向上方策等について」では、教員の資質能力に関して、「教育者としての使命感、人間の成長・発達についての深い理解、幼児・児童・生徒に対する教育的愛情、教科等に関する専門的知識、広く豊かな教養、そしてこれらを基盤とした実践的指導力が必要である」ことが具体的に示された。それは、46答申以降の中教審答申や教養審答申等で提言されてきた資質能力に関する内容を要約するものであった。また、そのような資質能力を向上させるための「教員の養成・免許制度の改善」に加え、「教員の現職研修の改善」として、「初任者研修の創設」と「現職研修の体系的整備」に関する改善策が具体的に提言された。特に「現職研修の体系的整備」については、現職研修の体系化（教員としてのそれぞれの時期に応じた研修機会の確保、各種研修の相互関連性、研修内容の断続的見直しと体験的内容の積極的導入）及び長期研修の拡充（大学院修士課程、内地留学、海外派遣研修）等の促進策が盛り込まれた。

1997年の教養審第1次答申「新たな時代に向けた教員養成の改善方策について」では、「いつの時代にも求められる資質能力」として、「専門的職業である『教職』に対する愛着、誇り、一体感に支えられた知識、技能等の総体」といった意味・内容を有するものとして、1987年の教養審答申の内容を踏襲した定義が示された。これに加えて、「今後特に教員に求められる具体的資質能力」として、①地球的視野に立って行動するための資質能力、②変化の時代を生きる社会人に求められる資質能力、③教員の職務から必然的に求められる資質能力、以上に3区分した内容が具体的に示された。また、多様な資質能力が求められている状況を踏

まえ、「画一的な教員像を求めることは避け、生涯にわたり資質能力の向上を図るという前提に立って、全教員に共通して求められる基礎的・基本的な資質能力を確保するとともに、さらに積極的に各人の得意分野づくりや個性の伸長を図ることが大切である」ことが提言された。つまり、養成段階で修得すべき最小限必要な資質能力、全教員に共通に求められる基礎的・基本的な資質能力を確保した上で、「得意分野づくり」と「個性の伸長」を図ることの重要性が示され、現職研修段階におけるその後の重点課題となった。さらに、教員の資質能力の形成について、「養成段階」、「採用段階」及び「現職研修段階」における役割分担の重要性も提言された。

2005年の中教審答申「新しい時代の義務教育を創造する」では、揺るぎない信頼を確立するための「あるべき教師像」として、①教職に対する強い情熱（教職の使命感や誇り、子どもへの愛情や責任）、②教育の専門家としての確かな力量（子ども理解力、子ども指導力、集団指導力、学習指導・授業づくり力、教材解釈力）、③総合的な人間力（人間性、社会性、常識と教養、礼儀作法等の対人関係能力、コミュニケーション能力、同僚性）、以上の3つが重要であると概括した構成内容が明示された。また、信頼される教師の養成・確保について、「教師の質の向上のためには、養成、採用、研修、評価等の各段階における改革を総合的に進める必要がある」として、評価を含めた内容が明示されるに至った。

2006年の中教審答申「今後の教員養成・免許制度の在り方について」では、従来の資質能力を整理した上で、「教員を取り巻く社会状況が急速に変化し、学校教育が抱える課題も複雑・多様化する現在、教員には、不断に最新の専門的知識や指導技術等を身に付けていくことが重要となっており、『学びの精神』がこれまで以上に強く求められている」点が明示された。また、教員に期待される資質能力は、教職生涯にわたり持続的に獲得すべきものであることが強調されるようになった。

なお、本研究の大部分はこの時期までの政策動向を踏まえて行ったが、その後、2012年の中教審答申「教職生活の全体を通じた教員の資質能力の総合的な向上方策について」では、社会からの尊敬・信頼、思考力・判断力・表現力等を育成する実践的指導力、困難な課題に同僚と協働し地域と連携して対応する教員の必

要性が示された。また、教職生活全体を通じて、実践的指導力等を高めるとともに、社会の急速な進展の中で、知識・技能の絶えざる刷新が必要であることから、教員が探究力を持ち、学び続ける存在であることが不可欠であるとして、「学び続ける教員像」の確立が強調された。さらに、「これからの教員に求められる資質能力」として、①教職に対する責任感、探究力、教職生活全体を通じて自主的に学び続ける力（使命感や責任感、教育的愛情）、②専門職としての高度な知識・技能（教科や教職に関する高度な専門的知識、新たな学びを展開できる実践的指導力、教科指導・生徒指導・学級経営等を的確に実践できる力）、③総合的な人間力（豊かな人間性や社会性、コミュニケーション力、同僚とチームで対応する力、地域や社会の多様な組織等と連携・協働できる力）に整理した上で、それぞれが独立して存在するのではなく、省察する中で相互に関連し合いながら形成されることに留意する必要性が具体的に示された。

　2015年の中教審答申「これからの学校教育を担う教員の資質能力の向上について」では、「これからの時代に求められる資質能力」として、①これまで教員として不易とされてきた資質能力に加え、自律的に学ぶ姿勢を持ち、時代の変化や自らのキャリアステージに応じて求められる資質能力を生涯にわたって高めていくことのできる力や、情報を適切に収集・選択・活用する能力や知識を有機的に結びつけ構造化する力、②アクティブ・ラーニングの視点からの授業改善、道徳教育の充実、小学校における外国語教育の早期化・教科化、ＩＣＴの活用、発達障害を含む特別な支援を必要とする児童生徒等への対応などの新たな課題に対応できる力量、③「チーム学校」の考えの下、多様な専門性を持つ人材と効果的に連携・分担し、組織的・協働的に諸課題の解決に取り組む力、以上に分類して示された。

　以上のとおり、中教審・教養審をはじめとする各答申における教員の資質能力については、「使命感」、「教育的愛情」、「豊かな人間性」、「広い教養」、「専門的知識」、「実践的指導力」をはじめ、「人間性」と「専門性」を主要な柱として、両者が混在して列挙されてきた。また、近年においては、「信頼性」と「適格性」の確保が強調されてきたことが確認できる。それらを分類・整理すると、①人間性・他者関係性（人間性、社会性、常識・教養、対人関係・コミュニケーション能力、同僚性構築能力等）、②教職意識・態度（教職への情熱、使命感、教育的愛情等）、

③専門的知識・技能(子ども理解、発達理解、教材開発・授業力、生活指導力、実践的指導力等)、という3つに概括することが可能であろう。

　社会環境の急激な変化に伴い、学校教育の担うべき役割が拡大し、教員の職務も無定量・無際限に増加している傾向にある。現下の情勢を踏まえると、今後の教員に求められる資質能力はより多様化・高度化していくと考えられ、持続的な学びのための環境整備に加えて、外部の専門人材との連携・分担によって、学校の教育力・組織力を向上させることが求められており、その中心的役割を果たすためのスキルアップも要求されることになる。

　こうした諸課題に対応していくためには、養成・採用・研修の一体的改革の推進が重要とされているが、養成段階における資質能力の形成には制約が多いという点において、現職研修を中心とした入職後における職能開発の比重が高まっていくことは当然の流れといえよう。

2．養成・採用・研修の各段階における資質能力の形成の連続性

　1970年代以降、教員の資質能力については、養成・採用・研修の各段階を通じて次第に形成されるという考え方が国際的な常識となっていった。その背景には、1966年ILO・ユネスコによる「教員の地位に関する勧告」を契機とした教員の専門職性と生涯学習時代の到来という潮流があった。その後、1973から74年にかけてのOECD(経済協力開発機構)「教員政策会議」を経て、1975年のユネスコ「教員の役割の変化と教員養成・研修に関する勧告」においても、①養成を「教員の継続的教育の過程における最初の基礎的な段階と考えられるべき 」、②研修を「教員教育における不可欠の構成要素であり、あらゆる範疇の教育職員に規則的に実施されるべき 」として、養成・研修の「統合(Integration)と連続性(Continuity)」の重要性が打ち出された[2]。

　我が国では1971年の46答申において、教育の実質を決定する最大の要素が教員の資質であることを考慮し、「資質と能力は、その養成、採用、研修、再教育の過程を通じて次第に形成されるべきものであろう」として、資質能力の形成の連続性が示された。また、国際的動向を受けた1978年の中教審答申「教員の資質能力の向上について」では、「養成・採用・研修の過程を通じて教員の資質能力

の向上を図ることが重要である」として、より踏み込んだ提言が行われた。

1987年の教養審答申「教員の資質能力の向上方策等について」では、養成・採用・現職研修の各段階における役割分担がより明確に示された。すなわち、「教員としての資質能力は、養成・採用・現職研修の各段階を通じて形成されていくものであり、その向上を図るための方策は、それぞれの段階を通じて総合的に講じられる必要がある」として、各段階における改善策が提言された。とりわけ、現職研修については、「初任者研修の創設」と「現職研修の体系的整備」を促進する必要性が具体的に言及された。

1996年の中教審第1次答申「21世紀を展望した我が国の教育の在り方について」では、「『生きる力』をはぐくむ学校教育を展開するための豊かな人間性と専門的な知識・技術や幅広い教養を基盤とする実践的な指導力を培うためには、教員の養成、採用、研修の各段階を通じ、施策の一層の充実を図っていく必要がある」ことが強調された。その中でも、特に教員研修については、多様な研修機会の体系的整備の必要性が明示された。具体的には、「大学院等における現職教育や、教員の社会的視野を広げるため、民間企業、社会教育施設、社会福祉施設等での長期にわたる体験的な研修を積極的に進めることが必要である」ことが提言された。

1998年の教養審第2次答申「修士課程を積極的に活用した教員養成の在り方について」では、大学院における現職教員の再教育の必要性が打ち出された。その理由については、「学部レベルの養成教育において修得した教員に求められる最小限必要な資質能力を基盤」として、それぞれの職務内容や免許状の種類に応じた専門職業人に必要とされるより高度の資質能力の要求に応えることがあげられる。つまり、多様化・高度化する教員の資質能力の向上や得意分野づくりと個性の伸長を図るために、養成段階のみならず、大学が有する諸資源を現職研修段階にも積極的に活用し、その体系の中に位置付ける必要性が提言された。

1998年の中教審答申「今後の地方教育行政の在り方について」では、教職員の資質向上に関する改善策として、「教職員の研修の見直し」と「研修休業制度の創設」が提言された。現職研修の見直しについて、特に中堅教員の研修における総合的マネジメント能力を高めるための内容・方法を見直し、教職以外の経験を豊

富にするため、社会教育施設や長期社会体験研修の充実について例示されている。研修休業制度の創設として、教職以外の幅広い活動（大学院での学修や研究機関等での研修、ボランティア活動への参加等）を通じて、自発的に資質向上を図ることを可能にする制度創設の検討が提言された。

1999年の教養審第3次答申「養成と採用・研修との連携の円滑化について」では、教員の各ライフステージに応じて求められる資質能力が明示された。すなわち、「初任者の段階」、「中堅教員の段階」及び「管理職の段階」という3つに区分した上で、各段階に必要な資質能力について検討が行われた。研修見直しの方向として、①初任者研修における円滑な職務遂行能力の獲得と課題解決能力の伸長、②基礎的・基本的な資質能力の確保と得意分野づくりや個性の伸長、③教員の自発的・主体的な研修意欲に基づいた研修の奨励と支援体制の整備、④教職経験者研修（5年、10年、20年等）における選択制や参加型の研修の導入とカリキュラム開発、といった点に関する提言が行われた。それに伴い、大学と教育委員会等との間において、組織的・継続的な相互交流を含めた体制づくりを図る必要性と具体的方策が示された。

以上のとおり、養成・採用・研修の各段階を通じた教員の資質能力の形成に関する役割分担、各ライフステージに応じた資質能力の育成水準の明確化は、政策文書における提言を通じて次第に確立・定着していった。また、一連の動向に基づき、1988年の教育公務員特例法の改正（初任者研修制度の導入）、1988年の教育職員免許法の改正（専修免許状の創設）、2000年の教育公務員特例法の改正（大学院修学休業制度の創設）、2001年の地方教育行政の組織及び運営に関する法律の改正（いわゆる「指導力不足」教員の免職と他の職への再任用）、2002年の教育公務員特例法の改正（10年経験者研修の法制化）、2007年の専門職大学院設置基準の改正（教職大学院の創設）といった制度の改正が具現化するに至った。さらに、教員に求められる資質能力は、後天的に形成可能なものと解され、生涯にわたって向上を図るという前提に立ち、現職研修の組織的・体系的な拡充整備が求められるようになった。

なお、2015年の中教審答申「これからの学校教育を担う教員の資質能力の向上について」では、教員の養成・採用・研修の各段階における課題に対して、教

員のキャリアステージに応じた学びや成長を支えていくため、養成・研修を計画・実施する際の基軸となる教員の育成指標を教育委員会と大学等が協働して作成するなど、連携強化を図る具体的な制度を構築することが求められた。その方向性として、教育委員会と大学等との協議・調整のための体制として「教員育成協議会」の創設、教員がキャリアステージに応じて身に付けるべき資質や能力の明確化のための「教員育成指標」の整備とそれを踏まえた体系的な「教員研修計画」の策定が示された。その後、2017年の教育公務員特例法の一部改正をはじめ、養成・採用・研修を通じた教員の学びを支援する基盤整備の具現化が進められている。

3．教員評価制度と公務員制度改革との連動

　教員評価に関しては、従来から国家公務員法第70条とそれに基づく人事院規則において、勤務評定の根本基準が定められていた。また、地方公務員法第23条においては、任命権者による人事管理の基礎としての人事評価の活用に関する根本基準に加え、定期的な人事評価の実施とその結果に応じた措置を講じる必要性について規定されてきた。つまり、公務員の定期的な勤務成績を評定し、その結果を昇給、昇格、転任、あるいは降給、降格等の人事管理の資料として活用することは任命権者の義務となっていた。このように、法令として制定されてきたにも関わらず、昭和30年代の教職員組合による「勤評闘争」があり、その後も学校現場の根強い横並び意識もあったため、適切な勤務評定が行われてこなかった。その結果、勤務評定の人事や給与への活用は行われず、形骸化した状態が長期間にわたって放置されてきたと認識できる。

　教育改革を実現し、地域住民等から信頼される学校づくりを進めるためには、全ての教職員が資質能力を向上させるとともに、その力量を最大限に発揮しながら学校運営に参画することが求められている。そのためには、教員一人ひとりの能力や実績等が適正に評価され、それが配置や研修、給与等の処遇に適切に結びつけられることが必要であるとの機運が次第に高まってきた。

　2001年当時の政府の重要課題であった行政改革の一環として、「公務員制度改革大綱」が策定され、新人事制度の構築に向けて、能力等級制度の導入、新任

用制度や新給与制度の確立とともに、新評価制度の導入という方向性が示された。それは、各職員の主体的な能力開発や業務遂行を促し、人的資源の最大活用と組織のパフォーマンスの向上を図るとともに、能力等級制度を基礎とした任用制度、給与制度をはじめとする新人事制度を適切に運用するため、「能力評価」と「業績評価」からなる新たな評価制度を導入するという基本的な考え方に立脚したものであった。

その後、2002年には政府策定の「経済財政運営と構造改革に関する基本方針2002」においては、「早期に新たな教員評価制度の導入を促進する」とともに、「教員の一律処遇から、やる気と能力に応じた処遇をするシステムに転換する」方向性が明示された。また、「地域毎の実態を踏まえて給与制度の仕組みを早急に見直すなどの取組を行う必要がある」として、教員評価制度と公務員給与制度の改革の連動が示唆された。

2003年の「経済財政運営と構造改革に関する基本方針2003」においては、「公務員制度改革（能力・業績を適正に評価し、処遇に反映）と歩調を合わせた教員給与制度の一層の見直しを進める中で、教員の一律処遇から、能力等に応じた処遇システムへの転換に向けた検討を行う」ことが明示された。

その後、全国各地において、新たな教員評価システムに関する調査研究が文部科学省から委嘱された。勤務評定制度のみならず、人事考課制度等の新たな評価の仕組も含め、教員の評価システムの改善に関する実践的な調査研究が行われ、評価結果を多方面（人材育成・能力開発、人事上の処遇、給与上の処遇）に活用することも提言された[3]。

以上のとおり、旧来の勤務評定制度からの転換を図り、教員評価システムを確立する必要性が相次いで提言された。それは、単に学校教育だけの改革課題にとどまらず、国家的規模に及ぶ行政経営論としてのNPM（New Public Management）の台頭とも深く関わったものであったことが理解できる。すなわち、国の総合政策としての構造改革と連動し、民営化、地方分権、規制緩和といった基本理念の下、様々な分野を包括した改革が推進された。その中核となる行財政改革に関して、行政のスリム化と財政の効率化というNPMが標榜され、①結果主義の導入、②市場競争原理の活用、③顧客中心主義、という基本方針を踏ま

えた政策立案が求められた。その一環としての公務員制度改革と連動し、教員評価システムの確立は喫緊の政策課題となっていった。

なお、地方公務員における人事評価の実施に関して、地方公務員法の改正及び2016年度からの施行に伴い、地方公共団体では人事評価制度を導入することが義務づけられることとなった。しかしながら、実施に際しては、人事評価制度の活用経験の乏しさや能力評価の複雑さに加えて、評価者訓練や結果の開示・苦情対応等の運用面における課題への対応に苦慮している状況も散見される。

4．教員評価制度を通じた資質能力の向上

1971年の中教審答申「今後における学校教育の総合的な拡充整備のための基本的施策について」(46答申)の中で、「教員のうち、高度の専門性をもつ者に対し、特別の地位と給与を与える制度を創設すること」が提言された。それが、一律処遇から教員評価の導入へと連なる端緒になったといえよう。

1986年の臨時教育審議会第2次答申においては、「適格性を欠く教師の排除」に関する言及がなされた。その後、1998年の中教審答申「今後の地方教育行政の在り方について」では、教員としての適格性を欠く者に対して適切に対応するとともに、分限制度の的確な運用に努めることが明示された。

2000年の教育改革国民会議報告「教育を変える17の提案」においては、「努力を積み重ね、顕著な効果をあげている教師には、特別手当などの金銭的処遇、準管理職扱いなどの人事上の措置、表彰などによって、努力に報いる」という勤務状況の評価重視が提言された。それを踏まえた2001年の文部科学省による「21世紀教育新生プラン」においては、「教師の意欲や努力が報われ評価される体制をつくる」という政策課題が示された。その主要施策として、指導力不足教員に対する人事管理システムづくりを推進する一方で、「優秀な教員に対する表彰制度とそれに連動した特別昇給等の実施の促進」が明示された。

2002年の中教審答申「新しい時代における教養教育の在り方について」では、「勤務評定の評価方法等の工夫、表彰制度や特別昇給の実施等を通じて、優秀な教員を適切に評価しその処遇の改善を図っていくこと」を求める提言が行われた。同じ2002年の中教審答申「今後の教員免許制度の在り方について」でも、「教員

の勤務評価について、公務員制度改革の動向を踏まえつつ、新しい評価システムの導入に向け、早急に検討を開始すること」が提言された。また、「優秀教員に対する表彰制度とそれに連動した特別昇給等を実施するための調査研究などを実施し、教員の意欲や努力を適正に評価する取組が進むことが期待される」という点が示された。以上の動向に基づき、教員の資質向上策の一環としての教員評価の実施に伴う「優秀教員」が登場するに至った。

2005年の中教審答申「新しい時代の義務教育を創造する」においては、信頼される教師の養成・確保について、養成・採用・研修・評価等の各段階における総合的な改革の推進が打ち出された。教員評価に関する具体的な改善・充実策としては、「優れた教師を顕彰し、それを処遇に反映させたり、教師の表彰を通じて社会全体に教師に対する信頼感と尊敬の念が醸成されるような環境を培うことが重要である」として、優秀教員表彰制度に連なる内容が明示されるに至った。また、「高い指導力のある優れた教師を位置づけるものとして、教育委員会の判断で、スーパーティーチャーなどのような職種を設けて処遇し、他の教師への指導助言や研修に当たるようにするなど、教師のキャリアの複線化を図ることができるようにする必要がある」と提言された。

2006年の中教審答申「今後の教員養成・免許制度の在り方について」では、採用選考の一層の工夫改善及び現職研修の体系化の検証に加え、教員評価の改善・充実に関する内容が提言されるに至った。具体的には、「学校教育や教員に対する信頼を確保するためには、教員評価の取組が重要であり、新しい教員評価システムの構築を一層推進していくことが必要」である点が明示された。また、「評価の結果を、任用や給与上の措置などの処遇に適切に反映するとともに、優れた実践や高い指導力のある教員を顕彰するなどの取組を進め、社会全体に教員に対する尊敬と信頼が醸成されるような環境を培うことが重要である」ことが提言された。教員の採用や現職研修、人事管理等を通じて、教員の資質能力の一層の向上と信頼の確立に努める必要性から、教員評価の推進が強調されるとともに、施策の充実が求められるようになった。

以上のとおり、教員の資質能力の向上は、次第に多様・高度な要求へと変化するとともに、養成・採用・研修の各段階において、教職生涯にわたって断続的に取

り組むことが求められるようになった。また、公務員制度改革と連動した勤務評価の改善及び教員評価制度の導入と連動し、教員の資質能力の向上を養成・採用・研修の各段階から、評価を含めて総合的に進める必要性が強調されるようになった背景が確認できる。さらに、教員評価を通じた指導力不足教員や不適格教員への厳格な対応が要求される一方で、顕著な成果をあげた教員への適正な評価と処遇の必要性に加え、社会全体に対する学校教育への信頼回復のために、「優秀教員表彰制度」の導入が促進されてきたことが理解できる。したがって、本研究の対象である優秀教員については、教員の資質能力の向上という積年の課題に対する象徴的存在として位置付けられていると認識できる。

第2節　優秀教員表彰制度の実施状況

　本節では、従来から実施されてきた都道府県レベルにおける「優秀な教員の表彰等の取組」を基礎として、2006年度に創設された「優秀教員表彰制度」について、地方レベル及び国レベルの双方から、佐藤（2005）[5]及び文部科学省の調査に基づく実態を整理するとともに、制度運用上の課題を中心に検討していく。

1．地方レベルの「優秀な教員の表彰等の取組」

　佐藤（2005）において、各都道府県・指定都市における優秀な教員の評価制度の実施状況について、教育委員会を対象とした調査によって明らかにされている。その後、「優秀な教員の表彰等の取組」が加速したことに伴って変動が確認できるようになる。文部科学省の2006年度調査によると、教職員人事権を有する62都道府県・指定都市のうち、46教育委員会（都道府県単位では35）で表彰等が行われ、地方の取組から全国レベルの「優秀教員表彰制度」へと発展していく流れが定着するようになる。

　なお、2015年度時点[6]においては、67都道府県・指定都市のうち、59教育委員会（都道府県単位では41）に増加している。

（1）実施の状況

　「優秀な教員の表彰等の取組」の状況は、整備予定を含めると大多数で実施さ

れることになり、未定の地域でも近い将来に導入されることが予見される。その内容として、①従前から実施されていた年功・功績的な表彰制度を新しい人事評価システムに連動させる継続タイプ、②新たな人事評価システムの導入に伴い、従前の形骸化していた制度を見直し、新制度として発足させるタイプ、③新たに表彰制度を創設するタイプ、以上の3つに大別することが可能である[7]。

（2）表彰の目的

表彰に関連する規則・要項等により、①功労・実績の顕彰、②教育の発展・振興、③模範の推奨、④意欲の高揚、⑤資質の向上、以上の5つに概括される。当該教員の過去の実績に対する賞賛、表彰後の一層の資質・意欲の向上、さらに、他の教員や社会全体に対する影響・効果への期待といった観点からの分類も可能である。

（3）表彰の条件

1）対象職種

表彰の対象となる職種について、教諭のみとしているケースは少なく、養護教諭・事務職員・栄養職員等を含めている場合が多数である。他方、管理職については、教頭・副校長のみ、あるいは校長を含めているケースも確認できる。職種の範囲によって、「優秀教員表彰」、「優秀教職員表彰」、「教育委員会職員表彰」、「教育者表彰」、「教育実践者表彰」、「教育関係職員表彰」をはじめ、多種多様な名称が設定されている。

2）勤務年数と年齢

勤務年数と年齢のどちらか、あるいは両方を条件にしているケースも見受けられるが、優秀さのみに重きが置かれ、経験による条件が設定されていない方が多数を占めている。勤務年数という量的な要件を伴う年功的な意味合いと、優秀であるという質的な面のバランスについて、どのように考慮されているのかが都道府県間で微妙に異なっている。

3）選考基準

「学習指導」、「特別支援教育」、「生徒指導、進路指導」、「体育、保健、給食指導」をはじめ、多くの選考基準が設けられているが、地域によって対象は異なっている。また、「その他」として、地域特性や教育課題に対応した各分野・領域に関す

る「他の教職員の模範となる優れた取組・実践」、「学校の活性化に顕著な成果・実績」といった内容も示されている。

(4) 選考の手順
1) 応募方法
　校長推薦、教育委員会推薦のいずれか、あるいは両方からの推薦を条件付けているケースが多い。校長推薦に加え、例外的に外部評価の一環として地域・保護者推薦を課しているケースも存在する。推薦に際して、教科指導、生徒指導、学級経営等の特定領域の1つ、あるいは複数の領域への該当を条件とするケースが多く、優秀さの根拠を特定の領域に求めている。他方、優秀さの領域を設定せず、全体的・総合的に評価しているケースも確認できる。

2) 審査会の設置
　従来型の年功・功績的な表彰制度を継続している地域では、審査会が設置されていない場合が多い。年功とは別の基準で表彰する場合、それを公正に評価する審査機関の設置は不可欠といえよう。審査会における選考によって落選するケースの有無によっても、実質的な機能を有しているかの判断が可能となろう。

(5) 表彰実績
1) 表彰人数
　2005年度の実績によると、最少1名の山口県と最多546名の京都市の間には大差が存在する。京都市の教員総数に対する表彰率は約7.6％と突出しており、10数年のサイクルで大多数の教員が表彰されるような高い割合となっている。地域間の過剰な格差や表彰の乱発という点において、制度の意義や整合性が問われる状況になるといえよう。

　なお、2015年度時点においても、最少0名の三重県と最多430名の静岡県というように、地域間の格差が依然として存在する状態が続いている。また、67都道府県・指定都市のうち、22教育委員会（都道府県単位では18）においては、チームとしての表彰も行われている。

2) 表彰の方法と副賞
　氏名の公表に加えて表彰状が授与され、その大半で副賞の授与も併せて行われている。副賞については、2千円相当の記念品から10万円の賞金に至るまで、多

種多様な内容となっている。いずれも記念品程度としての位置付けであり、研究奨励金の性質とは異なるものであることが確認できる。

（6）被表彰者の待遇
1）昇任選考への反映

表彰後の人事上の措置について、昇任選考に反映させている地域は少なく、大多数は少なくとも表面上は連結させていない。学校管理職としての組織マネジメント能力は、優秀教員としての資質能力と必ずしも同一ではないことから、被表彰者の意向を尊重した教職キャリアの複線化も検討されるべきである。なお、7都道府県・指定都市においては、研修機会を付与する優遇措置が行われている。

2）給与面への反映

金銭的な優遇として、8都道府県・指定都市において勤勉手当の増額や特別昇給といった給与上の措置が実施されているが、他の地域では給与への反映は行われていない。表彰の目的が、物資的な利益の供与よりも、むしろ被表彰者の精神的な満足や意欲の向上に主眼が置かれているという理由によるものといえよう。

なお、2015年度時点において、67都道府県・指定都市のうち、16教育委員会（都道府県単位では13）に増加しているものの、依然として給与面での優遇措置は進んでいない状況にある。

3）その他の優遇措置

2015年度時点における表彰に伴う優遇措置として、67都道府県・指定都市のうち、48教育委員会で「教育職員免許状更新講習の受講免除」、6教育委員会で「研修機会の付与」となっている。3教育委員会における「その他」として、「適性に応じた配置換え」、「校長意見による異動の猶予」、「管理職等への任用」が具体的な内容として示されている。

（7）被表彰者の活用

2015年度時点において、67都道府県・指定都市のうち、被表彰者を活用しているのは29教育委員会にとどまっており、具体的な活用内容としては、「研修会等の講師」、「教育実践の公開」が中心となっている。増加傾向にあるものの、表彰後の活用が半数未満にとどまる結果から、さらなる有効活用が検討されるべき状況にあるといえよう。

2．全国レベルの「文部科学大臣優秀教員表彰制度」
（1）被表彰者の概要

被表彰者の要件として、「①現に教育職員であって、学習指導、生徒指導等の学校教育活動において顕著な成果をあげていること」、「②教職経験10年以上かつ35歳以上の者であること」、「③推薦者が実施している表彰制度において、既に表彰を受けていること。推薦者が表彰制度を実施していない場合には、それに準じる評価を得ていること」、「④勤務実績良好かつ過去に懲戒処分等の罰を受けていないこと」、以上の4点が明示されている。各任命権者の推薦[8]に基づく「優秀教員表彰制度」の運用状況について、2006年度と2007年度の推移を中心にその実態を概観するとともに、直近となる2017年度の状況を参考として付記する。

1）設置者別

図2-1のとおり、2006年度の優秀教員数は計765名、2007年度は前年比47名増の計812名となっている。設置者別の推移として、「国立」と「公立」がいずれも微増であるのに対し、「私立」は2006年度10名から2007年度43名へと大幅な増加となっている。

なお、2017年度においては、「国立」22名、「公立」692名、「私立」20名、合計734名となっており、「公立」が減少している。

被表彰者全体に対する「公立」の割合は、2006年度96.9%、2007年度92.7%であり、大多数を占有している状況となっている。したがって、以下の内容については、「公立」のみを対象に展開していくことにする。

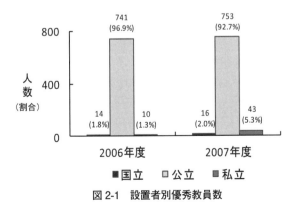

図2-1　設置者別優秀教員数

2）男女別（公立）

図 2-2 のとおり、公立の男女別の優秀教員の人数（割合）については、男性が多数を占める結果となっている。

男女別の推移として、「男性」が 2006 年度 460 名（62.1％）から 447 名（59.4％）に減少しているのに対し、「女性」は 2006 年度 281 名（37.9％）から 2007 年度 306 名（40.6％）に上昇している。

「女性」の割合が若干上昇したものの、全国の教員全体の占有率（男性 49.9％、女性 50.1％）と比較すると、優秀教員として表彰されるのは「男性」が優位な状況となっている。

なお、2017 年度においては、「男性」357 名（51.6％）、「女性」335 名（48.4％）となっており、男女間の比率はさらに縮小している。

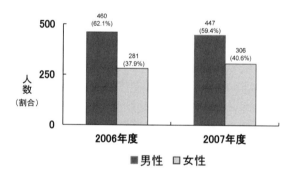

図 2-2　男女別優秀教員数（公立）

3）校種別（公立）

図 2-3 のとおり、校種別の優秀教員の人数（割合）については、大多数が「小学校」、「中学校」及び「高校」の校種に集中する結果となっている。

校種別の推移として、「小学校」が 2006 年度 269 名（36.3％）から 2007 年度 290 名（38.5％）に増加しているのに対し、「中学校」は 2006 年度 215 名（29.0％）から 2007 年度 208 名（27.6％）に減少、「高校」も 2006 年度 205 名（27.7％）から 2007 年度 201 名（26.7％）に減少している。

一般教員を含む教員総数に対する優秀教員の割合を校種別に比較すると、「小学校」の教員占有率は 44.6％であるのに対し、優秀教員の割合は 30％台（2006

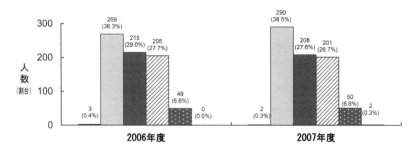

図 2-3　校種別優秀教員数（公立）

年度（36.3%）、2007 年度（38.5%））にとどまっている。他方、「中学校」は 26.0％の占有率以上の優秀教員（2006 年度（29.0%）、2007 年度（27.6%））が選出されている。「高校」においては、21.9％の占有率を大幅に上回る状況（2006 年度（27.7%）、2007 年度（26.7%））となっている。つまり、教員数に対して優秀教員が選出される割合は、「高校」が相対的に高く、続いて「中学校」という順に優位な状況となっている。

　なお、2017 年度においては、これまでの関連法制の改正に伴う校種区分の変更もあり、「幼稚園・幼保連携型認定こども園」4 名（0.6%）、「小学校」280 名（40.5%）、「中学校」194 名（28.0%）、「義務教育学校」1 名（0.1%）、「高校」158 名（22.8%）、「中等教育学校」2 名（0.3%）、「特別支援学校」53 名（7.7%）となっており、優秀教員の選出の割合に関する校種間の差は縮小している。

4）実績分野別（公立）

　図 2-4 のとおり、実績分野別の優秀教員の人数（割合）については、「学習指導」が最も多く、「部活動指導」、「その他」という順で続いている。

　実績分野別の推移として、「部活動指導」（2006 年度 140 名（18.9%）、2007 年度 97 名（12.9%））が 6.0 ポイントの減少となっているのに対し、「学習指導」（2006 年度 303 名（40.9%）、2007 年度 338 名（44.9%））が 4.0 ポイント増加、「その他」（2006 年度 83 名（11.2%）、2007 年度 112 名（14.9%））も 3.7 ポイント増加となっている。

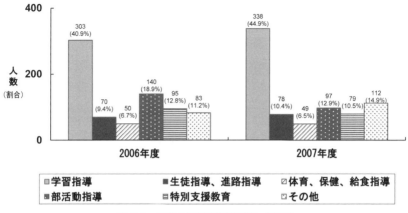

図 2-4　実績分野別優秀教員数（公立）

なお、2017年度の時点では、実績分野として「部活動指導」から「特別活動指導、部活動指導」に名称変更となり、学校教育の課題の変動に伴い「地域連携」、「ユネスコ活動、国際交流」、「学校運営改善」という細分化された分野が追加となっている。これにより、合わせて9つの実績分野が設定されているが、分野別の選出割合に大きな変動はない。また、数は少ないながらも、同じ9つの実績分野において、「教職員組織表彰」（38校）も行われるようになっている。

5）年齢別（公立）

図 2-5 のとおり、年齢別の優秀教員の人数（割合）については、「40歳代」が最も多く、「50歳代」が続く結果となった。

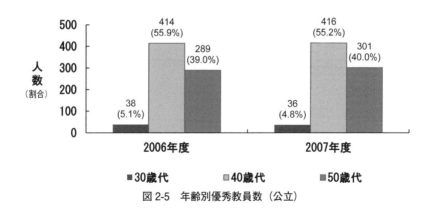

図 2-5　年齢別優秀教員数（公立）

年齢別の推移として、「40歳代」は2006年度414名（55.9％）から2007年度416名（55.2％）に微減となったが、いずれも過半数を占めている。次に、「50歳代」が2006年度289名（39.0％）から2007年度301名（40.0％）と微増となっている。優秀教員の対象が35歳からということもあり、「30歳代」は2006年度38名（5.1％）及び2007年度36名（4.8％）とともに最少となっている。

　なお、2017年度については、「30歳代」56名（8.1％）、「40歳代」455名（65.8％）、「50歳代」181名（26.2％）となっている。「30歳代」と「40歳代」の割合が上昇しているのに対し、「50歳代」は顕著な減少傾向となっている。

6）都道府県別（公立）

　次頁の表2-1のとおり、2006年度と2007年度における優秀教員の合計人数は、最多の東京都（107名）から最少の島根県（0名）まで、各都道府県によって大きな差異が存在する。自治体規模・教職員数を考慮に入れた場合、その状況はさらに変化することになる。

　2年間の優秀教員数の変動については、青森県（12名→6名）、埼玉県（42名→30名）での減少が確認できる。逆に、大阪府（9名→23名）、長崎県（5名→13名）では増加が顕著であり、岐阜県（0名→17名）では表彰制度の導入に伴う変動が確認できる。

　なお、2017年度については、東京都（14名）、神奈川県（11名）、大阪府（7名）、兵庫県（10名）をはじめとした都道府県において、従前と比較すると顕著な減少傾向となっている。

表 2-1 都道府県別優秀教員数（公立）

都道府県	2006年度	2007年度	都道府県	2006年度	2007年度
北海道	17名	13名	滋賀県	11名	11名
青森県	12名	6名	京都府	18名	17名
岩手県	2名	1名	大阪府	9名	23名
宮城県	19名	19名	兵庫県	25名	32名
秋田県	10名	7名	奈良県	11名	10名
山形県	11名	10名	和歌山県	10名	9名
福島県	12名	12名	鳥取県	6名	6名
茨城県	23名	23名	島根県	0名	0名
栃木県	16名	16名	岡山県	15名	16名
群馬県	16名	16名	広島県	21名	21名
埼玉県	42名	30名	山口県	12名	12名
千葉県	38名	38名	徳島県	8名	8名
東京都	58名	49名	香川県	8名	8名
神奈川県	48名	45名	愛媛県	12名	12名
新潟県	20名	19名	高知県	8名	8名
富山県	8名	9名	福岡県	32名	28名
石川県	10名	9名	佐賀県	8名	8名
福井県	7名	7名	長崎県	5名	13名
山梨県	8名	8名	熊本県	5名	8名
長野県	19名	18名	大分県	8名	8名
岐阜県	0名	17名	宮崎県	4名	10名
静岡県	26名	26名	鹿児島県	16名	17名
愛知県	46名	46名	沖縄県	14名	14名
三重県	7名	10名	合　計	741名	753名

（2）各都道府県間の比較

　優秀教員表彰制度は、個々の教員の実績に基づく優秀性を公的に認定するものであり、基本的には同等の基準で推薦・選考されることが望ましいが、その実情はどうなっているのであろうか。文部科学省による学校基本調査[9]の教員数を勘案しながら、都道府県間の比較考察を試みることにする。

1）被表彰者数（公立）

学校基本調査における教員数（公立、本務）を優秀教員数で除すると、優秀教員1名当たりの教員数が算出できる。つまり、都道府県別の優秀教員選出の難易度が明らかになる。2007年度に限定した場合、その結果は表2-2のとおりである。

表2-2　教員数に対する優秀教員の割合（公立）

	優秀教員の割合が高い都道府県	優秀教員1名当たりの教員数（本務）	優秀教員の割合が低い都道府県	優秀教員1名当たりの教員数（本務）
1位	徳島県	726.9名	島根県	該当者なし
2位	岡山県	732.7名	岩手県	9,616.0名
3位	宮崎県	752.6名	北海道	2,912.2名
4位	高知県	755.8名	大阪府	1,878.3名
5位	栃木県	757.3名	青森県	1,622.7名

最上位の徳島県においては、726.9名に1名という高い割合で優秀教員が選出されている。逆に選出の割合が低い都道府県として、島根県は同制度を実施しておらず、岩手県は対象者が1名しかいないため、例外的な数値となっている。全国を地方別に見ていくと、四国地方は全般的に高い割合で表彰され、逆に東北地方で表彰される割合は低い傾向となっている。

優秀教員の割合が高い都道府県においては、低い都道府県よりも数倍以上が選出されていることになる。制度の創設から間もないということもあり、安定期までは変動していくことが予見されるが、国政選挙における「1票の格差」のように、公平性を欠いた状態が露呈した場合、信頼性・妥当性が問われることにより、制度の根幹が揺らぎかねない。各任命権者の推薦に基づき、文部科学大臣が特定の教員を表彰する制度であることから、同等の基準や選出の割合が公平に設定されることが望ましい。

2）男女別（公立）

表2-3については、2006年度と2007年度を通算した割合である。単純集計では、優秀教員に占める女性の割合は富山県が圧倒的に高く、逆に三重県では極端に低い割合となっている。ただし、富山県については、教員全体に占める女性の割合が全国4位（56.1％）と高く、同じく徳島県は3位（58.2％）、高知県は1位（59.6％）

となっており、女性教員の割合に比例して、女性が優秀教員の多数を占めているのは当然の結果ともいえる。

表 2-3　女性優秀教員の割合（公立）

	女性優秀教員の割合が高い都道府県	優秀教員に占める女性教員の割合	女性優秀教員の割合が低い都道府県	優秀教員に占める女性教員の割合
1位	富山県	82.4%	三重県	11.8%
2位	和歌山県	68.4%	鹿児島県	21.2%
3位	茨城県	63.0%	長野県	21.6%
4位	徳島県・高知県	62.5%	熊本県	23.1%
5位	----	----	岐阜県	23.5%

　他方、三重県においては、教員数全体に占める女性教員の割合は全国24位（50.2%）であるにも関わらず、優秀教員に占める女性教員の割合は11.8%の少数にとどまっている。優秀教員の圧倒的多数を男性が占めており、表彰制度に係る評価機能の公平性・妥当性が問われる状況にあるといえよう。

3）平均年齢（公立）

　表2-4について、平均年齢の低い都道府県として、2006年度と2007年度ともに上位に入っているのは岡山県と福岡県となっている。逆に平均年齢の高い都道府県は、兵庫県と茨城県となっている。隣接する岡山県と兵庫県の間に、2006年度13.9歳、2007年度13.6歳という大差が生じている。若手教員の実績を積極的に評価している岡山県に対し、兵庫県では定年退職前の功労賞としての意味合いが依然として根強く残っていると認識できる。

　また、2年間の変動を見ていくと、岩手県（2006年度53.0歳43位、2007年度44.0歳3位）については、優秀教員数が極端に少ないため、例外的に大幅な変動となっている。熊本県（2006年度49.2歳33位、2007年度45.4歳7位）は平均年齢で3.8歳低下したのに対し、徳島県（2006年度46.6歳12位、2007年度50.5歳35位）は3.9歳上昇し、それぞれの順位も大幅に変動している。

表 2-4　優秀教員の平均年齢 (公立)

	2006 年度 優秀教員の年齢		2007 年度 優秀教員の年齢		2006 年度 優秀教員の年齢		2007 年度 優秀教員の年齢	
	低い都道府県	平均年齢	低い都道府県	平均年齢	高い都道府県	平均年齢	高い都道府県	平均年齢
1位	長崎県	42.0 歳	山形県	43.7 歳	兵庫県	57.7 歳	兵庫県	57.5 歳
2位	岡山県	43.8 歳	岡山県	43.9 歳	岩手県	53.0 歳	宮崎県	52.0 歳
3位	福岡県	44.1 歳	岩手県	44.0 歳	沖縄県	52.8 歳	静岡県	51.8 歳
4位	鹿児島県	44.7 歳	岐阜県	44.5 歳	茨城県	52.6 歳	茨城県	51.6 歳
5位	山口県	44.8 歳	滋賀県 福岡県	44.6 歳	香川県	52.4 歳	三重県	51.3 歳

※被表彰者のいない島根県、優秀教員の年齢を非公開としている青森県を除く。

　以上のとおり、同じ都道府県であっても、年度によって優秀教員の年齢をはじめとした属性が大きく変動しており、選考基準の不安定さを露呈している。制度の導入開始から間もないため、各都道府県における運用方針が曖昧な状態のまま実施されていることが要因であると考えられる。

第3節　優秀教員表彰制度の運用上の課題

1．表彰基準の整備

　地方レベルにおける「優秀な教員の表彰等の取組」の運用実態には大きな格差が存在する。すなわち、対象者数とその属性をはじめとする差異であり、選考基準と実績数の揺らぎも垣間見える。他方、各任命権者からの推薦によって実施される全国レベルの「優秀教員表彰制度」についても、独自基準への適合によるものではなく、あくまでも地方レベルの選考とその後の推薦に依拠している。表彰制度が導入されたにも関わらず、足並みが揃っていない状況の中で、表彰制度が有効に機能しているとは言い難い実態も散見される。そこで、優秀教員表彰制度が適正に運用され、実質的に機能するための主要課題について指摘する。

（1）新旧の制度区分

　地方における新旧の表彰制度の混在に起因し、優秀教員表彰制度における都道

府県間の差異が顕在化している現況にある。したがって、従前からの定年退職前の年功・功績による表彰、新しい人事評価システムの導入に伴う表彰、この両者を明確に区分する必要がある。表彰は団体や個人の成果や能力を賞賛するという意味において前向きな意義を持つが、公的な表彰については、労苦に対する評価に対して公平性を期す必要もあって年功制が採用されやすいのも事実である。しかしながら、「優れた成果をあげた教員を表彰することは、教員の意欲を高め、資質能力の向上に資する」という趣旨から、教育上の成果に対する顕彰に加えて、「優秀教員自身のさらなる資質向上」という将来への期待が込められている点を考慮すべきである。

（2）実績分野の明確化

表彰理由となる実績分野について、整合性に乏しい面が見られる。優秀教員表彰制度の実績分野は当初の6つから9つの区分に拡大されたが、地方レベルの表彰制度と必ずしも一致しているわけではない。また、教員に求められる多様な資質能力や職務内容と対比し、明瞭に分類・整理されているわけでもない。さらに、特定分野に強いスペシャリストのみならず、総合的に能力が高いゼネラリストをどう評価するかという点にも課題が残されている。推薦者サイドには、以上の課題を踏まえた評価・手続きを行うことが求められる。

（3）審査会の設置

優秀教員表彰制度について、一般の教職員に対する認知度が高いわけではない。今後、制度の浸透を図り、優秀教員の活用を促進していくためには、公正・公平かつ透明な選考が不可欠な要件となる。横並び意識の強い学校教育現場において、特定の教員が賞賛・優遇され、そうでない教員との格差を生むことには抵抗感が存在するのも実情である。したがって、優秀さを担保するための、教育上の成果・実績に対する公正な評価・審査機関の設置が望まれる。

（4）全国表彰におけるガイドラインの策定

教育の地方分権化に伴い、地方特有の施策の策定・実施、それに基づく実績・成果を地方レベルで独自に表彰することに異論はない。しかし、優秀教員表彰においては、同一の表彰であるにも関わらず、都道府県間の差異が極端に大きいため、表彰基準の正当性が問われかねない状況となっている。したがって、教職員数に

応じた被表彰者の定数の割り当てや同等の成果の認定をはじめ、一定の基準を盛り込んだガイドライン等の策定とそれに基づく表彰の実施にも検討の余地があるといえよう。

2．待遇改善と活用方策

　優秀教員の評価をその待遇にも反映させることが求められながらも、実際に給与面で優遇しているのはごくわずかである。また、昇進の選考資料としての活用状況も少数にとどまっている。現時点での優秀教員表彰制度は、単なる激励としての意味合いにとどまっており、実質的には優秀教員に報いるような魅力ある制度とはなっていない。金銭的処遇や人事上の措置以外にも、各種研修会における講師としての活用をはじめ、表彰後の活用方策をより具体的に検討する必要がある。

　一般論として、表彰は単なる評価にとどまらず、人物の成長やその分野での切磋琢磨について、社会的に良い影響を与え得る成果や実績を生み出す上で大きな意義を有している。その実質的な効果は様々であるが、被表彰者の実績評価と他への模範として知らしめるという側面が強いのが特徴である。しかし、表彰自体が被表彰者のモチベーションや周囲の模範としての意味をどこまで果たし得るのか、といった疑問点が指摘されている。とりわけ、善行や実績の誇示を忌避する謙虚さを美徳とする風潮も存在することから、表彰制度自体を否定的に捉える場合も少なくない。

　他方、公益活動に対する表彰については、個人の資質や実績よりも、勤続年数や役職等の年功序列に基づいて評価される場合が多くなる。この点において、表彰が形式化・形骸化していると認識されることも多く、表彰の目的と意義が見失われかねない側面を有していることもあり、実質的な機能を保持する制度運用に向けた早急な対応が望まれる。

　以上のとおり、優秀教員表彰制度は様々な課題を抱えながら運用されているのが実情である。ただし、我が国に現存する唯一の公認制度であることから、教員の優秀性について、当面は依拠することが妥当であると考えられる。したがって、本研究においては、対象となる優秀教員の年齢を35歳から45歳までに限定することによってデータとしての不安要素を排除する。

【註】

1 旧文部省所管の審議会の1つであり、中央省庁再編に伴う機構改革により、理科教育及び産業教育審議会・教育課程審議会とともに、2001年1月から中央教育審議会初等中等教育分科会に移管となった。
2 高倉翔（1998）「これからの教員に求められる資質能力と『教育職員免許法』の改正」文教大学付属教育研究所編『教育研究所紀要』第7号。
3 一例として、2006年の北九州市における教員の評価等に関する調査研究協議会「新たな教員の評価システムに関する調査研究（最終報告書）」を参照されたい。
4 民間企業における経営理念、手法、成功事例などを公共部門に適用し、そのマネジメント能力を高め、効率化・活性化を図るという考え方であり、1980年代半ば以降、英国やニュージーランドなどにおいて導入された。その基本方針として、①結果主義の導入、②市場競争原理の活用、③顧客中心主義、という3点が挙げられている。
5 佐藤晴雄（2005）「優秀教員評価制度とその活用に関する調査報告－都道府県・指定都市調査から－」八尾坂修編著『教員人事評価と職能開発－日本と諸外国の研究－』風間書房、406-439頁。
6 詳細は、文部科学省初等中等教育局初等中等教育企画課「教育委員会月報（平成28年2月号）」第一法規、4-14頁を参照されたい。
7 前掲書5、408頁において、「従前制度継続型」（岩手県、栃木県、大分県）、「従前制度見直型」（東京都、高知県、長崎県）、「新評価システム型」（千葉県、京都府（市）、大阪府、岡山県）という分類と該当教委の明示とともに詳報されている。
8 2006年度の優秀教員表彰制度の創設当初は都道府県単位での推薦のみであったが、2009年度から政令指定都市の区分を含めた任命権者の推薦に変更となった。
9 政府統計の総合窓口（e-Stat）ホームページを参照されたい。
https://www.e-stat.go.jp/stat-search/files?page=1&toukei=00400001（2019年3月1日最終閲覧）

第3章 優秀教員の実像

第1節　優秀教員の実績・表彰理由

　2006年度及び2007年度の優秀教員総数は1,577名であった。そのうち、研究対象を公立学校に所属する35歳から45歳までの範囲に絞り込み、448名に対して調査票を送付し、246名（54.9％）から回答を得た。本節では、その回答の集計結果に基づき、優秀教員の分野別の実績と表彰理由を明らかにする。

1．学習指導
　表3-1は、「学習指導」分野の表彰理由について、回答内容を分類・区分した結果である。校内における学習指導に関する実績、あるいは日常の教育実践活動とその成果の発現が複合分野において評価された結果であることが理解できる。次に、教育実践活動に関する研究の取組とその成果が評価されたものとなっている。その具体的な内容は細分化が可能であり、研究主任としての取組、研究会事務局としての組織運営の主導、公的機関の委員担当、口頭・論文による発表とその業績の評価による場合が多い。さらに、校内外における研修講師としての還元活動に分類・区分することが可能である。なお、個人による実績のみならず、グループ研究、学級経営や部活動等含む複合的分野、地域・大学・企業との連携による実績が評価されているケースも確認できる。

表3-1 表彰理由（「学習指導」分野103名）

分類・区分		表　彰　理　由（一部抜粋）
教科指導	特定領域	・特に体育科表現運動を中核とした学級づくりと学校全体での「総合表現」のリーダーシップ。 ・小学校英語活動において、研究主任として県内で先駆的な取組を推進。 ・日本人学校での勤務経験を生かした国際理解教育の推進。 ・地域と連携して環境教育を推進。
	学習法	・理科教育において、カードコレクション（化学式を覚える方法）を用いた学習法を考案し、NHKや諸雑誌にて報道。
	資格取得	・日本商工会議所主催簿記検定1級（全国最年少）、経済産業省基本情報処理技術者（県内最年少）、全国商業高等学校協会主催1級全種目（8種目、県内初）合格者輩出。
研究	主任	・学力向上フロンティアスクールの研究主任（3年間）として、生徒の学力向上に対する組織的な取組による成果。 ・スーパー・イングリッシュ・ランゲージ・ハイスクール（SELHi）事業への積極的な参画と授業改善への取組。
	組織運営	・県の数学教育研究会の事務局として、数学教育の向上に貢献。
	委員委嘱	・学力向上事業の委員長としての研究調査。 ・県授業改善プラン委員を担当。
	発表	・社会科教育の全国大会発表4回、県大会発表4回。
	学会	・研究成果と課題を日本数学教育学会、日本カリキュラム学会などや著書、各種学術雑誌等で発表。
	論文	・県教育研究論文優秀賞。 ・小学校体育に関する教育実践論文優秀賞。
研修講師		・全市、全県規模での自主的な教員研修会の取組。 ・若手教員の育成、技術指導。 ・県の総合教育センターの講座において講師を担当。
複合		・道徳教育、論文、実践等の執筆、講座等の講師。 ・小学校コンピュータ等の情報機器を活用した教育実践、社会科教育の実践に関する実践記録の入賞、学会発表、論文掲載。

※自由記述の内容を一部抜粋により記載した。

2．生徒指導、進路指導

　表3-2は、「生徒指導、進路指導」分野の表彰理由について、回答内容を分類・区分した結果である。当該分野においては、校務分掌上の生徒指導主事（主任）の職務を通じた実績が大半であり、進路指導主事（主任）やその他の職務は少数であることが確認できる。また、「学習指導」分野と同様に、当該分野における単独の実績のみならず、部活動指導を含めた複合分野における総合的な実績として評価されているケースも確認できる。

表 3-2 表彰理由(「生徒指導、進路指導」分野 22 名)

分類・区分		表 彰 理 由(一部抜粋)
生徒指導	分掌	・生徒指導主事(主任)としての多年にわたる取組。 ・家庭、地域、関係機関との連携強化のための組織づくり。 ・夜間巡回等の実践。 ・適応指導教室担当としての教育実践。
	研究会	・生徒指導に関する研究会。 ・薬物乱用防止教育の推進(健康教育研究大会発表)。
進路指導	分掌	・知的障害特別支援学校高等部における職業教育・進路指導の取組。 ・校内外での進路指導態勢の充実。
	研究会	・進路指導に関する研究会の推進。
その他		・部活動での実績、教務主任として学校全体で取り組んだ道徳教育、体力向上のシステムづくり、数学・体育の教員としての実践、以上の全てを総括し「生徒指導」。 ・教育困難校の立て直し。 ・遠隔地寮で自治活動を中心とした寮運営と実践。 ・市の教育相談室運営。 ・教育センターのプロジェクト研究委員。

※自由記述の内容を一部抜粋により記載した。

3．体育、保健、給食指導

　表3-3は、「体育、保健、給食指導」分野の表彰理由について、回答内容を分類・区分した結果である。当該分野の優秀教員数は、6つの実績分野の中で最も少なく、質問紙調査の回答者も9名という少数にとどまっている。その中でも、大半は体育分野における実績であり、保健分野は2名しか確認できない。

表 3-3 表彰理由(「体育、保健、給食指導」分野 9 名)

分類・区分		表 彰 理 由(一部抜粋)
体育	教科指導	・教科体育の指導で、ニュースポーツを取り入れ、既習の学習内容を生かしながら、児童の興味・関心のわく授業展開を導入。 ・特色ある学校(体育コース)の運営と学科改編に尽力。
	研究会	・県の性教育実践研究委員会の一員としての取組。 ・市の小学校体育研究会の部長としての発表。 ・学校体育の研究、地域スポーツの発展への寄与。
保健		・禁煙ピアエデュケーターの養成、薬物乱用防止教育の実践、教育カウンセリングの実践等。 ・保健学習、保健管理、個別指導、保健室経営における成果、不登校に対する予防、解決。

※自由記述の内容を一部抜粋により記載した。

なお、給食指導分野における優秀教員は、回答結果からは存在が確認できない。学校教育法の改正により、栄養教諭制度が新設されたのが2006年度であり、それ以前の段階で優秀教員表彰の基礎となる都道府県レベルの表彰に至っていなかったためであると考えられる。

4．部活動指導

表3-4は、「部活動指導」分野の表彰理由について、回答内容を分類・区分した結果である。体育系だけでなく、文化系の部活動指導についてもバランス良く選出されていることが確認できる。的確な指導が結実し、県大会や全国大会における顕著な実績が評価されている状況が一目瞭然となっている。また、競技指導のみならず、所属する専門部等の組織運営にも同時並行で取り組んでいる優秀教員の存在も数多く確認できる。

表3-4　表彰理由（「部活動指導」分野48名）

分類・区分		表彰理由（一部抜粋）
体育系	競技実績	・陸上競技部監督として、県大会総合優勝5回、全国大会15年連続出場、個人優勝4回など。 ・女子ソフトボール部監督として、県大会（秋、春、夏）優勝50数回、地区大会20回程度、全国大会出場3回（優勝1回、準優勝1回）。 ・剣道部の監督として、男女合わせて全国大会優勝11回、県大会優勝63回。 ※以下については、競技実績の詳細を省略し、部活動名と実績内容のみ列挙する。 部活動名：なぎなた部、柔道部、弓道部、登山部、相撲部、ホッケー部、野球部、男子バレーボール部、女子バスケットボール部、ハンドボール部、ボート部 実績内容：オリンピック日本代表選手育成、競技の普及活動と組織づくり等
	組織運営	・県の専門委員長、全国高体連常任委員。 ・海外遠征事務局長。 ・国体監督、コーチ。
文化系	競技実績	・吹奏楽部の顧問として、県大会1位3回、全日本吹奏楽コンクール金賞1回、銀賞1回、日本管弦合奏コンテスト最優秀グランプリ2回。 ・意見発表・体験発表・弁論大会の指導により、県大会優勝18回、全国大会優勝2回。 ※以下については、競技実績の詳細を省略し、部活動名と実績内容のみ列挙する。 部活動名：放送部、新聞部、合唱部、和太鼓部、金管バンド部、機械研究部、機械工学部（ソーラー班）、食品科学部、自然科学部、生物部 実績内容：家畜審査（日本学校農業クラブ）、郷土芸能の伝承、日展（彫刻）最年少入選の指導

※自由記述の内容を一部抜粋により記載した。

部活動指導については、他の実績分野に比較して競技実績が明瞭となるため、客観的な評価がしやすいといえよう。また、部活動の強化が生徒指導面のみならず、学校や地域の活性化にも寄与するため、影響が大きい点も評価の対象になっていると考えられる。

5．特別支援教育

　表3-5は、「特別支援教育」分野の表彰理由について、回答内容を分類・区分した結果である。特別支援教育の多岐にわたる専門分野・領域において、教育実践活動を通じた指導的役割を果たすと同時に、研究に対して活発に取り組んでいる状況がうかがえる。また、他の実績分野以上に、公的機関の委員を担当するケースが多く、地域から全国に至る各レベルにおいて特別支援教育の推進に尽力している状況も確認できる。

表3-5　表彰理由（「特別支援教育」分野 25名）

分類・区分	表　彰　理　由（一部抜粋）
実践活動	・ICTを活用した学習支援。 ・特別支援教育コーディネーターとして、地域支援、就学指導の実践。 ・教育活動、教育相談及び地域への支援等。 ・特別支援教育のセンター的機能の充実（公開講座、巡回相談、地域支援）。専門分野・領域：言語障害、聴覚障害、発達障害通級指導教室、情緒障害児
研　究	・教育課程の類型化の研究・推進。 ・研究論文の発表、教育実践の報告。
外部委員	・市の特別支援教育研究会の委員長。 ・県の専門家チームとして、養成研修等への協力。 ・国立特別支援教育総合研究所の研究協力者。 ・中央教育審議会専門委員。

※自由記述の内容を一部抜粋により記載した。

6．その他

　表3-6は、「その他」分野の表彰理由について、回答内容を分類・区分した結果である。前述した5つの実績分野に該当しない表彰理由が集約されている。学校の管理運営については、特色ある学校づくり（特に新設校）の基本計画の策定が実績として評価されている。また、教科に分類できない特定分野・領域の課題に関する取組が網羅されている。さらに、教育・研究活動によって得られた受賞

がベースになっているケース、これらを複合した表彰理由も確認できる。

表3-6 表彰理由(「その他」分野35名)

分類・区分	表 彰 理 由 (一部抜粋)
管理運営	・インテリジェントスクールとして発足した学校の基幹部分の策定。 ・定通制独立校の開校に向けた中心的な役割を担当。 ・特色ある教育活動の実践(新設校の立ち上げ)。 ・分校主任としての取組(学習指導、地域との連携)。
特定領域	・人権教育への積極的な取組。 ・福祉教育の教育課程編成。 ・地域に根ざした教育実践(僻地教育)。 ・国際理解教育に関する作文や弁論コンテストにおける指導。 ・心の教育の研究・実践。 ・情報教育のコーディネーターとしての学校支援活動。 ・キャリア教育を主体とした総合学習のカリキュラムづくり。 ・工業製品開発における実践的取組。 ・道徳教育を研究主任として推進(指導カリキュラムの作成)。 ・学社連携事業の推進、企画、実践。
受 賞	・東レ理科教育賞、日本科学技術振興財団会長賞等の受賞。 ・学校が博報賞、文部科学大臣表彰等を受賞。

※自由記述の内容を一部抜粋により記載した。

　以上、6つの実績分野の表彰理由を総合すると、優秀教員の専門分野及び得意分野を活かした顕著な実績が確認できる。それは、単独分野における取組ではなく、複合分野にまたがっており、教員の多岐にわたる職務内容を如実に反映した形となっている。また、その活動の場は、校内における日々の教育実践活動から校外(学校近隣地域、市町村、都道府県、全国)へと発展し、国際的にも高い評価を得ているケースも存在する。

　次に、優秀教員は校内における教育実践活動のみに従事しているのではなく、その多くが所属団体の組織運営にも貢献している状況が明らかである。加えて、研究会活動に関する情報を発信している傾向が確認でき、特定分野・領域において他の教員に対する好影響を与えている人物像が浮かび上がる。さらに、「他の模範」、「信望が厚い」、「若手を育成」、「研究成果の還元」といった表彰理由が数多く確認できることから、専門分野に関する知識・技能に加え、所属組織に対する貢献や人間性も高く評価された結果であることがうかがえる。

　他方、優秀教員表彰制度に対する個人・組織間の認識の違いによる影響であろ

うが、「表彰理由が不明」、「推測による回答」、「表彰式要項から表彰理由を初めて知った」という回答が存在するように、当事者に明確な伝達がなされていないケースも散見される。

第2節　優秀教員のライフコース上の経験

　本節では、質問紙調査に対する回答の集計結果に基づき、優秀教員の入職（本務採用）前の勤務経験、初任期の取組や職場環境、校務分掌上の職務をはじめ、ライフコース上の様々な経験を明らかにする。

1．入職前の経験
（1）非正規教員の経験
　表3-7は、本務採用となる以前における非正規教員（非常勤講師を含む）の経験の有無に関する回答の集計結果である。

表3-7　非正規教員の経験の有無

	回答者数	構成割合
ある	57名	23.2%
ない	186名	75.6%
無回答	3名	1.2%
合計	246名	100.0%

　非正規教員の経験が「ない186名（75.6%）」という回答が大半を占めている。他方、経験が「ある57名（23.2%）」という場合の期間については、1年未満19名、1年以上2年未満19名、2年以上3年未満10名というように、3年未満の期間区分に48名が集中する結果となった。

　この結果については、教員の需給動向によって左右されるとともに、合格から名簿登載を経て本務採用に至るまでのシステムが地域間で異なるため、一般化することは難しいが、優秀教員は教員採用選考試験に1回で合格し、即採用になっているケースが多数であると理解できる。したがって、元来優秀な人材が教員をめざすことになったのか、あるいは当初から目的意識が高く、養成段階の比較的早

い時期から教員採用選考試験の準備に取り組んだ結果であると考えられる。

(2) 公立学校以外の勤務経験

表3-8は、本務採用となる以前における公立学校以外での勤務経験の有無に関する回答の集計結果である。経験が「ない 217名（88.2%）」という回答が多数を占める結果となっている。

表3-8　公立学校以外の勤務経験の有無

	回答者数	構成割合
ある	25名	10.2%
ない	217名	88.2%
無回答	4名	1.6%
合計	246名	100.0%

他方、経験が「ある 25名（10.2%）」とする回答（複数回答）の内訳は、経験者の多い順に「民間企業」10名、「私立学校」6名、「国立学校」3名、「塾・予備校」3名という結果となっている。「その他」の選択肢については、「少年自然の家」、「県職員」、「公務員」から「理学療法士」、「運転代行業」まで幅広く、複数回の転職経験があるケースも含まれている。

2．初任期の経験

(1) 意識的に取り組んだこと

表3-9は、初任期（特に最初の赴任校）において、意識的に取り組んだことに関する回答の集計結果である。

最も多いのが「1．児童・生徒とのふれあい 223名（90.7%）」となっており、大多数の優秀教員が意識的に実践してきたことが確認できる。続いて、「7．自主研修への取組 108名（43.9%）」、「3．保護者・地域社会との交流 100名（40.7%）」という順になっている。

「8．その他 25名（10.2%）」に関する回答の内訳として、「部活動指導 15名」が最も多い結果となっている。また、「生徒会活動」、「生徒指導」、「子どもの内面理解」、「対外的なコンテスト等への参加」といった少数回答についても、子どもとの関わりや支援を重視している姿勢がうかがえる。

表 3-9 初任期に意識的に取り組んだこと（複数回答）

取組内容	回答者数（延べ数）	回答率
1．児童・生徒とのふれあい	223 名	90.7%
2．学校管理職や教職員との交流	78 名	31.7%
3．保護者・地域社会との交流	100 名	40.7%
4．校内研修（研究）への参加	77 名	31.3%
5．学校外の研修への参加	73 名	29.7%
6．組合活動への参加	5 名	2.0%
7．自主研修への取組	108 名	43.9%
8．その他	25 名	10.2%
無回答	3 名	1.2%
合　計	689 名（平均選択数 2.80）	

※合計は、無回答を除いた回答者数（延べ数）の総和である。平均選択数は、合計を回答者 246 名で除した数である。

（2）職場環境と教育活動

表 3-10 は、初任期の学校（特に最初の赴任校）において、その後の教職生活に好影響を与えた職場環境や体験した教育活動に関する回答の集計結果である。

表 3-10 初任期の職場環境と教育活動（複数回答）

職場環境	回答者数（延べ数）	回答率
1．校長・教頭の優れたリーダーシップ	60 名	24.4%
2．模範となる教員の存在	193 名	78.5%
3．研究（研修）活動に熱心に取り組む雰囲気	77 名	31.3%
4．何でも語り学び合える雰囲気	117 名	47.6%
5．保護者・地域社会との良好な関係	90 名	36.6%
6．児童・生徒の質の高さ	22 名	8.9%
7．校内での分掌上の役割	65 名	26.4%
8．その他	20 名	8.1%
無回答	2 名	0.8%
合　計	644 名（平均選択数 2.62）	

※合計は、無回答を除いた回答者数（延べ数）の総和である。平均選択数は、合計を回答者 246 名で除した数である。

最も多いのは、「2．模範となる教員の存在 193 名（78.5％）」となっており、多数の優秀教員が特定の教員（多くは校内の先輩教員であると推考される）から大きな影響を受け、その後の職能開発に努める契機になったという職場環境による

要因がうかがえる。

　続いて、「4．何でも語り合える雰囲気117名(47.6%)」、「5．保護者・地域社会との良好な関係90名(36.6%)」という順になっている。自由闊達な組織風土や保護者・地域社会とのコミュニケーション活動を通じた良好な関係は、初任期の教員が成長するための要素になっていると認識できる。

　「8．その他20名(8.1%)」の回答内容については、「同年代の若い先生が多かった」、「同期教員の頑張り」というライバルとの切磋琢磨が挙げられている。また、「教育指導困難校での苦労」、「厳しい体験」、「学級崩壊の経験」等により、「とにかく学ばなければ」という必要性を感じたという回答が見受けられる。さらに、「研究時間が十分に確保されていた」という回答に対し、「反面教師な意味合いで研究に不熱心な雰囲気」という逆境の克服に努めたケースも挙げられている。

3．職務上の経験

(1) 校務分掌上の経験

　表3-11は、自身の資質能力の向上に役立った校務分掌上の経験に関する回答の集計結果である。

　最も多いのは、「11．学級担任146名(59.3%)」という教員としての基本的な職務となっている。続いて、「3．研究(研修)主任99名(40.2%)」、「10．部活動顧問98名(39.8%)」という順に高い結果となっている。学校の中心的役割を担う主任職の経験者が多数であり、職務の遂行を通じて成長してきたという意識が示されている。

　「12．その他34名(13.8%)」の回答内容については、「特活主任」、「学部主事」、「給食主任」、「教育相談主任」といった各主任のみならず、「特別支援コーディネーター」、「人権教育担当」、「生徒会担当」、「情報管理」といった多様な職務の担当に加え、「学力向上委員会」といった各種委員会での経験も挙げられている。これらの職務経験については、優秀教員の専門分野及び表彰理由との関連性が高いほど、その経験の効果意識も高くなるといえよう。

　また、「教育委員会指導主事」から学校教育現場に戻る、いわゆるジョブローテーションの効果も挙げられている。

表 3-11 役立った職務経験（複数回答）

校務分掌	回答者数（延べ数）	回答率
1. 教務主任	66 名	26.8%
2. 学年主任	57 名	23.2%
3. 研究（研修）主任	99 名	40.2%
4. 教科主任	66 名	26.8%
5. 学科主任	12 名	4.9%
6. 保健主事（主任）	4 名	1.6%
7. 生徒指導主事（主任）	71 名	28.9%
8. 進路指導主事（主任）	17 名	6.9%
9. 主幹教諭	6 名	2.4%
10. 部活動顧問	98 名	39.8%
11. 学級担任	146 名	59.3%
12. その他	34 名	13.8%
無回答	8 名	3.3%
合　計	676 名（平均選択数 2.75)	

※合計は、無回答を除いた回答者数（延べ数）の総和である。平均選択数は、合計を回答者 246 名で除した数である。

（2）勤務経験・研修経験

　表 3-12 は、人事交流による勤務経験、長期研修及び休職によって本務地の学校現場から一時的に離れた経験の有無に関する回答の集計結果である。

　いずれの経験もない「無回答 108 名 (43.9%)」が最多の回答となった。回答が得られた中では、「3．派遣による研修 93 名 (37.8%)」が最も多く、長期研修の経験率が高い結果となっており、長期派遣研修に選ばれる時点で、すでに将来性を見込まれているとの解釈もあり得よう。また、「1．人事交流による勤務 28 名 (11.4%)」及び「2．教育行政での勤務 19 名 (7.7%)」の経験率についても、一般的な割合よりも高いと推考される。

　以上の結果については、学校現場での教育実践活動の中断があった場合でも、指導力が後退するわけではなく、むしろ一時的に離れた経験を復帰後の改善・向上に結び付けていると認識できる。

表 3-12　勤務・研修経験（複数回答）

経験内容	回答者数（延べ数）	回答率
1．人事交流による勤務（校種間交流、都道府県間人事交流、海外日本人学校等）	28 名	11.4%
2．教育行政での勤務（教育委員会、教育事務所、教育センター等）	19 名	7.7%
3．派遣による研修（補充教員の配置を伴う、学校現場を離れての長期研修）	93 名	37.8%
4．休職による研修（大学院修学休業や自己啓発研修等、休職扱いの長期研修）	6 名	2.4%
5．研修以外の理由による休職（育児休業、病気休職等）	33 名	13.4%
無回答	108 名	43.9%
合　計	179 名（平均選択数 0.73）	

※合計は、無回答を除いた回答者数（延べ数）の総和である。平均選択数は、合計を回答者 246 名で除した数である。

第3節　優秀教員の勤務実態と意識

　本節では、質問紙調査に対する回答の集計結果に基づき、優秀教員の勤務実態、表彰後の変化、処遇や現状の取組に関する意識、今後の進路希望等に関する意識を明らかにする。

1．勤務の実態

　表3-13は、平日1日あたりの通常の勤務時間を除いた超過勤務時間（校内での事前準備＋残業＋自宅への持ち帰り）に関する回答の集計結果である。

　最も多いのは、「2時間超～3時間程度 70 名（28.5%）」、次に「3時間超～4時間程度 55 名（22.4%）」となっており、この2つの区分で過半数を占めている。

　以上の結果については、これまでに報告された教員の勤務に関する実態調査[1]における全体平均の範囲が「3時間超～4時間程度」の区分に該当することから、平均未満の区分の合計が 120 名(48.8%)、平均超過の区分の合計は 66 名(26.8%)にとどまる結果となる。卓越した実績につながる業務量から推測される勤務時間

表 3-13 超過勤務時間（事前準備・残業・持ち帰りの合計時間）

超過時間	回答者数	構成割合
0〜1時間程度	15 名	6.1%
1時間超〜2時間程度	35 名	14.2%
2時間超〜3時間程度	70 名	28.5%
3時間超〜4時間程度	55 名	22.4%
4時間超〜5時間程度	45 名	18.3%
5時間超〜6時間程度	15 名	6.1%
6時間超〜7時間程度	4 名	1.6%
7時間超	2 名	0.8%
無回答	5 名	2.0%
合　計	246 名	100.0%

に対し、一部を除いては過重な負担とはなっていない実態にあることから、優秀教員はタイムマネジメントにも長けているといえよう。

他方では、「4時間超」の回答者が合計すると 66 名（26.8%）となり、通常勤務の8時間を加えると、1日あたり12 時間以上の長時間勤務となっている実態も浮かび上がる。従来、生産性や効率性を考慮しない長時間勤務が美徳として評価される学校の文化や風潮が存在していたことは否めない。教員の働き方改革・業務改善が喫緊の政策課題となっている中で、価値観の変容や負担の軽減に向けた契機になることが期待されており、優秀教員が高負担・長時間の激務に耐え得る前提となるモデルであってはならないのは当然のことである。

2．表彰後の変化
(1) 自身や職場の変化

表 3-14 は、優秀教員表彰後における自身や職場での変化の有無に関する回答の集計結果である。変化が「ない」とする回答結果が過半数となっている。

表 3-14　表彰後の変化の有無

	回答者数	構成割合
ある	101 名	41.1%
ない	141 名	57.3%
無回答	4 名	1.6%
合計	246 名	100.0%

表3-15は、表彰後の変化が「ある」場合の具体的な内容に関する回答の集計結果である。回答の多い順に、「2．意欲が増した39名（38.6％）」、「1．自信が増した32名（31.7％）」となっており、プラスの変化があったことが確認できる。他方、「7．プレッシャーを感じる30名（29.7％）」及び「6．仕事量が増えた28名（27.7％）」という、どちらかといえばマイナス面の変化も起こっている状況が確認できる。なお、金銭や人事面での優遇措置は少数にとどまっており、人事管理システムとの連動に関しては、今後の重要な課題として認識できる。

表3-15 表彰後の変化「ある」の回答内訳（複数回答）

変化した事項	回答者数（延べ数）	回答率
1．自信が増した	32名	31.7％
2．意欲が増した	39名	38.6％
3．周囲の対応が変わった	16名	15.8％
4．金銭上の処遇がなされた	3名	3.0％
5．人事上の措置が行われた	18名	17.8％
6．仕事量が増えた	28名	27.7％
7．プレッシャーを感じる	30名	29.7％
8．妬まれた	7名	6.9％
9．その他	13名	12.9％
無回答	0名	0.0％
合　計	186名　（平均選択数1.84）	

※回答率及び平均選択数は、「ある」と回答した101名に対する割合である。

「9．その他13名（12.9％）」の回答については、「自身の教育方針が望ましい方向であると感じた」として、取り組んできた教育活動に対する肯定的なフィードバックとして受け取られている。また、「責任感や使命感が増した」、「励みになった」、「余裕ができた」という回答からは、表彰による精神的な満足感がうかがえる。さらに、「指導主事への登用」、「管理職試験を受けるよう勧められた」という進路に関する動向、「職場の雰囲気が良くなった」というプラスの効用、「家族に仕事を理解してもらえた」といった表彰の付随的効果に関する回答も確認できる。

(2) 業務依頼

表3-16は、表彰後に受けた業務依頼の有無に関する回答の集計結果である。業務依頼の「ない」ケースが多数を占めており、優秀教員の活用方策の検討が重要な課題であると認識できる。

表3-16 業務依頼の有無

	回答者数	構成割合
ある	98名	39.8%
ない	145名	58.9%
無回答	3名	1.2%
合計	246名	99.9%

※構成割合は%の小数第2位未満四捨五入のため、100%との誤差が生じている。

表3-17は、表彰後の業務依頼が「ある」場合、その具体的な内容に関する回答の集計結果である。大半は「1．校内研修での講師」や「2．市町村レベルでの講師」の範囲にとどまっており、優秀教員の専門性が有効に活用されているとはいえない状況にある。

表3-17 業務依頼の内容（複数回答）

依頼された内容	回答者数（延べ数）	回答率
1．校内研修での講師	54名	55.1%
2．市町村レベルでの講師	42名	42.9%
3．教育事務所単位での研修講師	26名	26.5%
4．都道府県レベルでの研修講師	29名	29.6%
5．大学等からの講師依頼	9名	9.2%
6．その他	20名	20.4%
無回答	0名	0.0%
合　計	180名　（平均選択数1.84）	

※回答率及び平均選択数は、「ある」と回答した98名に対する割合である。

「6．その他20名（20.4%）」の回答内容として、「民間研究団体」、「ＰＴＡ」、「民間企業」等における研修講師の依頼が挙げられている。また、「新聞記事の執筆」、「教育法についての取材」、「出版社からの原稿依頼」、「インタビュー」等の報道関係からの依頼も多く寄せられている。さらに、専門分野に関する「イベントの司会」、県レベルの「公的委員の委嘱」も挙げられている。

3. 優秀教員の意識
(1) 処遇に関する要望

表 3-18 は、優秀教員としての処遇について、学校や教育行政への要望に関する回答の集計結果である。「7. 特になし 135 名 (54.9%)」が突出しており、無欲の回答が過半数に及んでいる。また、「1. 金銭的な優遇措置 28 名 (11.4%)」については、優秀教員としての質的・量的な職務内容を考慮すると、謙虚な回答結果であるといえる。さらに、35 歳から 45 歳という年齢による影響のせいか、人事上の優遇措置を望んでいるケースは少数にとどまる結果となっている。

表 3-18 自身の処遇に関する要望

要望事項	回答者数（延べ数）	構成割合
1. 金銭的な優遇措置	28 名	11.4%
2. 副校長・教頭への昇任	3 名	1.2%
3. 指導主事への登用	7 名	2.8%
4. 主幹教諭としての配置	3 名	1.2%
5. 派遣研修等の機会の優先権付与	12 名	4.9%
6. 研修講師としての活用	22 名	8.9%
7. 特になし	135 名	54.9%
8. その他	14 名	5.7%
無回答	22 名	8.9%
合　計	246 名	99.9%

※構成割合は、%の小数第2位未満四捨五入のため、100%との誤差が生じている。

(2) 現状の取組

表 3-19 は、優秀教員としてのさらなる職能開発のために努力していることに関する回答の集計結果である。手段としては「自主研修」、内容としては「専門分野」の比重が相対的に高い結果となっている。また、「周囲との良好な人間関係」にも留意するなど、教育実践活動のみならず、組織運営に対して配慮する傾向も認識できる。

「その他 15 名 (6.1%)」の回答として、「後輩の育成」、「指導者としての豊富な知識の獲得」といった指導者としての知識・技能の継承に関する意識を持った取組に加え、「常に新しいことにチャレンジ」、「これまで通り何事にも妥協せず、熱

心に取り組む」、「子どもたちへの積極的指導、ふれあい」といった教育実践家としてのさらなる向上をめざし、一層の職能開発に取り組む意欲が感じられる回答も確認できる。

表3-19 現在も努力していること（複数回答）

努力事項	回答者数（延べ数）	回答率
1. 校内での研修機会の積極的な活用	65名	26.4%
2. 校外での研修への積極的な参加	96名	39.0%
3. 自主研修・個人研究等による自己研鑽	135名	54.9%
4. 専門分野・領域での知識・技術の獲得	161名	65.4%
5. 専門外の一般教養の獲得	51名	20.7%
6. 自身の教育実践活動の記録・振り返り	58名	23.6%
7. 自身の教育実践活動の公開・情報発信	62名	25.2%
8. 教委の施策・上司の方針に対する前向きな態度	40名	16.3%
9. 周囲との良好な関係の維持や雰囲気づくり	150名	61.0%
10. その他	15名	6.1%
無回答	4名	1.6%
合計	833名	（平均選択数 3.39）

※合計は、無回答を除いた回答者数（延べ数）の総和である。回答率及び平均選択数は、回答者合計246名に対する割合である。

（3）将来の希望

表3-20は、優秀教員自身の将来の進路希望に関する回答の集計結果である。最も多い回答は、「5．教諭としての職務を継続 76名（30.9%）」となっており、「1．

表3-20 将来の進路希望

希望内容	回答者数	回答率
1. 学校管理職（校長・教頭等）	67名	27.2%
2. 教育行政専門職（教育長・指導主事等）	12名	4.9%
3. 主幹教諭等の指導的役職	7名	2.8%
4. 大学等の教員への転職	12名	4.9%
5. 教諭としての職務を継続	76名	30.9%
6. わからない	44名	17.9%
7. その他	17名	6.9%
無回答	11名	4.5%
合計	246名	100.0%

※回答率は、回答者合計246名に対する割合である。

学校管理職 67 名 (27.2%)」が続いている。なお、35 歳から 45 歳までの年齢段階では将来の見通しが明確ではないせいか、「6．わからない 44 名 (17.9%)」とする回答結果も多数となっている。いずれも、複線のキャリアが整備されていない実態を反映した結果になっているといえよう。

「7．その他 17 名 (6.9%)」の回答内容として、「仕事の面白さが伝えられるポジション」、「大学生に指導してみたい」、「定年まで勤めあげ、その後は大学等へ進みたい」といった指導者として新たな役割に関する希望が見受けられる。また、「与えられた場を生かして成長したい」、「与えられた仕事を誠心誠意取り組むのみ」、「その職で最善を尽くすことに力を入れている」という一所懸命に取り組むことを重視し、特定の希望を持たないタイプも存在する。

【註】

[1] 代表例として、文部科学省による「教員勤務実態調査」が挙げられる。2006 年度の調査結果の分析によると、教員の勤務実態(学内勤務時間−正規の8時間＋持ち帰り時間＝合計)について、小学校 (10 時間 32 分−8 時間＋38 分＝3 時間 10 分)、中学校 (11 時間 0 分−8 時間＋22 分＝3 時間 22 分) という超過勤務時間の平均値に対し、優秀教員の 48.8％が3時間未満の超過にとどまっている点において、必ずしも働き過ぎという状態ではないといえる。なお、2016 年度の調査においては、小学校 (学内勤務時間 11 時間 15 分−正規の7時間 45 分＋持ち帰り時間 29 分＝3 時間 59 分)、中学校 (11 時間 32 分−7 時間 45 分＋20 分＝4 時間 07 分) というように、いずれも持ち帰り時間が減少しているものの、学内における勤務時間は増加している傾向が確認できる。詳細は、文部科学省ホームページ「教員勤務実態調査 (平成 28 年度) の分析結果及び確定値の公表について (概要)」を参照されたい。
http://www.mext.go.jp/b_menu/houdou/30/09/1409224.htm (2019 年 3 月 1 日最終閲覧)

I 質問紙調査に基づく統計的考察

優秀教員の職能開発における現職研修の効果を測定・分析するため、2006年度及び2007年度の優秀教員総数1,577名のうち、公立学校に所属する35歳から45歳までの優秀教員448名を対象に質問紙調査票を送付し、そのうち246名（54.9％）から回答を得た。

現職研修の効果意識に関して、「A.校内研修（13項目）」、「B.校外研修（22項目）」、「C.自主研修（11項目）」の総計46項目にわたり、自身の資質能力の向上に役立った度合いについて、「1.全く役立たなかった」から「5.非常に役立った」までの5段階評価による回答を求めた。「校内研修」、「校外研修」及び「自主研修」という3つに大区分した集計結果は、表Ⅰのとおりであった。

表Ⅰ　現職研修の効果（3大区分）

	平均値（5段階）	標準偏差	経験者数（延べ数）
A.校内研修（13項目）	3.91	0.95	3,174
B.校外研修（22項目）	3.75	0.96	2,132
C.自主研修（11項目）	4.24	0.82	908
全体	3.91	0.95	6,214

「A.校内研修」については、校内で組織的・計画的に実施される研修に加え、日常の職務遂行過程における実践的なOJTを含めて幅広く定義し、13の研修項目を設定した集計結果である。

「B.校外研修」については、校外で実施される研修のうち、都道府県教育センター等における行政研修と外部関係機関への派遣研修に大別し、22の研修項目を設定した集計結果である。

「C.自主研修」については、自主的・主体的な意思と責任に基づき、勤務時間外または職務専念義務の免除によって行われる研修として、場所（校内・校外）、単位（個人・集団）、内容等を特に限定せず、11の研修項目を設定した集計結果である。

表Ⅰのとおり、3大区分による研修項目の平均値（5段階）は、効果意識の高い順に「C.自主研修 4.24」、「A.校内研修 3.91」、「B.校外研修 3.75」という結果となった。研修参加に対する強制度の観点からは、義務的参加のケースが多い行

政研修を中心とした「B.校外研修」の効果意識が最も低いのに対し、各自のニーズに基づく権利としての側面を有する「C.自主研修」が最も高い結果となった。

　費用対効果の観点からも、多額の公費が投入されている「B.校外研修」の効果意識が最も低く、公費負担の最も少ない「C.自主研修」の効果意識が最も高い結果に注目する必要がある。

　引き続き、第4章「校内研修」、第5章「校外研修」及び第6章「自主研修」の効果について、質問紙調査の集計結果の分析に基づく統計的考察を個別・具体的に行っていく。

第4章 校内研修の効果に関する統計的考察

第1節 校内研修の効果

1. 校内研修の全体的な特徴
(1) 研修内容別

　優秀教員の職能開発における「校内研修」の効果意識に関して、13の研修項目を内容・単位・形式別に分類・区分し、「1. 全く役立たなかった」から「5. 非

表4-1　校内研修の効果（内容別・単位別・形式別）

			平均値 （5段階）	標準偏差	経験者数 （延べ数）
内容	形式（フォーマル）	1. 授業研究・教科指導に係る研修	4.28	0.84	244
		2. 生徒指導・教育相談に係る研修	3.91	0.95	245
		3. 進路指導・キャリア教育に係る研修	3.29	0.87	244
		4. 教育施策・法令・服務等に係る研修	3.02	0.89	244
		5. 情報教育・IT分野に係る研修	3.36	0.83	245
単位		6. 教科会の単位での研修	3.79	0.89	239
		7. 学年会の単位での研修	3.67	0.85	244
	形式（インフォーマル）	8. 有志・特定グループの単位での研修	4.05	0.99	244
		9. 上司からの指導・助言	4.03	0.84	245
		10. 先輩教員からの指導・助言	4.38	0.72	245
		11. 同僚との交流・情報交換	4.29	0.72	245
		12. 子どもたちとのふれあい	4.64	0.58	245
		13. 保護者・地域との交流	4.12	0.81	245
全体			3.91	0.95	3,174

※研修形式の「フォーマル」及び「インフォーマル」について、前者は勤務時間内の組織的・計画的な集合研修として設定した。後者は職能開発の視点から、日常の職務遂行過程における実践的なOJTを含むものとして幅広く定義し、個人的なコーチングやメンタリング等を含む広義の研修として設定した。

常に役立った」までの5段階評価による回答の集計結果が表4-1である。

　研修内容（研修項目1～5）別の平均値として、「1. 授業研究・教科指導に係る研修 4.28」が最高値となった。続いて、「2. 生徒指導・教育相談に係る研修 3.91」が高い結果となった。双方ともに、教職の基礎・基本に位置付けられる研修項目であり、職能開発に対する効果意識が高い結果が示された。

　他方、「4. 教育施策・法令・服務等に係る研修 3.02」に関しては、教育実践との直接的な関連性に乏しいと認識されているせいか、調査項目の中では最も低い結果となった。したがって、研修内容については、日常の職務遂行と密接に関連する研修のニーズが高く、それに伴って効果意識も高くなる傾向が確認できた。

（2）研修単位別

　校内研修は、「全教職員が教育目標に対応した学校全体の教育課題を達成するため、共通のテーマ（主題）を設定し、外部の関係者との連携を踏まえながら、計画的・組織的・科学的に課題を解決していく過程を創造する営みである」[1]という定義が存在する。全員参加であることが強調されているが、本研究では校内における有志・特定グループでの研修単位を意図的に設問に加えた。

　研修単位（研修項目6～8）別に見ていくと、「8. 有志・特定グループの単位での研修 4.05」が最も高い結果となった。自発的に取り組もうとする参加に際しての意欲・姿勢が、研修の効果意識に反映しており、職能開発における重要な要素であることを示唆する結果となった。

　逆に、「7. 学年会の単位での研修 3.67」及び「6. 教科会の単位での研修 3.79」については、参加の強制度が高まるという理由によるためか、効果意識は比較的低い結果にとどまった。

（3）研修形式別

　研修形式別に見た場合、フォーマル研修（研修項目1～7）の効果意識が比較的低いのに対し、インフォーマル研修（研修項目8～13）の方が高い結果が明瞭となった。

　とりわけ、「12. 子どもたちとのふれあい 4.64」が圧倒的に高い結果となっている。続いて、「10. 先輩教員からの指導・助言 4.38」、「11. 同僚との交流・情報交換 4.29」という順になった。

反対に、「9. 上司からの指導・助言 4.03」及び「8. 有志・特定グループの単位での研修 4.05」については、他のインフォーマル研修の項目に比較すると低い平均値にとどまる結果となった。

2. 実績分野別の特徴

表 4-2 は、職能開発における校内研修の効果意識について、優秀教員の表彰理由となった 6 つの実績分野別の平均値を比較した結果である。各分野の特徴について、表彰理由に関する自由記述の回答結果も踏まえ、個別に確認していく。なお、「体育、保健、給食指導」分野については、全体の平均値が最も高い結果となったが、回答者数が 9 名と極端に少ないため、分析の対象から除外し、データの参考表示にとどめる。

表 4-2 校内研修の効果（実績分野別）

	学習指導	生徒指導、進路指導	体育、保健、給食指導	部活動指導	特別支援教育	その他
回答者数	103	22	9	48	25	35
1. 授業研究・教科指導に係る研修	4.44	4.33	4.67	*3.96*	4.40	4.09
2. 生徒指導・教育相談に係る研修	*3.79*	4.19	4.44	3.96	4.00	3.80
3. 進路指導・キャリア教育に係る研修	3.32	3.48	3.11	3.42	3.20	*3.03*
4. 教育施策・法令・服務等に係る研修	3.06	3.33	3.56	*2.81*	2.88	3.06
5. 情報教育・IT分野に係る研修	3.38	3.29	3.89	*3.25*	3.44	3.31
6. 教科会の単位での研修	3.95	3.57	4.11	3.71	3.65	*3.56*
7. 学年会の単位での研修	3.78	3.67	4.11	3.50	3.83	*3.40*
8. 有志・特定グループの単位での研修	4.18	3.95	4.22	*3.71*	4.40	3.89
9. 上司からの指導・助言	4.16	4.05	4.11	*3.83*	4.00	3.94
10. 先輩教員からの指導・助言	4.43	*4.29*	4.56	4.42	4.36	4.29
11. 同僚との交流・情報交換	4.22	4.33	4.44	4.42	4.44	*4.11*
12. 子どもたちとのふれあい	4.58	4.76	4.67	4.77	4.88	*4.43*
13. 保護者・地域との交流	*3.93*	4.67	4.33	4.17	4.40	4.06
平均	3.94	3.99	4.17	3.84	3.99	*3.77*

※実績分野について無回答の 4 名を除き、242 名分を集計した。各研修項目の数値は、5 段階の平均値である。網掛け部分はインフォーマル形式の研修、太字は実績分野間の最高値、斜体は最低値として表示した。

（1）「学習指導」分野

　当該分野における全体の平均値は3.94となった。その中で、「12．子どもたちとのふれあい4.58」が最も高い結果となった。続いて、「1．授業研究・教科指導に係る研修4.44」、「10．先輩教員からの指導・助言4.43」という順になった。逆に、「4．教育施策・法令・服務等に係る研修3.06」については、最も低い結果となった。

　他の実績分野との比較から見ていくと、「9．上司からの指導・助言4.16」については、最も高い結果となった。逆に、「2．生徒指導・教育相談に係る研修3.79」及び「13．保護者・地域との交流3.93」については、最も低い結果となった。

　自由記述の回答結果からは、「学習指導」分野における優秀教員の多くが、研究指定校の研究主任や各種研究発表の担当を経験していることが確認できた。その職務遂行過程において、校長・教頭をはじめとする上司や先輩教員からの指導・助言を受ける機会が多かったことから、効果意識が高い結果になったと考えられる。また、当該分野においては、専門分野としての学習指導と連関した授業研究や教科会単位での研修の効果意識が相対的に高い結果となった。

（2）「生徒指導、進路指導」分野

　当該分野における全体の平均値は3.99となり、「特別支援教育」分野と並んで最も高い結果となった（分析対象外の「体育、保健、給食指導」分野を除く）。個別には、「12．子どもたちとのふれあい4.76」が最高値であり、「13．保護者・地域との交流4.67」についても、非常に高い結果となった。反対に、「5．情報教育・IT分野に係る研修3.29」は、最も低い結果となった。

　他との比較からは、実績分野と同名称である「3．進路指導・キャリア教育に係る研修3.48」が、6つの実績分野の中で相対的には最も高い結果となった。また、「13．保護者・地域との交流4.67」についても、同様に最高値となった。

　自由記述の回答結果からは、当該分野の優秀教員が、専門分野である生徒指導や進路指導等に係るフォーマル研修から好影響を受けるとともに、地域や外部関係機関との連携強化を図りながら指導を推進してきた実績が確認できた。したがって、保護者・地域との交流に関する影響度が高い結果については、関係機関との連携を重視した望ましい生徒指導や進路指導の在り方と軌を一にしており、一定の妥当性があるといえよう。

(3)「部活動指導」分野

　全体の平均値は 3.84 となっており、他の実績分野に比較すると低い結果が示された。個別には、「12．子どもたちとのふれあい 4.77」が最高値となった。逆に、「4．教育施策・法令・服務等に係る研修 2.81」については、当該分野のみならず、今回の調査項目全体における最低値となった。

　他との比較から見ると、6つの実績分野の中で最高値となる研修項目は皆無であった。ただし、「3．進路指導・キャリア教育に係る研修 3.42」、「11．同僚との交流・情報交換 4.42」の結果については、それぞれ2番目と3番目に高い結果となった。反対に、「4．教育施策・法令・服務等に係る研修 2.81」、「5．情報教育・IT 分野に係る研修 3.25」をはじめ、5つの研修項目において最低値となった。

　当該分野における表彰理由については、部活動顧問としての全国大会をはじめとする各種大会における優秀な成績が基礎になっていることが確認できた。体育系の部活動がその中心となっているが、文化系も含まれている。進路指導関連の校内研修に対する効果意識が比較的高い点については、特に中学校・高校において、卒業後の進路を視野に入れた部活動指導を行っている傾向が強いためであると考えられる。また、同僚との交流等による効果意識が相対的に高い結果から、教員間の横の連携を重視した指導に取り組んでいる状況もうかがえる。

(4)「特別支援教育」分野

　当該分野における全体の平均値は 3.99 となり、「生徒指導、進路指導」分野と並んで最も高い結果が示された（分析対象外の「体育、保健、給食指導」分野を除く）。とりわけ、「12．子どもたちとのふれあい 4.88」については、極めて高い結果となっている。これに対し、「4．教育施策・法令・服務等に係る研修 2.88」は非常に低い結果となり、効果意識に関する極端な差が確認できた。

　他の実績分野と比較すると、「8．有志・特定グループの単位での研修 4.40」及び「11．同僚との交流・情報交換 4.44」において最高値となった。反対に、平均値が最低となっている研修項目は皆無であった。

　当該分野における実績内容・表彰理由として、特別支援教育コーディネーターとしての実践活動、障害児教育に関する各専門領域の活動への貢献、研究発表を通じた実績等が挙げられる。特別支援教育の広範にわたる課題に対応するため、子

どもたちと関わる実践活動を中心に、インフォーマル研修において、多くのことを吸収しながら職能開発に結び付けていると認識できる。

(5)「その他」分野

当該分野における全体の平均値は3.77にとどまり、実績分野別で最も低い結果となった。個別に見ていくと、「12. 子どもたちとのふれあい4.43」が最高値となった。逆に、「3．進路指導・キャリア教育に係る研修3.03」については、最低値となった。

他の実績分野との比較からは、全般的に効果意識が低い傾向にあり、「6．教科会の単位での研修3.56」及び「7．学年会の単位での研修3.40」をはじめ、6つの研修項目において最低値となった。

実績内容・表彰理由として、「人権教育」、「道徳教育」、「僻地教育」、「国際理解教育」、「情報教育」、「キャリア教育」等の多種多様な教育課題に関する実績が含まれている。また、「学級経営」、「管理運営」、「総合的な学習の時間」をはじめ、これらの複数の分野・領域にまたがる教育実践や研修講師としての活動も挙げられる。

以上のとおり、表彰理由が多岐にわたっていることから、当該分野における有効性の高い研修項目の特定は困難である。ただし、校内研修に関する効果意識が比較的低い結果から、校外研修や自主研修による職能開発の比重が高いと考えられる。

3．校種別の特徴

次頁の表4-3は、優秀教員の職能開発における校内研修の効果について、校種別の平均値を比較した結果である。各校種の平均値の特徴について、個別に確認していく。

表 4-3 校内研修の効果（校種別）

	小学校	中学校	高校	特別支援学校
回答者数	90	83	59	14
1. 授業研究・教科指導に係る研修	**4.57**	4.35	*3.71*	4.43
2. 生徒指導・教育相談に係る研修	3.87	**4.13**	*3.69*	3.79
3. 進路指導・キャリア教育に係る研修	*3.07*	3.39	**3.45**	3.43
4. 教育施策・法令・服務等に係る研修	**3.10**	3.01	*2.93*	3.00
5. 情報教育・IT 分野に係る研修	**3.51**	*3.24*	3.28	3.43
6. 教科会の単位での研修	**3.88**	3.78	*3.67*	3.69
7. 学年会の単位での研修	3.79	3.84	*3.21*	**3.85**
8. 有志・特定グループの単位での研修	4.26	3.99	*3.74*	**4.36**
9. 上司からの指導・助言	4.16	4.12	*3.67*	**4.21**
10. 先輩教員からの指導・助言	4.39	4.42	*4.31*	**4.43**
11. 同僚との交流・情報交換	4.27	**4.37**	*4.22*	4.29
12. 子どもたちとのふれあい	*4.62*	4.65	*4.62*	**4.86**
13. 保護者・地域との交流	4.06	4.31	*3.84*	**4.57**
平　　均	3.97	3.97	*3.72*	**4.03**

※各研修項目の数値は、5段階の平均値である。網掛け部分はインフォーマル研修としての分類、太字は校種間の最高値、斜体は最低値として表示した。

（1）小学校

当該校種における全体の平均値は、3.97という結果となった。その中で、「12. 子どもたちとのふれあい 4.62」が最も高く、「1. 授業研究・教科指導に係る研修 4.57」がこれに続く結果となった。逆に、「3. 進路指導・キャリア教育に係る研修 3.07」が最低値であり、「4. 教育施策・法令・服務等に係る研修 3.10」が次に低い結果となった。

他の校種との比較から見ていくと、「1. 授業研究・教科指導に係る研修 4.57」、「6. 教科会の単位での研修 3.88」をはじめ、フォーマル研修のうち4項目において最も高い結果となった。逆に、「3. 進路指導・キャリア教育に係る研修 3.07」については、最も低い結果となった。

以上の結果から、授業研究等に関する研修の効果意識が高い点については、広範にわたる教科指導を担当することに伴う研修ニーズが反映した結果であるといえよう。次に、進路指導等に係る効果意識が低い結果については、小学校におけ

る進学・就職といった直接的な進路指導の役割が比較的軽微であり、その職務意識が反映された結果であると考えられる。小学校における校内研修は、共通のテーマ設定が比較的容易な点において、フォーマル研修の実施頻度が高くなるといえよう。また、職能開発における効果意識も高い結果から、小学校教員にとっての校内研修は、他の校種以上に重要度が高いと認識できる。

（2）中学校

　全体の平均値が3.97という小学校と同じ結果となった。個別の研修項目では、やはり「12．子どもたちとのふれあい 4.65」が最も高い結果となった。反対に、「4．教育施策・法令・服務等に係る研修 3.01」については、最も低い効果意識にとどまる結果となった。

　校種間の比較から見ると、「2．生徒指導・教育相談に係る研修 4.13」及び「11．同僚との交流・情報交換 4.37」の2つの研修項目において、最も高い結果となった。加えて、研修単位別の「7．学年会の単位での研修 3.84」が相対的に高い結果となった。他方、「5．情報教育・IT分野に係る研修 3.24」のみが最低値となった。

　以上の結果から、思春期を対象とした生徒指導・教育相談を中心に、教育実践上の課題に関連する研修ニーズとその効果意識が高いといえる。また、「10．先輩教員からの指導・助言」、「11．同僚教員との交流・情報交換」をはじめ、インフォーマル研修の機会が有効に作用しているといえよう。さらに、校内のみならず、「13．保護者・地域との交流」による効果意識も相対的に高い結果となっており、当該校種における重要課題との密接な関連性が確認できる。

（3）高校

　全体の平均値は3.72であり、校種区分の中で最も低い結果となった。個別の研修項目では、「12．子どもたちとのふれあい 4.62」が最高値となった。逆に、「4．教育施策・法令・服務等に係る研修 2.93」については、極端に低い結果となった。

　校種間の比較からは、大多数にあたる11の研修項目において、最も低い結果となった。反対に、「3．進路指導・キャリア教育に係る研修 3.45」のみが、相対的には最も高い結果となった。

　以上の結果から、校内研修の効果意識が低い点については、比較的大規模で細分化された校務分掌となる校種の特性によるものと考えられる。すなわち、自

身の専門分野及び担当職務との関連性に乏しい研修テーマの設定となる場合が多く、校内研修の実施回数も比較的少ないことが主な理由であるといえよう。したがって、自身の研修ニーズとの不一致による消極的な参加姿勢が、その効果意識を低下させる要因となっている状況が認識できる。また、進路指導等に係る校内研修の影響度が相対的に高い点に関しては、社会との接続の役割を担い、出口指導を重視している高校教員の意識が反映された結果であると考えられる。

(4) 特別支援学校

当該校種の全体の平均値は 4.03 であり、校種別の最高値となった。その中でも、「12. 子どもたちとのふれあい 4.86」が最も高く、「13. 保護者・地域との交流 4.57」がこれに続く結果となった。逆に、「4. 教育施策・法令・服務等に係る研修 3.00」については、最も低い結果となった。

他の校種と比較すると、高校とは対照的に6つの研修項目において最高値となった。インフォーマル研修（研修項目8～13）の大多数で最高値となり、最低値の研修項目は皆無であった。

以上の結果から、当該校種は特にインフォーマル形式の校内研修の効果を最も肯定的に評価しており、その好影響から職能開発を促進していることが理解できる。既述した実績分野別の「特別支援教育」との共通事項も多く、広範多岐にわたる教育実践上の課題に対応するための研修に主体的・積極的に取り組んでいると認識できる。

第2節　校内研修の統計的考察

1．校内研修の有効性

校内研修は教育目標の具現化をめざし、学校全体で組織的・計画的に実施することが求められている[2]。その一般的な特徴として、個別学校の実態及び日常の教育実践上の課題と密接に関連するテーマ設定が可能であり、その研修成果が教育活動に直接還元できる点が挙げられる[3]。また、教育課題に対する意識の共有化を通じ、組織内の協働体制の構築に重要な役割を果たすとともに、教職員の相互啓発を促進する作用も期待できる。さらに、時間的・空間的な条件が比較的整

備しやすく、費用対効果の観点からも、教職員集団の職能開発にとって有効な方策であるといえる。以上の諸点を考慮し、調査結果を踏まえて推断すると、教員の職能開発における校内研修の比重は相対的に高く、その重要性は今後さらに増大していくと考えられる。

調査結果における研修内容について、「1．授業研究・教科指導に係る研修」の有効性が最も高い結果となった。これに対し、「4．教育施策・法令・服務等に係る研修」は最も低い結果にとどまっている。両者間の差異については、研修内容と日常の教育実践との関連性の強弱による影響であると認識できることから、優秀教員は授業をはじめとする日常の教育実践に直接役立つ研修ニーズを有しているといえる。研修の実施に際しては、教員個々人と学校組織の双方のニーズを踏まえた内容をバランス良く設定するとともに、常に教育実践活動の具体的場面を想定した展開を図る必要がある。また、校内研修の実態として、指導者・資料・予算等の面で十分な実施体制とはいえず、教育行政による支援の拡充が求められており、それが研修効果を高める重要な鍵になると考えられる。

研修単位については、全員参加の共同研修及び教科会・学年会といったフォーマル集団による義務的研修よりも、「8．有志・特定グループの単位での研修」という任意集団による研修の効果意識が高い結果となった。有志・特定グループの研修では、各自のニーズにより近いテーマが設定されている場合が多いといえよう。また、意思疎通の容易な比較的少人数の集団内において、成員間の相互啓発を促進する場となっている点が、副次的効果として調査結果に反映されていると考えられる。

研修形式については、フォーマル形式よりもインフォーマル形式の有効性が高い結果が判明した。本研究で設定したフォーマル形式の研修は、全員参加型の集合研修及びグループ単位による義務的参加が要求されるものであり、内発的な動機の低下によって研修効果が限定的となる傾向は否めない。他方、インフォーマル形式の研修は任意の集団によるものに加え、職場環境における交流・情報交換、さらには日常の職務内容をも含んでいる。コミュニケーション活動がその成立要件となっており、共通して効果意識が高い結果から、優秀教員はコミュニケーション能力が高いと認識できる。インフォーマル形式の研修は、優秀教員自身の教育課題

2. インフォーマル研修の有効性

　山崎 (2002)[4] のライフコース研究において、教師の発達・力量形成の転機を生み出す諸契機として、「学校内でのすぐれた先輩や指導者との出会い」及び「教育実践上での経験」が多数を占めることが明らかにされている。また、石元 (2003)[5] においても、「職場の雰囲気や人間関係」、「学校全体での研究活動・研究体制」、「先輩・同僚教師の個別的アドバイス」をはじめとした、日常の教育活動の中の営みやインフォーマルの要素を含む研修の重要性が指摘されている。

　本研究では、校内におけるインフォーマル形式の研修として、「8.　有志・特定グループの単位での研修」という任意の集団、「9.　上司からの指導・助言」、「10.　先輩教員からの指導・助言」、「11.　同僚との交流・情報交換」という職場環境や人間関係から受けた影響に加え、「12.　子どもたちとのふれあい」による実践活動及び「13.　保護者・地域との交流」という関係者からの影響に関する項目を設定して調査を行った。その結果、優秀教員の職能開発にとって、インフォーマル形式の校内研修の有効性が全般的に高い状況が明らかになった。先行研究とは目的・視点、質問紙の設計・内容等が異なっているものの、共通事項が確認できる結果となった。

　校内研修に関する調査項目の中で、最も効果意識が高かったのは「12.　子どもたちとのふれあい 4.64」であった。それは、日常の教育実践活動そのものを通して学ぶという臨床的研修の機会として位置付けることが可能である。具体的には、子どもたちの反応からの振り返り評価によって課題を発見し、その解決・改善策を具体的に探り、フィードバックしながら実践的指導力を体験的に獲得していく活動である。つまり、教育実践に対する自己省察を重視する反省的実践家としての職能開発であり、優秀教員はその能力が高いと考えられる。また、教員の職務は、児童・生徒との関係を基盤として成立するものであり、子どもが好きか、子どもの目線に立ち、興味・関心に基づく教育実践活動に取り組んでいるか、子どもの成長を支援する職務に喜びや誇りを感じているか、といった点が示されているといえよう。さらに、教育実践活動を通じて子どもたちと一緒に学び、優秀教員自身も成

長してきたという意識が強く、そのことが教員としての向上意欲を支える要因になっていると認識できる。

次に効果の高い研修項目は、「10. 先輩教員からの指導・助言」、続いて「11. 同僚との交流・情報交換」となっている。この結果については、校長・教頭をはじめとした「9. 上司からの指導・助言」よりも、効果意識が高い点が注目される。学校現場における教員の職能開発にとって、先輩・同僚から成る教員集団の影響が最も大きい点については、先行研究[6]からも確認できる。先輩・同僚教員からは、授業や学級経営をはじめ、多岐にわたる教育実践活動の実体験に基づく有益な情報収集を行うことができる。このような相互に学び合う関わりは、いわゆる「同僚性（Collegiality）」という概念で表現することが可能であり、優秀教員はこのような環境の中で相互に影響し合いながら職能開発を促進していると考えられる。

加えて、特に先輩教員からの影響については、メンターとしての後輩教員に対する指導・援助の役割が強調されているように、有効性の高さを裏付ける結果が得られた。その点に関しては、今後の校内研修に対する支援や優秀教員の活用方策の在り方に関し、示唆を与える情報が含まれているといえよう。

3. 実績分野別・校種別の特徴

校内におけるインフォーマル研修の重要性に加え、コミュニケーション活動がその手段となっている点について述べてきた。続いて、優秀教員の実績分野別・校種別の集計結果から、コミュニケーション活動の対象と影響度を中心に、それぞれの特徴を明らかにしていく。

（1）実績分野別の特徴

「学習指導」分野については、優秀教員の多数が研究主任等の職務経験を有しており、その過程における上司や先輩教員からの指導・助言の効果意識が高い結果が確認できる。その一方で、保護者や地域との交流という関係者からの影響度が相対的に低い結果から、上司・先輩教員を中心とした学校内部重視、上向きのコミュニケーション活動の方向性が認識できる。

「生徒指導、進路指導」分野については、生徒指導や進路指導に係る研修内

容に加え、保護者や地域との交流という実績分野と密接に関連する研修の効果意識が高い結果となった。学校内よりも外部関係者との交流による効果意識が高い結果から、外向きのコミュニケーション活動の活発な状況が認識できる。

「部活動指導」分野については、特にフォーマル形式を中心として、校内研修の効果意識が相対的には低い結果となった。他の実績分野以上に、研修よりも実践活動を重視する現場主義的な発想による影響といえよう。子どもたちとのふれあいに加え、同僚との交流・情報交換による効果意識が相対的に高い結果から、横向きのコミュニケーション活動の方向性が認識できる。

「特別支援教育」分野については、インフォーマル研修の比重が相対的に高い結果となっている。有志や特定グループによる研修の効果意識が高い結果からも、主体的・積極的な取組によって職能開発を促進していると認識できる。子どもたちとの関わりを最も重視するとともに、学校内外におけるコミュニケーション活動の効果意識も満遍なく高い結果となっている。

「その他」分野については、多岐にわたる実績分野であるため、その特徴の把握が困難な面がある。ただし、校内研修の効果意識が相対的に低い結果から、校外研修や自主研修をはじめとする他の要因による職能開発の比重が高いと考えられる。

(2) 校種別の特徴

「小学校」においては、広範多岐にわたるテーマに関して、比較的活発に研修が行われている傾向にある。その中で、当該校種とは関連性の乏しい進路指導等の研修を除くと、授業研究等を筆頭にフォーマル研修の効果意識と比重がともに高い状況が確認できる。したがって、インフォーマル研修の効果意識は相対的に低いが、校内における上司・先輩・同僚を中心としたコミュニケーション活動から好影響を受けていると認識できる。

「中学校」においては、発達段階の特性に対応するための生徒指導に関する研修ニーズが高く、学年会を中心とした集合研修の効果意識も比較的高い結果が確認できる。先輩・同僚教員をはじめ、保護者・地域との交流からも、実践的な指導力の向上に資する情報収集活動が行われていると認識できる。

「高校」においては、校内研修全般の効果意識が相対的に低い結果となった。

比較的大規模で所属職員も多数であることから、校務分掌上の役割も専門分化している場合が多い。したがって、共通のテーマで実施されるフォーマル研修のニーズが低く、その効果意識も限定的であるとの解釈が可能である。高校籍の優秀教員は、義務籍よりも一般的に自律性が高く、自助努力による職能開発の比重が高いと考えられる。

「特別支援学校」においては、専門分野・領域が広範にわたるため、行政研修では満たしきれない部分を校内研修や自主研修によって補っている傾向にあり、そのため校内研修の実施頻度と有効性も高いと考えられる。コミュニケーション活動の対象として、学校内の関係者のみならず、保護者や学校外の関係者を含んでおり、全方向に満遍なく広がっている状況が認識できる。

第3節　本章のまとめ

優秀教員の職能開発における校内研修の効果について、統計的考察から得られた知見を整理すると、以下の点を指摘することができる。

第1に、フォーマル形式よりもインフォーマル形式の校内研修に対する効果意識が高い結果が明らかになった。インフォーマル研修は、学校内外の関係者とのコミュニケーション活動によって成り立っており、効果意識が全般的に高い結果から、優秀教員はその能力が高いと考えられる。

第2に、個別の研修項目では、「12.子どもたちとのふれあい」が最も高い効果意識が示された。優秀教員は、日常の教育実践活動を自身の職能開発に最も役立つ機会であると認識する傾向にあることが明らかになった。それは、子どもたちとの人間的・精神的なふれあいや教えることを通して、ともに成長している意識が示された結果であるといえよう。また、優秀教員は省察によって、教育実践上の課題を主体的に発見し、その解決・改善を図るとともに、職能開発に結び付けるサイクルを形成していると考えられる。

第3に、職場でのインフォーマルな場面において、「10.　先輩教員からの指導・助言」及び「11.　同僚教員との交流・情報交換」に対する効果意識が相対的に高い結果が明らかになった。優秀教員は、教育実践に関する有益な情報を収集し、

有効活用している状況がうかがえる。また、職場環境における同僚性の確立は、校内研修の効果を高めるとともに、職能開発を促進するための要件であると認識できる。

第4に、フォーマル及びインフォーマルの双方ともに、表彰の実績分野と関わりの深い研修項目の効果意識が高い傾向にあるという特徴が明らかになった。例えば、「学習指導」分野については、授業研究・教科指導に関する研修の効果意識が相対的に高く、校内における上司・先輩教員を対象としたコミュニケーション活動の影響度も高い結果となっている。

第5に、校種の特性によって、校内研修の効果意識に差異が生じる結果となった。特にフォーマル形式の校内研修の実施に際しては、各校種における児童・生徒の発達段階と特性に基づく教育課題に対応した研修テーマの共有化[7]が求められる。ところが、義務籍の教員よりも専門性が高く、比較的大規模で細分化された職務を担当する高校教員の研修ニーズに合致しない場合が多く、そのことが校内研修に対する効果意識の低下を招く要因となっている状況が例示できる。

【註】

[1] 中留武昭（1984）『校内研修を創る－日本の校内研修経営の総合的研究－』エイデル研究所、4頁。
[2] 尾木和英・有村久春（2004）『教育課題に応える教員研修の実際』ぎょうせい、15頁。
[3] 木岡一明（2003）『教職員の職能発達と組織開発』教育開発研究所、148頁。
[4] 山崎準二（2002）『教師のライフコース研究』創風社。
[5] 石元浩子（2003）「教師のライフコースに即した教員評価制度の在り方に関する一考察」『東京大学大学院教育学研究科教育行政学研究室紀要』第22号、37-52頁。
[6] 稲垣忠彦・寺崎昌男・松平信久（1988）『教師のライフコース－昭和史を教師として生きて－』東京大学出版会、が代表例として挙げられる。
[7] 八尾坂修（2004）『学校改善マネジメントと教師の力量形成』第一法規、214頁。

第5章 校外研修の効果に関する統計的考察

第1節　校外研修の効果

1．校外研修の全体的な特徴

　優秀教員の職能開発における「校外研修」の効果意識に関して、4つのグループに分類・区分し、「1．全く役立たなかった」から「5．非常に役立った」までの5段階評価による回答の集計結果が次頁の表5-1である。

　各研修グループの平均値については、「4．派遣研修 4.66」が最も高く、続いて「3．職務（職層）研修 3.98」、「2．課題別（選択）研修 3.76」及び「1．指定（必修）研修 3.39」という順位となった。

　各研修グループを個別に見ていくと、法定研修及び経験者研修を設定した「1．指定（必修）研修」のうち、「1-4．教職経験者研修（20年）3.24（13.8%）」の平均値が最低であり、経験率も極端に低い結果となった。また、経験年数を重ねた研修となるにつれて、平均値が次第に低下していく傾向にあることが確認できた。

　「2．課題別（選択）研修」については、「2-1．教科指導に係る研修 4.16」及び「2-2．生徒指導・カウンセリング研修 3.92」といった教職の基礎・基本に関する研修の平均値が上位を占める結果となった。逆に、「2-6．環境教育に係る研修 3.42」及び「2-7．国際理解教育に係る研修 3.40」といった特定分野・領域の研修については、効果意識が低い結果となった。

　「3．職務（職層）研修 3.98」は、基本的には校務分掌上の職務に応じた受講となっており、必ずしも自発的な参加ではないといえるが、平均値は概して高い結果となった。しかし、「3-3．進路指導主任研修 3.74」については、「2．課題別（選択）研修」における「2-3．進路指導・キャリア教育研修 3.44」と同様に、比較的低

表 5-1 校外研修の効果

		平均値 （5段階）	標準 偏差	経験者数 （延べ数）	経験率 （％）
行政研修		3.67	0.94	1,941	52.6
	1．指定（必修）研修	3.39	0.98	645	65.5
	1-1 初任者研修・新規採用者研修	3.55	1.01	235	95.5
	1-2 教職経験者研修（5年）	3.32	0.95	184	74.8
	1-3 教職経験者研修（10年）	3.27	1.01	192	78.0
	1-4 教職経験者研修（20年）	3.24	0.99	34	13.8
	2．課題別（選択）研修	3.76	0.87	1,047	60.8
	2-1 教科指導に係る研修	4.16	0.77	221	89.8
	2-2 生徒指導・カウンセリング研修	3.92	0.88	199	80.9
	2-3 進路指導・キャリア教育研修	3.44	0.85	126	51.2
	2-4 情報教育・IT分野に係る研修	3.60	0.86	162	65.9
	2-5 人権教育・心の教育に係る研修	3.84	0.83	158	64.2
	2-6 環境教育に係る研修	3.42	0.84	91	37.0
	2-7 国際理解教育に係る研修	3.40	0.90	90	36.6
	3．職務（職層）研修	3.98	0.86	249	25.3
	3-1 教務主任研修	3.97	0.86	86	35.0
	3-2 生徒指導主事（主任）研修	4.01	0.82	91	37.0
	3-3 進路指導主任研修	3.74	0.92	35	14.2
	3-4 管理職候補者研修	4.14	0.89	37	15.0
派遣研修	4．派遣研修	4.66	0.60	191	11.1
	4-1 洋上研修	3.76	0.66	17	6.9
	4-2 海外派遣研修	4.66	0.60	47	19.1
	4-3 文部（科学）省中央研修	4.72	0.57	50	20.3
	4-4 大学院派遣研修	4.85	0.37	26	10.6
	4-5 大学等での内地留学・長期研修	4.85	0.43	40	16.3
	4-6 人事交流等による一般行政研修	4.50	0.58	4	1.6
	4-7 民間企業等での長期体験研修	4.71	0.49	7	2.8
全体		3.75	0.96	2,132	39.4

い結果にとどまった。「4．派遣研修 4.66（11.1％）」の経験率は決して高くはないが、平均値は研修グループ間で最も高い結果となった。個別の研修項目の平均値が高い「4-4.大学院派遣研修 4.85（10.6％）」及び「4-5．大学等での内地留学・長期研修 4.85（16.3％）」についても、同様の傾向となった。

総数22項目にわたる校外研修の効果意識を個別に比較すると、「4-4. 大学院派遣研修4.85」を筆頭に、「4. 派遣研修」グループが上位を独占する結果となった。逆に、「1-4. 教職経験者研修（20年目）3.24」の最下位をはじめ、「1. 指定（必修）研修」が下位に集中している結果が明らかとなった。

　他方、本研究における校外研修は、都道府県教育センター等の直接運営方式による行政研修と外部委託方式による派遣研修に大別することが可能である。表5-1の区分から確認できるように、「派遣研修4.66」の効果意識が「行政研修3.67」を凌駕する結果となった。

　派遣研修の大半が公募による選抜方式であるのに対し、行政研修は法定・悉皆を包含する属性基準による受講が多数である。したがって、研修参加に際するニーズや内発的動機の違いをはじめ、両者間の条件には大差が存在する。加えて、事業実施に要する費用の差異からしても、派遣研修の効果が高くなるのは当然の結果であると認識できる。

2. 実績分野別の特徴

　表5-2は、実績分野別の平均値と経験率を比較した結果であり、6つの区分に基づく分析を行った。なお、「体育、保健、給食指導」分野については、回答者数が9名と極端に少ないため、分析対象から除外し、データの参考表示にとどめた。

　全体の結果として、平均値は「生徒指導、進路指導3.97」分野が最も高く（分析対象外の「体育、保健、給食指導」分野を除く）、「部活動指導3.55」分野が最も低い結果となった。他方、経験率については、「その他（44.0％）」が最も高く、「特別支援教育（30.9％）」が最も低く、両者間の大差が注目される結果となった。

　実績分野別に見ていくと、「学習指導」分野では「4. 派遣研修（13.3％）」の経験率が相対的には最高値となった。また、「2. 課題別（選択）研修（65.2％）」をはじめ、全般的に高い経験率となった。

　「生徒指導、進路指導」分野については、各グループにおいて満遍なく高い平均値が示された。また、「3. 職務（職層）研修4.26（35.2％）」については、平均値及び経験率ともに最も高い結果となった。

　「部活動指導3.55」分野については、全体の平均値が最も低く、特に「1. 指定

（必修）研修3.12」が際立って低い結果となった。

「特別支援教育（30.9%）」分野については、全体の経験率の低い状況が顕著となった。職務の特殊性によるせいか、「2．課題別（選択）研修（39.4%）」及び「3．職務（職層）研修（15.0%）」の経験率が、他の実績分野よりも極端に低い傾向が明らかとなった。

「その他3.61（44.0%）」の分野については、全体の平均値は低い傾向にあるものの、経験率は最も高い結果となった。特に「3．職務（職層）研修（35.0%）」において、相対的に高い経験率が示された。

表5-2 校外研修の効果（実績分野別）

		学習指導	生徒指導、進路指導	体育、保健、給食指導	部活動指導	特別支援教育	その他
全体	回答者数	103	22	9	48	25	35
	5段階平均値（経験率）	3.81 (41.1%)	3.97 (40.1%)	3.98 (41.9%)	*3.55* (37.2%)	3.79 *(30.9%)*	3.61 **(44.0%)**
1．指定（必修）研修		3.43 (63.3%)	3.64 (65.9%)	**3.78** (**72.2%**)	*3.12* (66.1%)	3.33 (65.0%)	3.31 *(58.6%)*
2．課題別（選択）研修		3.81 (65.2%)	**3.99** (61.7%)	3.98 (**73.0%**)	3.60 (58.9%)	3.91 *(39.4%)*	*3.54* (66.1%)
3．職務（職層）研修		3.96 (25.5%)	**4.26** (**35.2%**)	4.08 (22.2%)	3.90 (20.8%)	4.13 *(15.0%)*	*3.82* (35.0%)
4．派遣研修		4.63 (**13.3%**)	4.80 *(6.5%)*	4.67 (9.5%)	4.71 (8.3%)	4.74 (10.9%)	*4.61* (12.7%)

※実績分野について無回答の4名を除き、242名分を集計した。太字は実績分野間の最高値、斜体は最低値として表示した。

3．校種別の特徴

表5-3は、校外研修の効果意識に関する校種別の平均値と経験率を比較した結果であり、4つの校種区分による分析を行った。

全体の結果として、平均値は「特別支援学校3.92」が最も高く、「高校3.51」が最も低い結果となった。他方、経験率は「中学校（41.7%）」が最も高く、「特別支援学校（34.7%）」が最も低い結果となった。

校種別に見ていくと、「小学校」においては、「2．課題別（選択）研修（64.0%）」の経験率が最も高く、指導領域の広範さを反映した結果となった。また、「4．派遣研修（12.4%）」の経験率についても最高値となった。

「中学校」においては、「3．職務（職層）研修4.03（34.6%）」の平均値及び経験率ともに最も高い結果となった。他方、「4．派遣研修4.70（9.8%）」については、平均値が最も高いのに対し、経験率は最も低い結果にとどまる結果となった。

表 5-3　校外研修の効果（校種別）

		小学校	中学校	高校	特別支援学校
全体	回答者数	90	83	59	14
	5段階平均値（経験率）	3.82 (40.6%)	3.81 (41.7%)	*3.51* *(35.4%)*	3.92 *(34.7%)*
1．指定（必修）研修		3.50 (66.1%)	3.41 (68.1%)	*3.06* *(59.3%)*	**3.70** **(73.2%)**
2．課題別（選択）研修		3.81 **(64.0%)**	3.86 (62.5%)	*3.51* (57.9%)	**3.90** *(42.9%)*
3．職務（職層）研修		*3.92* (23.6%)	**4.03** **(34.6%)**	3.94 *(14.8%)*	**4.00** (25.0%)
4．派遣研修		4.69 **(12.4%)**	**4.70** *(9.8%)*	*4.54* (11.1%)	**4.70** (10.2%)

※太字は校種間の最高値、斜体は最低値として表示した。

「高校3.51（35.4%）」においては、全体の平均値及び経験率ともに、最低値が示された。特に平均値については、多数の研修グループで最低値となった。他校種よりも学校規模が比較的大きく、専門性の細分化に伴う必然的な結果であるといえよう。

「特別支援学校3.92（34.7%）」においては、全体の経験率こそ最も低いが、校外研修の効果意識が最も高い結果となった。また、「1．指定（必修）研修3.70（73.2%）」については、平均値及び経験率ともに校種間では相対的に最も高い値となり、義務的研修が肯定的に評価される結果となった。

第2節　校外研修の統計的考察

1．行政研修の有効性

　優秀教員の職能開発における校外研修の効果について、分析結果を以下にまとめる。校外研修の効果意識について、全体的に低い結果にも見受けられるが、肯定的な評価がなされているとの解釈が可能である。しかし、その中でも行政研修については、実施にあたり多額の公費が投入されているにも関わらず、優秀教員の職能開発に対する効果意識は低い結果となった。

　「1．指定（必修）研修」については、効果意識が相対的に低い状況にある。当該研修は教員全体の底上げを主な目的としているが、その内容や水準は優秀教員には達成されており、そのニーズには合致していないためであると考えられる。また、職務命令を伴う義務的研修であるため、受講経験率は必然的に高くなるが、受動的な姿勢による参加の傾向が強くなるのが通常である。入職時から意欲と能力が高いと推考される優秀教員にとって、必ずしもニーズに合致していない参加を強制される研修は、能動的・積極的姿勢を弱めてしまい、限定的な効果にとどまる結果になっているといえよう。

　以上の行政研修に関しては、あくまでも優秀教員に該当することであり、全ての教員に対して一般化することはできないと考えられる。教職全般の専門的事項が網羅されており、優秀教員にとっては既得のレベルであったとしても、公教育水準の維持・向上にとっては必要不可欠な研修と位置付けられるからである。ちなみに、「1．指定（必修）研修 3.39」の効果意識については、相対的には低いようにも見受けられるが、絶対値としては決して低いわけではなく、一定の効果が認められるとの解釈が可能である。優秀教員の中には、参加を強制される研修であっても、それを前向きに捉えて主体的に自己の職能開発に活かそうとする者も含まれているためであると考えられる。

　他方、「3．職務（職層）研修 3.98」については、校務分掌に応じた義務的研修が中心となっているにも関わらず、かなり高い効果意識が確認された。この結果については、それがミドルリーダーとしての優秀教員のニーズにより近いことを示すとともに、研修に対する主体的な取組を反映した結果であると認識できる。すなわ

ち、単に研修の受講のみにとどまらず、その成果を職務に還元することによって、教育課題の解決・改善を図るとともに、自身の職能開発に結び付けるサイクルを形成していると考えられる。

教員の職能開発は、主体的な研鑽を積まない限り、受動的な姿勢では達成できない課題である。自由記述の回答に表現されているように、優秀教員は研修に対してプラス思考で積極的に取り組む傾向が強いと考えられる。

2．派遣研修の有効性

優秀教員を育成する上で、いかなる校外研修が役立っているかについては、「4-4. 大学院派遣研修」、「4-5. 大学等での内地留学・長期研修」及び「4-3. 文部（科学）省中央研修」を上位とする「4．派遣研修」の有効性が極めて高い結果が判明した。これらの研修は、都道府県教育センター等の直接運営方式ではなく、間接的に関与する外部委託方式となっている。また、プログラムが確立している独立行政法人教員研修センター主催のいわゆる「中央研修」を除くと、大学（院）等において各自の研究課題に主体的に取り組むこととなる。その研修内容・方法等が、多様化・高度化する優秀教員のニーズに合致するとともに、職能開発に寄与することが明瞭となった。

「4-4. 大学院派遣研修」については、1982年度から継続実施されている新教育大学（兵庫・上越・鳴門の各教育大学）大学院以外にも、1996年度には全ての国立教員養成系大学に大学院修士課程が設置され、日頃の問題意識や教育課題に基づき、教育実践力の向上をめざした教育・研究が行われている。質問紙調査における自由記述の回答からは、理論的知識の獲得に伴う指導力の向上という直接的効果のみならず、目的意識を共有する研修員（院生）間の交流を通じた相互作用やネットワークの形成といった付加的・波及的効果の重要性も確認できる。

「4．派遣研修」の実施には、学校現場からの離脱が長期間にわたるため、代替人員の配置に伴う人件費の確保の必要な場合が大多数であり、全ての現職研修の中で最もコストの高い研修となる。必要な予算の確保により、意欲を持つ多数の教員が派遣研修の機会を得ることが理想的である。しかし、財政難という現下の情勢から、将来的な派遣機会の拡大は困難であると予見される。したがって、

費用対効果の観点からも、中核となり得る人材の派遣について、厳正な選抜・還元方策の明確化と波及効果の拡大を企図した戦略的活用といった一連の方策を講じていく必要があると考えられる。

「4．派遣研修」の有効性の高さは、優秀教員以外の全ての教員に対して一般化することが可能であろうか。特に「4-4.大学院派遣研修」については、研究に対する主体的な取組がなされない限り、受動的・他律的な姿勢による進展は困難であり、職能開発も期待できない面がある。行政研修において述べたことと同様に、主体的に取り組む姿勢がやはり重要な鍵となり、それが研修の成否を左右する最大の要因になると考えられる。

いずれにせよ、「4．派遣研修」については、高い効果が期待できる半面、今後の事業拡大が見込めない状況にある。そこで、財政負担なしに研修成果の還元が期待できる仕組として、2001年度に創設された「大学院修学休業制度」[1]が注目される。また、自治体独自の取組として、教職員が自主的に計画する長期研修の参加が促進されている[2]。教育行政サイドと希望者の双方にとってメリットの多い制度ではあるが、創設当初に比べて制度利用者は減少傾向にあり、研修修了者の処遇改善と有効活用を検討すべきことを示唆している。

3．実績分野別・校種別の特徴

優秀教員を実績分野別・校種別に分類した場合の研修効果については、特に「部活動指導」分野と校種「高校」の特性による違いが明瞭となった。

まず、「部活動指導」分野の優秀教員にとって、校外研修の効果意識が全般的に低く、特に「1．指定（必修）研修」については、他の実績分野に比較すると極端に低い結果が判明した。当該分野の表彰理由として、顧問としての各種全国大会等における優れた実績が大多数を占めている。優秀教員は、自身の指導力が校外研修によって向上したのではなく、その関係性は希薄であり、学校現場における教育活動を通じて実践的な指導力を体験的に獲得したという意識が強いことを示唆している。

次に、校種「高校」において、全体的に低い研修効果が示されている。教科中心主義的傾向が強く、比較的大規模で所属職員も多いため、細分化された校務

分掌上の役割を担当する高校においては、特に「1.指定（指定）研修」における一律の内容・方法・形態が低い効果意識にとどまる結果を招いていると認識できる。高校籍の優秀教員は、一般的には義務籍の教員に比較して自律性が高く、自助努力による職能開発の傾向が強いと考えられる点において、その特徴に配慮した研修プログラムの開発が求められることを示唆している。

第3節　本章のまとめ

　優秀教員の職能開発における校外研修の効果について、統計的考察から得られた知見を整理すると、以下の点を指摘することができる。

　第1に、優秀教員の職能開発における行政研修の効果は相対的に低く、とりわけ「1．指定（必修）研修」をはじめとする義務的研修の効果意識が低い結果が明らかになった。しかしながら、優秀教員はそれを肯定的に捉え、積極的な姿勢で研修に取り組む傾向が強く、そのことが研修効果を高めるとともに、職能開発を促進する基底的要因になっていると考えられる。一般教員を対象とした先行研究[3]データとの比較からも、その蓋然性は高いと認識できる。

　第2に、「4．派遣研修」の効果意識が非常に高く、「4-4．大学院派遣研修」を筆頭にした大学等における研修の有効性が極めて高い結果が明らかになった。優秀教員は行政研修では満たすことのできない高度な研修ニーズを有しており、派遣研修を通じて獲得した新たな知識を付加し、理論と実践の融合によって職能開発を促進していると考えられる。また、研修効果の還元方策の確立により、周囲の教職員に対する波及効果の拡大が図られるとともに、その有効性はさらに高まると推考される。

　第3に、実績分野・校種によって校外研修の効果意識に大きな差異が存在し、特に「部活動指導」分野と「高校」籍の優秀教員にとって、「1．指定（必修）研修」の効果意識が極端に低い結果が明らかになった。また、双方ともに行政研修の効果意識が相対的に低い結果となっていることから、自律的な職能開発の傾向が強いと考えられる。したがって、その特性に可能な限り配慮した研修プログラムの開発と実施が望まれる。

【註】

1 詳細については、文部科学省ホームページ「大学院修学休業制度」を参照されたい。
http://www.mext.go.jp/a_menu/shotou/kyuugyou/syuugaku.htm（2019年3月1日最終閲覧）
2 久保富三夫(2008)「教員の自主的・主体的研修の奨励・支援についての具体的施策に関する研究」日本教師教育学会第18回研究大会自由研究発表資料において、各自治体レベルの奨励・支援策の具体的内容及び成果・課題などが詳報されている。
3 山﨑準二(2002)『教師のライフコース研究』209頁（図表20）において、静岡大学教育学部卒業生（一般教員）に対する「教育実践の質を高める上で最も意義があると感じているもの」という認識に関する調査結果が示されている。フォーマル及びインフォーマルの双方にまたがる15項目の中から3つを選択する方式により、「教育委員会主催の研修(4.0％)」は「組合活動(3.0％)」と並んで極端に低い選択率となっている。各コーホート間における多少の差異は存在するが、その選択率は全体平均値(20.0％)を大幅に下回る結果となっている。加えて、組合活動は加入者のみが選択可能であり、行政研修の中でも「1．指定（必修）研修」に限定した場合、その選択率はさらに低下すると推測できる。したがって、一般教員の回答傾向と比較すると、「行政研修 3.67」及び「1．指定（必修）研修 3.39」という優秀教員の評価結果については、一定の効果を認めて肯定的に評価しているとの解釈が可能である。ただし、質問紙の設計・内容が両者間で異なり、データの厳密な比較検討には限界があるため、今後の課題として仮説の提示にとどめる。

第6章 自主研修の効果に関する統計的考察

第1節 自主研修の効果

1. 自主研修の全体的な特徴

優秀教員の職能開発における「自主研修」の効果意識に関して、11の研修項目を設定し、「1. 全く役立たなかった」から「5. 非常に役立った」までの5段階評価による回答の集計結果が表6-1である。

研修項目別に平均値を比較したところ、「6. 自主的組織・サークルでの研修 4.57」が最も高い結果となった。続いて、「8. 民間の教育研究団体による研修 4.49」、「1. 教育に関する専門的書籍の購読 4.47」という順位となり、いずれも非常に高い効果意識が確認できた。

表6-1 自主研修の効果

	平均値（5段階）	標準偏差	経験者数（延べ数）	経験率（％）
1. 教育に関する専門的書籍の購読	4.47	0.65	208	84.6
2. 通信教育の講座受講	3.45	1.10	22	8.9
3. 放送大学での学修	2.67	1.07	12	4.9
4. 大学等の公開講座の受講	4.07	0.82	57	23.2
5. 海外留学・旅行の経験	4.20	0.87	65	26.4
6. 自主的組織・サークルでの研修	4.57	0.64	138	56.1
7. ボランティア等の社会的活動	4.06	0.95	65	26.4
8. 民間の教育研究団体による研修	4.49	0.72	68	27.6
9. 組合関係の研修活動	3.59	0.89	59	24.0
10. 先進校への視察研修	4.21	0.69	186	75.6
11. 異業種交流への参加	4.04	0.74	28	11.4
全　体	4.24	0.82	908	33.6

他方、経験率については、「1．教育に関する専門的書籍の購読 (84.6%)」が最も高く、「10．先進校への視察研修 (75.6%)」とともに突出して高い結果となった。また、「6．自主的組織・サークルでの研修 (56.1%)」についても、過半数に及んでいる結果が確認できた。

以上のとおり、平均値及び経験率ともに高い研修項目が共通している結果に基づき、影響度の高い上位4つ（網掛け表示の部分）に重点を置いた分析を行った。

2．実績分野別の特徴

表6-2は、自主研修の効果意識に関する実績分野別の平均値と経験率を比較した結果であり、6つの区分に基づく分析を行った。なお、「体育、保健、給食指導」分野については、回答者数が9名と極端に少ないため、分析対象から除外し、データの参考表示にとどめた。

全体の結果として、「特別支援教育 4.48 (41.5%)」の平均値及び経験率は、ともに最高値（分析対象外の「体育、保健、給食指導」分野を除く）となった。他方、「その他 4.05」の平均値及び「部活動指導 (23.9%)」の経験率が最低値となった。

実績分野別に比較すると、「学習指導」分野は、「1．教育に関する専門的書籍の購読 (90.3%)」及び「5．海外留学・旅行の経験 (33.0%)」の経験率が相対的に高い結果となった。「10．先進校への視察研修 4.32 (85.4%)」については、平均値及び経験率ともに最高値となった。

「生徒指導、進路指導」分野は、「6．自主的組織・サークルでの研修 4.23」及び「8．民間の教育研究団体による研修 4.00」の平均値が相対的には最低値となった。

「部活動指導」分野は、全体の経験率 (23.9%) が極端に低く、平均値 4.06 についても、相対的には低い結果にとどまった。個別にも、多くの研修項目で実績分野間の最低値となった。

「特別支援教育」分野は、全体の平均値 4.48 が最高値となった。多くの研修項目で最高値が示され、特に「4．大学等の公開講座の受講 4.62 (52.0%)」及び「6．自主的組織・サークルでの研修 4.80 (80.0%)」については、平均値及び経験率ともに最高値となった。

「その他」分野は、全体の平均値が 4.05 で最低値となった。個別にも、「7．

表 6-2　自主研修の効果（実績分野別）

		学習指導	生徒指導、進路指導	体育、保健、給食指導	部活動指導	特別支援教育	その他
全体	回答者数	103	22	9	48	25	35
	5段階平均値（経験率）	4.29 (36.5%)	4.14 (32.2%)	4.36 (42.4%)	4.06 (23.9%)	4.48 (41.5%)	*4.05* (34.0%)
1. 教育に関する専門的書籍の購読		4.58 **(90.3%)**	4.58 (86.4%)	4.38 (88.9%)	*4.11* (72.9%)	**4.62** (84.0%)	4.37 (85.7%)
2. 通信教育の講座受講		3.64 (10.7%)	3.00 (4.5%)	4.50 (22.2%)	3.00 (4.2%)	3.50 (8.0%)	*2.75* (11.4%)
3. 放送大学での学修		2.67 (5.8%)	(0.0%)	(0.0%)	*2.00* (2.1%)	3.00 (8.0%)	2.67 (8.6%)
4. 大学等の公開講座の受講		3.95 (18.4%)	*3.33* (13.6%)	4.33 (33.3%)	3.57 (14.6%)	**4.62** (52.0%)	4.08 (34.3%)
5. 海外留学・旅行の経験		4.18 **(33.0%)**	*3.80* (22.7%)	4.50 (22.2%)	4.25 (25.0%)	4.33 (12.0%)	4.33 (25.7%)
6. 自主的組織・サークルでの研修		4.65 (63.1%)	*4.23* (59.1%)	4.40 (55.5%)	4.50 (33.3%)	**4.80** (80.0%)	4.37 (54.3%)
7. ボランティア等の社会的活動		3.88 (23.3%)	4.29 (31.8%)	4.60 (55.5%)	3.86 (14.6%)	4.64 (44.0%)	*3.64* (31.4%)
8. 民間の教育研究団体による研修		4.50 (35.0%)	*4.00* (22.7%)	4.25 (44.4%)	4.67 (12.5%)	**4.73** (44.0%)	4.33 (17.1%)
9. 組合関係の研修活動		3.43 (22.3%)	3.71 (31.8%)	4.25 (44.4%)	3.67 (18.8%)	4.00 (36.0%)	*3.00* (20.0%)
10. 先進校への視察研修		4.32 **(85.4%)**	4.07 (68.2%)	4.29 (77.7%)	*3.97* (60.4%)	4.19 (84.0%)	4.20 (71.4%)
11. 異業種交流への参加		4.13 (14.6%)	4.00 (13.6%)	4.00 (22.2%)	4.00 (4.2%)	5.00 (4.0%)	*3.60* (14.3%)

※実績分野について無回答の4名を除き、242名分を集計した。太字は実績分野間の最高値、斜体は最低値として表示した。

ボランティア等の社会的活動 3.64」及び「9．組合関係の研修活動 3.00」において最低値となった。

3．校種別の特徴

　表 6-3 は、自主研修の効果意識に関する校種別の平均値と経験率を比較した結

果であり、4つの校種区分による分析を行った。

全体の結果として、「特別支援学校 4.30（47.4％）」の平均値及び経験率は、ともに最高値となった。他方、「高校 4.13（25.4％）」の平均値及び経験率は、ともに最低値となった。また、「小学校」から「高校」へと校種が上がるにつれて、平均値及び経験率ともに低下していく傾向が確認できた。

校種別に研修項目を比較すると、「小学校」においては、「1．教育に関する専門的書籍の購読 4.57（93.3％）」及び「6．自主的組織・サークルでの研修 4.66（78.9％）」の平均値及び経験率ともに最高値となり、職能開発への影響度が特に

表6-3　自主研修の効果（校種別）

全体		小学校	中学校	高校	特別支援学校
	回答者数	90	83	59	14
	5段階平均値（経験率）	4.30 (39.0%)	4.21 (31.1%)	*4.13 (25.4%)*	4.30 (47.4%)
1．教育に関する専門的書籍の購読		**4.57 (93.3%)**	4.48 (80.7%)	*4.25 (74.6%)*	4.54 (92.9%)
2．通信教育の講座受講		3.56 (10.0%)	3.60 (6.0%)	3.33 (10.2%)	*3.00 (14.3%)*
3．放送大学での学修		2.60 (5.6%)	*2.50 (2.4%)*	2.67 (5.1%)	3.00 (14.3%)
4．大学等の公開講座の受講		*3.91 (25.6%)*	4.06 (19.3%)	4.10 (16.9%)	4.50 (57.1%)
5．海外留学・旅行の経験		*4.00 (25.6%)*	4.30 (32.5%)	4.42 (20.3%)	*4.00 (21.4%)*
6．自主的組織・サークルでの研修		**4.66 (78.9%)**	4.46 (47.0%)	4.47 (28.8%)	*4.45 (78.6%)*
7．ボランティア等の社会的活動		4.00 (28.9%)	4.36 (26.5%)	*3.20 (16.9%)*	4.57 (50.0%)
8．民間の教育研究団体による研修		4.47 (37.8%)	*4.25 (19.3%)*	4.82 (18.6%)	4.57 (50.0%)
9．組合関係の研修活動		3.60 (27.8%)	3.69 (19.3%)	*3.42 (20.3%)*	3.67 (42.9%)
10．先進校への視察研修		4.33 (83.3%)	*3.98 (75.9%)*	4.31 (61.0%)	4.33 (85.7%)
11．異業種交流への参加		4.27 (12.2%)	3.91 (13.3%)	*3.75 (6.8%)*	4.00 (14.3%)

※太字は校種間の最高値、斜体は最低値として表示した。

高いと理解できる。

「中学校」においては、「5．海外留学・旅行の経験（32.5%）」の経験率及び「9．組合関係の研修活動 3.69」の平均値が相対的に高い結果となった。逆に、「8．民間の教育研究団体による研修 4.25」及び「10．先進校への視察研修 3.98」の平均値が相対的には低い結果となった。

「高校」においては、全体の平均値 4.13 及び経験率（25.4%）の双方とも最低値となった。個別にも、多くの研修項目で最低値が示されたが、「5．海外留学・旅行の経験 4.42」及び「8．民間の教育研究団体による研修 4.82」の平均値に限っては、ともに最高値となった。

「特別支援学校」においては、全体の平均値 4.30 及び経験率（47.4%）の双方で最高値となった。個別にも、多くの研修項目で最高値が示され、特に「4．大学等の公開講座の受講 4.50（57.1%）」、「7．ボランティア等の社会的活動 4.57（50.0%）」及び「10．先進校への視察研修 4.33（85.7%）」については、平均値及び経験率ともに突出して高い結果となった。

第2節　自主研修の統計的考察

1．自主研修の有効性

　優秀教員の職能開発における現職研修の効果について、質問紙調査の集計結果から、時間的・経済的な負担を伴っている自主研修の効果意識が非常に高い結果が明らかになった。具体的には、「1．教育に関する専門的書籍の購読 4.47（84.6%）」、「6．自主的組織・サークルでの研修 4.57（56.1%）」、「8．民間の教育研究団体による研修 4.49（27.6%）」及び「10．先進校への視察研修 4.21（75.6%）」、以上4つの研修項目の影響度が高い結果が明瞭となった。

　「1．教育に関する専門的書籍の購読 4.47（84.6%）」については、最も基本的な情報収集手段である。優秀教員の大多数が実際に行っており、職能開発に対する効果意識も高い結果が明らかになった。

　専門書の購読は、時空を超越した取組が可能であるという特徴を有する。それは、日常の教育実践活動の課題に関する有益な情報を収集し、その解決・改善に

結び付けるヒントを得る手段として活用されていると認識できる。

今回の調査では、専門的書籍の購読経験率が84.6%にも達する結果となった。吉本（1985）[1]において、自己研修における情報収集のメディアとして、教育雑誌は33%にとどまり、月間に1冊も購入しない教員が20%にも達する状況が報告されている。調査結果の比較から、情報通信技術の発達した今日もなお、優秀教員が専門書籍から旺盛に情報収集を行っている実態が浮かび上がった。

「6．自主的組織・サークルでの研修 4.57（56.1%）」については、優秀教員の職能開発における効果意識が最も高く、経験率も過半数に達する結果が明らかになった。

構成メンバーとして、校内あるいは近隣校区に所属し、共通の関心や課題を持つ有志であり、比較的小規模な集団と想定できる。したがって、参加者の研修ニーズへの適合度が高く、身近な教育実践上の課題に関する情報交換に加え、課題解決への活用によっても効果意識を高めていると考えられる。参加者が複数校にまたがる場合は、日常の職場環境から離れることにより、自明視していた学校文化の比較や教育実践活動の省察の機会にもなっているといえよう。

研修効果として、教育実践活動に関する事例の検討や相互の批評を通じた情報の共有・活用が挙げられる。また、参加者間の学び合いによる相互啓発や人的ネットワークの形成といった観点からの効果意識も高いと考えられる。

「8．民間の教育研究団体による研修 4.49（27.6%）」については、「6．自主的組織・サークルでの研修」との共通点も多いと認識できる。ただし、より広域からの多様な参加者となり、開催頻度は比較的少ないのが一般的である。

特定教科や専門分野の研究団体が数多く存在し、地方から全国レベルに至る多様な組織形態となっている。夏季休業期間を中心に全国大会も開催されており、大会参加費に加えて高額な旅費を自己負担しているケースも少なくない。さらに、職務専念義務免除による参加の場合は、本属長（校長）の承認も必要となる。そのため、効果意識が高い割には、経験率が低い結果となっているのは当然であるともいえよう。

研修効果として、研究活動を通じた専門性の向上や得意分野の形成が挙げられる。研究成果や関連情報については、日常の教育実践活動に有効活用することが

可能である。また、先進的な研究発表の傾聴により、自他を客観的に相対化し、向上意欲を高める契機になっていると考えられる。さらに、地域の枠を超えた様々な人物との出会いや交流は、その後の広域ネットワークの構築にも連なる可能性を有しており、課題触発の絶好の機会であると認識できる。

「10. 先進校への視察研修 4.21（75.6％）」については、特定課題に関する研究発表の参観や施設・設備等の教育環境の見学に加え、教育実践活動や組織運営等に関する情報収集と意見交換が主要な目的になっているといえよう。

参加の動機として、日頃の問題意識に基づく内発的な意思によるが、関係者からの勧誘による場合も含まれていると考えられる。また、費用負担に関する自費と公費の混在に加え、視察形式に関しても公式と非公式が混在するなど、多様なケースが想定される。

研修効果として、教育実践活動に応用・還元するための実際的知識の吸収が挙げられる。また、自校との比較から多くの示唆が得られ、学校改善の原動力になることが期待される。先進事例への接触によって、視野の拡大と課題の明確化が図られ、その解決に向けた新たな取組を開始する契機になっていると考えられる。

2．自主研修に対する意欲

優秀教員が取り組んでいる自主研修の中で、特に影響度の高い研修項目が明確となった。すなわち、「1．教育に関する専門的書籍の講読」、「6．自主的組織・サークルでの研修」、「8．民間の教育研究団体による研修」及び「10．先進校への視察研修」の4つであった。これらの自主研修の効果を総合すると、①有益な情報の収集、②知的好奇心の刺激、③専門知識・技能の獲得・深化、④人的ネットワークの構築、⑤最新情報や先進事例からの触発、⑥自他の教育実践活動の客観的比較、⑦自己理解の促進・深化等が挙げられる。

以上の研修効果については、行政研修においても期待されるが、従来は一方通行的な伝達型である場合が多かったため、効果意識が限定的となっている点が指摘できる。また、教員全体の底上げを目的とする一般的内容が中心となっており、基本的な役割・機能が異なるという認識が必要である。

自主研修の効果について、職務遂行上の課題に対する直接的効果のみならず、

付加的・波及的効果の重要性も認識できる。すなわち、人的交流による触発やネットワークの構築に加え、自他の比較・相対化から課題意識を明確化している点である。それが向上意欲を高める動機となり、さらなる自主研修の促進に連なるサイクルが形成されていると考えられる。その結果、実践的指導力の向上に結び付け、専門分野における成果の発現により、優秀教員としての認定に至ったという解釈が可能である。

自主研修の根源となる能動的意志活動としての「意欲」に関連して、梶田(1985)[2]では学習意欲の質について、①悪果回避型、②善果志向型、③強迫意識型、④課題触発型、⑤将来展望型、以上の5つに分類され、④と⑤が自己教育力を高める重要な学習意欲であると指摘されている。優秀教員の自主研修に取り組む意欲の質との共通点が認識できることから、課題触発や将来展望の機会をいかに設定し、持続的に支援するかという点が、自律的な職能開発を促進するための重要な鍵になると考えられる。

加えて、教員の職務上の「意欲」に関する鹿毛(2001)[3]では、①「仕事の内容(主体的なカリキュラムの創造)」、②「仕事の条件(主体性を促す学校運営システム)」、③「仕事の人間関係(互いの個性を認めながら生産的な議論ができる職場)」、④「仕事に対する自己意識(子どもの成長を自分の喜びとできる)」という4つの要素に影響を受けることが明らかにされている。また、意欲の構造の4要素は独立ではなく、相互に調和のとれた結合により、教育実践活動の創造に対する教員の意欲が確立することが示されている。

以上のことから、職場環境における要素の影響が大きいという点において、学校における組織マネジメント機能の強化によっても、教員の意欲向上による自律的な職能開発の促進が可能であると認識できる。

3. 実績分野別・校種別の特徴

実績分野や校種によって、自主研修に対する効果意識及び経験率に差異が存在する結果が明らかとなった。

実績分野別では、「特別支援教育」分野における自主研修の効果意識が高く、経験率も同様に高い結果が明らかとなった。これに対し、「部活動指導」分野に

おいては、自主研修に対する効果意識及び経験率ともに低い結果となった。この結果は、「部活動指導」分野の優秀教員が、自身の指導力は研修によって培われたのではなく、実践経験を通じて体得したという意識が強い傾向にあることを示唆しているといえよう。

校種別では、「特別支援学校」における自主研修の効果意識が高く、経験率も非常に高い結果が明らかになった。それは、広範多岐にわたる教育実践上の課題に関する研修ニーズに対し、校内研修や校外研修での不足分を自主研修で補っていると推考される。また、「高校」では、比較的大規模な組織構成による細分化された職務内容に加え、教科に関する専門性が高くなる。したがって、その研修ニーズは専門性の高い特定の範囲に絞り込まれることになる。そのため、自主研修の経験率が限定的となり、それが効果意識にも反映されていると認識できる。

第3節　本章のまとめ

優秀教員の職能開発における自主研修の効果について、統計的考察から得られた知見を整理すると、以下の点を指摘することができる。

第1に、優秀教員が経験した現職研修の中で、自主研修に対する効果意識が最も高い結果となったことに加え、複数の自主研修に取り組んでいる状況が明らかになった。優秀教員は多様・高度な研修ニーズを有しており、自主研修の機会を有効活用しながら、職能開発に意欲的・積極的に取り組んでいると認識できる。

第2に、優秀教員が取り組んでいる自主研修の中で、職能開発に対する効果意識及び経験率の双方が高い4つの研修項目が明らかになった。具体的には、「1. 教育に関する専門的書籍の購読」、「6. 自主的組織・サークルでの研修」、「8. 民間の教育研究団体による研修」及び「10. 先進校への視察研修」の4つであった。これらの研修項目については、職能開発の促進に向けた奨励・支援の対象としての優先順位が高いといえる。

第3に、優秀教員の自主研修に対する取組には、相当の自己負担（時間・費用）が発生していることが明らかになった。したがって、必要な時間の確保と費用の助成による支援の有効性が高いといえよう。研修機会の保障により、自主研修の取

組が促進され、持続的な職能開発への接続が可能になると考えられる。

【註】

1 吉本二郎研究代表（1985）「学校の意思形成に関する研究」（第2次調査報告書）。
2 梶田叡一（1985）『自己教育への教育』明治図書、36-52頁。
3 鹿毛雅治（2001）「教師の仕事を支える意欲の統合的構造とその発達」（1999・2000年度科学研究費補助金（奨励研究A、研究課題番号：11710076）研究実績報告書）。

II インタビュー調査に基づく事例的考察

優秀教員の職能開発における現職研修の効果意識を探るため、公立学校に所属する35歳から45歳までの優秀教員448名を対象に質問紙調査を実施し、246名（54.9％）から回答を得た。その結果を基に、「校内研修」、「校外研修」及び「自主研修」に大別して分析を行った。その過程において、質問紙調査の回答結果から氏名・連絡先が特定可能であり、研修に対する効果意識が高い優秀教員について、実績分野・校種のバランスを考慮しながら、12名（7都県）を選定してインタビュー調査を実施した。

　インタビュー調査は、対象者の勤務地を訪問し、過去に経験した現職研修の効果及び職能開発過程を中心に、約1時間にわたる半構造化による聞き取り面接を行った。調査項目としては、質問紙調査の回答内容の確認に加えて、①家庭環境や被教育体験を含む養成段階に関する状況、②教員採用試験をはじめとする選考段階に関する状況、③入職後の人事異動・職場環境、校内人事・職務経験等の配置に関する状況、④研修経験とその具体的な効果、⑤その他として、教職生活における出来事、教職観、職能開発に関する要望・提言、優秀教員となり得た要因等について質問した。

　インタビュー調査の回答結果について、その要約は表Ⅱのとおりである。引き続き、第7章「校内研修」、第8章「校外研修」及び第9章「自主研修」の効果について、インタビュー調査の結果の分析に基づく事例的考察を個別・具体的に行っていく。

表Ⅱ　インタビュー調査の結果（要約）

※カッコ内は、性別、表彰時年齢、校種・専門教科、実績分野、調査実施年月日の順

	A教員（女性、39歳、小学校、学習指導、2009.8.12）
実績	・表彰理由：①県理科教育研究大会にて公開授業3回・研究授業5回、②地区理科教育研究大会公開授業2回・研究発表1回、③教育論文受賞等4回、④教師用指導書・副教材等の編集委員、⑤教科教育研究会の役員担当。
養成	・先天的素質・家庭環境：父親は小学校教員（校長で退職）、母親は小学校事務職員であった。幼少期から本に囲まれて育った。 ・被教育体験・大学教職課程：①地元国立大学教育学部の小学校教員養成課程（理科専修）において、理科教育の示唆を受けた。②恩師より「10年は一つの物事を続けよ」の言葉に影響を受けた。
選考	・採用選考：大学3年の時から同学科の数名で教員採用試験対策ゼミを開始し、参加した全員が合格した。1回で合格、非正規教員の経験なし。
配置	・人事異動・職場環境：1校目5年間の勤務の後、2校目で3年間の離島僻地勤務を経験し、小規模校の現状、島嶼地域の教育の在り方を考える契機となった。3校目は5年間、4校目は5年間の勤務を経験した。 ・校内人事・職務経験：①教務主任の経験により、学校全体の取組や家庭・地域の様子が把握できるようになった。②初任者研修の指導教諭として、学級担任兼務で同時に2名の初任者を指導するなど、メンターとしての経験を積んだ。
研修	・校内研修：各教科の校内研究に積極的に参加した。子どもたちの反応により、理解を深めるための創意工夫を生かした授業づくりに努めた。 ・校外研修：①教職5年目に県立教育センター長期研修（1年間、初等理科）、その後、研究協力員（初等理科研究室）として携わった。②教職11年目に教員研修センターにおける教育情報化推進指導者養成研修に参加し、県外との人的ネットワークを構築した。③教職12年目に市立教育研究所の研究員（半年間、情報教育）として、情報教育の専門性を高めた。④教職14年目に独立行政法人教員研修センター短期海外派遣研修（ニュージーランド、海外の小中高校・教育委員会等視察）に参加し、さらに視野を広げた。 ・自主研修：校長の推奨もあり、教職11年目から民間教育研究団体の夏季中央特別研修会2回、地区特別研修会2回等（各回とも概ね3泊4日の日程）に参加した。参加の翌年度には成果を持参する必要があるため、教育実践に関する課題意識が形成された。指導書が理解できるようになり、次第に他教科にも波及する効果を実感した。
その他	・出会い・出来事：①研修講師の依頼、②地方・全国レベルのテレビ取材・実演放映の機会。 ・教職観・意識：①研究成果は開示・共有できるようにする。②子どもたちに豊かな学びを期待するなら、教員自身も豊かで広い視野が必要である。 ・要望・提言：①学校は人が入れ替わっていくため、校内研修の運営に関する研修が必要である。②研修が縮小傾向にあるのは残念なことであり、広い所で様々な刺激を受ける機会の確保が不可欠である。 ・表彰後のキャリア：大学院派遣研修（2年間）、市教育委員会指導主事、小学校教頭を経て、県教育委員会主任指導主事。
類型	・校内研修（インフォーマル）＋校外研修（教育センター長期研修、中央研修、市立教育研究所長期研修、海外派遣研修）＋自主研修（民間教育研究団体） ・理科教育を得意とし、県立教育センターでの長期研修の機会を得るなど、入職後も順調な教職生活を歩んだ。教職10年目のマンネリズムを打破するため、民間教育研究団体主催の研修に参加するようになった。その経験が契機となり、指導力を飛躍的に向上させ、他教科への波及効果も得た。常に進化を志向し、中央研修や海外派遣研修といった全国レベルの研修への参加と教育実践活動を積み重ねることによって、職能開発のサイクルを形成するに至った。

B教員（女性、37歳、中学校・国語、学習指導、2009.8.24）	
実績	・表彰理由：①市の委託事業における公開授業での高い評価。②県立教育センターの短期研修受講者を対象としたモデル授業・実践発表。
養成	・先天的素質・家庭環境：教員になりたかった母親の影響が強く、魅力的な職業であると聞いて育った。そのため、小学校の卒業文集には「教員になりたい」と記述するなど、教職観の芽生えと理想が形成された。 ・被教育体験・大学教職課程：授業が成立しないような荒れた学校で教育実習を行い、理想とのギャップを感じたが、それでも教員をめざすことをあきらめようとは思わなかった。地元私大文学部出身。
選考	・採用選考：1～2年目は非常勤講師で、勤務時間外にも他の教員の授業見学や学校行事等にも参加し、多くのことを教えてもらった。3年目は常勤講師となり、女性教員が生き生きと活躍している職場での勤務経験を積んだ。計3年間の非正規教員の経験は、人脈を築く上でも良い経験となった。
配置	・人事異動・職場環境：1校目は6年間、2校目は7年間の勤務を経験した。最初の異動後、学校文化の違いに戸惑い、カルチャーショックを受けながらも、従来のやり方を変えていかなければならないことを実感した。 ・校内人事・職務経験：学級担任や部活動（女子バスケット）顧問として、生徒との人間関係を重視した教育実践活動に取り組んだ経験は、学習指導の効果を高める上でも有効であった。
研修	・校内研修：インフォーマル研修には、特に自発的・積極的に取り組み、効果意識も高かった。 ・校外研修：①義務的研修であっても、自身で勉強する時間がとれない中で、「教えていただけることはありがたいこと」であり、貴重な機会とプラス思考で捉えていた。②教育事務所管内の若手教員を育成するための「授業改善研修」（勤務時間内の行政研修）に教職5～10年目に参加した。その研修は、同地区の教員2名による示範授業を参観した後、指導案に基づく授業を実施する形態であり、自身の職能開発にとって最も役立つ研修であった。 ・自主研修：専門教科に関係する自主サークル（月1回、夜間、指導案作成等に関する勉強会）に10年以上にわたって参加し、授業改善に取り組むとともに、参加者間の交流から教育実践上の示唆を得た。
その他	・出会い・出来事：模範となる先輩教員が2名いた。①初任校では、若い教員の力を十分に引き出し、多面にわたり支援し、フォローしてくれる学年主任の存在があった。②一緒に勤務したことはないが、「授業改善研修」で出会い、自主サークルに誘ってくれた模範となる先輩教員との交流を経験した。 ・教職観・意識：教員の職能開発にとって、主体的な向上心が不可欠である。学校現場における教職員の良好な人間関係・職場環境づくりの推進は重要な課題である。 ・要望・提言：①教職員の意欲や前向きな姿勢が必要であり、和を大切にする職場環境づくりの推進が求められる。②得意分野の力を発揮できる場を設定し、適正な評価を与えることが重要である。 ・表彰後のキャリア：地元教育大学附属中学校における長期研修（1年間）等を経て、県教育センター指導主事。
類型	・養成・選考段階での教職基礎の形成＋校内研修（インフォーマル）＋校外研修（行政研修）＋自主研修（自主サークル） ・非正規教員の下積み時代における自発的・積極的な校内研修（フォーマル及びインフォーマルの双方）への参加経験を基礎として、同僚性の高い職場環境で育成された。本務採用後も、義務的研修を肯定的に捉えるとともに、教育事務所主催の授業改善研修や夜間の自主サークルの活動を積み重ね、実践的な指導力を次第に高めていった。

	C教員（男性、40歳、小学校、その他（情報教育）、2009.8.24）
実績	・表彰理由：①情報教育に関する高度な資格を取得。②市内各学校における情報化推進担当のコーディネーターとして貢献。③勤務校のホームページ運営の基礎を作り、コンテストで4年連続県優秀校に選出。
養成	・先天的素質・家庭環境：父親と伯母が教員であったため影響を受けた。 ・被教育体験・大学教職課程：在学中に接した教員の影響や大学時代の学習塾講師としての教える経験から、教職に対する理想像が形成された。教育系学部出身。
選考	・採用選考：1回で合格、非正規教員の経験なし。
配置	・人事異動・職場環境：中学校・理科を10年経験後、小学校に校種変更・異動となった。 ・校内人事・職務経験：①情報教育推進担当、②「情報管理」という分掌を担当するなど、専門性を活かせるポストでの経験を積みながら自己研鑽に努めた。
研修	・校内研修：校内におけるインフォーマル研修が全般的に高い効果があった。 ・校外研修：義務的研修について、周囲には行政研修に対する反発もあったが、自分を高めるためには研修に依存するしかなかった。また、予算を要しているという自覚もあり、参加が強制される研修であっても無駄とは思わなかった。派遣研修として、教職11年目に教員研修センターにおける指導者養成研修（2週間）に参加した。また、教職14年目に参加した県立教育センターにおける情報教育に関する長期研修（1年間）は、最も効果が大きかった。 ・自主研修：情報教育に関する資格取得に挑戦した。その結果、教育情報化コーディネーター認定（JAPET：日本教育工学会）3級合格（平成15年）、2級合格（平成17年）。教育情報化リーダ認定（JAPET：日本教育工学会）合格（平成18年）。教育用IT活用能力認定（科学技術教育協会）1級合格（平成17年）するとともに、教育実践活動に活用した。
その他	・出会い・出来事：新任期の先輩教員から好影響を受けた。考え方がしっかりしており、常に向上心がある方で、同じ学年での職務を通じて学ぶことができた。 ・教職観・意識：子どもたちへの積極的指導とふれあいを重視している。教員の職能開発にとって、研修が最も大切であり、発展性が期待できる。そのためには、勤務時間外の自己研鑽や広い範囲での教員間の交流が重要である。 ・要望・提言：①教員の意欲を高めるためにも他の教員の前で発表する機会、実践交流会等において研修講師を担当する機会があると良い（厳しい環境の中で、自身の技能を磨かざるを得ない状況をシステムとして創り上げていく）。②力を持っている人がそれを発揮できるようにする（受講者の積極的活用）。③研修で学校を離れる間の人的措置並びに費用の助成。 ・表彰後のキャリア：教育事務所指導主事、県教育委員会社会教育主事等を経て、中学校教頭。
類型	・校内研修（インフォーマル）＋校外研修（行政研修、中央研修、教育センター長期研修）＋自主研修（資格取得）＋適材適所への配置 ・入職後に新たに取り組み始めた分野の職能開発であり、中学校から小学校へ校種変更・異動となった後、中央研修及び県立教育センターにおける長期研修を経験した。その結果、情報教育の専門性を高めるとともに、自己研鑽による資格取得の挑戦へと進展していった。その卓越した能力を活かす適材適所への人事配置（職務担当）によっても、顕著な実績に至る条件が整備された。

	D教員（男性、45歳、高校・保健体育、体育、保健、給食指導、2009.8.25）
実績	・表彰理由：①特色ある学校づくりの一環としての体育コースの発展に尽力し、その後のコース改編によるスポーツ文化コースの運営に中心的に取り組んだ。やがて、工夫されたカリキュラム、恵まれたスポーツ施設、輝かしい実績等となって結実。②部活動においては、インターハイ・国体等の監督として、多くの優秀な人材（北京オリンピック金メダリスト等）を輩出。
養成	・先天的素質・家庭環境：母親は中学校教諭、母方の祖父は高校教頭であった。 ・被教育体験・大学教職課程：高校時代最後の大会に不祥事が発生したため出場できなかった。その悔しさをバネに大学時代はソフトボールで4年連続日本一を達成した。首都圏私大体育系学部出身。
選考	・採用選考：1回で合格、非正規教員の経験なし。
配置	・人事異動・職場環境：採用以来23年間にわたる同一校勤務（オリンピック代表7名を輩出するスポーツ伝統校）。初任期に模範となる先輩教員（保健体育科教諭、陸上部顧問）から多大な影響を受けた。スポーツ指導者としての指導方法、目標設定等を詳細に学んだ。 ・校内人事・職務経験：長期間の同一校勤務ながらも、教科指導・分掌・部活動指導等の幅広い担当職務に取り組み、社会の変化や役割の変化に適応しながら成長してきた。
研修	・校内研修：各分野・領域に関するフォーマル研修もそれなりに役立ったが、生徒・保護者、上司・同僚らとのコミュニケーションを通じたインフォーマル研修はさらに効果的であった。 ・校外研修：大学卒業後に即採用となり、臨時的任用の経験がなかったため、参加を強制される義務的研修であっても何かを学び取ろうという意識を常に持っていた。新鮮な驚きが多く、「頭が柔らかかった」ため、多くを吸収することができた。 ・自主研修：定員割れ対策とコース運営の充実・強化のため、先進校の視察に訪れた。全国各地の学校の取組（カリキュラム、施設等）から大きな刺激を受けた。また、全国の体育科コース連絡協議会にも設立当初から関わり、全国レベルの視野からコース運営や学校経営を考える機会となった。
その他	・出会い・出来事：家族の支え、特に妻の理解・協力（「下宿屋のおばさん」として寮の運営に尽力）がなければ、優秀教員としての功績は成し得なかった。 ・教職観・意識：①「常に新しいことを生徒に伝えるのは教員の義務」であり、技術的な進化に遅れないようにする必要がある。②「専門は専門におぼれる」可能性があり、学ぼうとする姿勢を常に持っていなければならない。 ・要望・提言：①適材適所の環境への教員の配置が最も重要である。②現場で直接アドバイスできる立場の人が必要である。③10年間に一度は長期研修を受けるシステムはどうか。 ・表彰後のキャリア：県立高等学校教頭。
類型	・校内研修（インフォーマル）＋校外研修（行政研修）＋自主研修（先進校視察）＋同一校への長期配置 ・地元開催の国体を控えた「体育コース」設置の2年目に赴任し、部活動強化の期待に応える必要があった。そのような環境の中、先輩教員から体育教員・スポーツ指導者としての基礎を体験的に学びながら、23年間の長期にわたり学校の存続を担ってきた。先進校視察を通じた新たな手法の導入など、教育実践活動の不断の改善に取り組み、成果の発現に至った。

	E教員（男性、39歳、特別支援学校、特別支援教育、2009.8.25）
実績	・表彰理由：文部科学省指定事業「個別の指導計画における評価の在り方」についての特別支援教育に関する研究を推進。
養成	・先天的素質・家庭環境：特記事項なし。 ・被教育体験：大学教職課程：マスコミの影響や子どもとふれあう経験から、盲学校の教員になりたいという希望が強くなった。
選考	・採用選考：2回目で合格、2年以上の非正規教員の経験あり。
配置	・人事異動・職場環境：1校目9年間、2校目5年間の勤務を経験し、3校目となる現任校は8年目となっている。初任期にベテラン教員（中学校・保健体育科、陸上専門）の謙虚な姿勢に学んだ。生徒に対する存在感、仕事に対する取組、言葉にできない程の大きな影響を受けた。そういう人間になりたい、近付きたいという願望が芽生えた。 ・校内人事・職務経験：聾学校と盲学校で勤務し、教務主任・研究（研修）主任をはじめとした職務経験が成長につながった。
研修	・校内研修：全員参加型のフォーマル研修よりも、子ども・保護者・職場関係者との交流によるインフォーマル研修の効果が高かった。 ・校外研修：教職4年目に県独自の事業である海外派遣として、米国（サンフランシスコ・ロサンゼルス）における手話法と障害の受容に関する研修（1ヶ月間）に参加した。自身の職能開発には、2年間の大学院派遣研修（手話・障害認識）が最も有効であった。その間に、北欧への視察（2週間程度）も経験した。 ・自主研修：年に1回はレポートを書こうという意識があり、課題を追究していく姿勢を持ち続け、その通りに実践している。
その他	・出会い・出来事：子ども・保護者・他の教職員を含めた周囲の方々から影響を受けることによって、自身の成長につながった。 ・教職観・意識：「自身のレベルが十分だとは思っていない」、「授業を極めたと思っていない」、といった理由により、さらなる向上をめざして学習したいという希望が大きい。 ・要望・提言：①特別支援教育という枠組みは、専門性が弱く分散化してしまい、継承・発展が難しい。②人事異動の理想は、先輩からノウハウ（教材・指導法）を習得し、専門性を見出すためにも10年程度の勤務期間は必要であり、希望に応じて10年程度のスパンで異動できるように見直す。③自主研修に予算を付けて欲しい。 ・表彰後のキャリア：特別支援学校教頭。
類型	・校内研修（インフォーマル）＋校外研修（大学院派遣研修、海外派遣研修）＋多様な自主研修 ・初任期の校内における先輩教員との交流により、教職に対する理想が形成された。その後、海外派遣研修や大学院派遣研修を契機として、専門性を次第に高めていった。さらに、職務遂行上の課題を自ら設定し、謙虚で地道な努力を積み重ねた。強い向上意欲も相まって、持続的な職能開発によって顕著な研究成果を得るに至った。

	F教員（女性、42歳、高校・英語、学習指導、2009.8.25）
実績	・表彰理由：①教育センター等での実践発表（初任者研修、経験者（3・10年）研修の講師）、②英語スピーチコンテスト（大学主催等）での指導実績、③研究団体の運営担当、④英語教育推進重点校（県指定、ネイティブの常勤講師、TESOL等）としての実践発表、専門性を活かした幅広い活動。
養成	・先天的素質・家庭環境：両親ともに教員の家庭に生まれ育ち、女性の職業としての専門性を強く意識していた。 ・被教育体験・大学教職課程：大学時代の約3分の1は米国で過ごし、多岐にわたる異文化体験が専門性の向上を図る機会となった。当初は民間企業に就職したかったが、大学後半になってから教職に就くことを決めた。外国語系学部出身。
選考	・採用選考：1回で合格、非正規教員の経験なし。
配置	・人事異動・職場環境：1校目は指導困難校での1年間だけの勤務であった。英語類型を持つ2校目に2年間勤務。その後、出向を命じられ、行政職（知事部局・国際交流課）を4年間経験した。3校目で8年間勤務した後、4校目の新設準備に携わるなど、異例のキャリアを積み重ねてきた。 ・校内人事・職務経験：新任期の困難校において、厳しい現実を体験することにより、限られた環境の中でいかに自分の専門性が活かせるか、理想と現実のギャップの中から、英語スピーチコンテストの指導に活路を見出した。
研修	・校内研修：常に前向きな姿勢で参加しており、職能開発に対する効果意識も高い。 ・校外研修：海外派遣研修：①教職3年目に米国に3ヶ月間滞在し、調査・研究を行った。②教職11年目には米国の大学で約3週間研修を受けた。③教職20年目の英検協会主催による英国の大学における2週間の研修では、英語教授法の習得に加え、講師のプロ意識と専門性の高さに驚き、大きな刺激を受け、英語教員としての在り方を考えさせられた。 人事交流による知事部局（国際交流課）での勤務経験（4年間）：①知事訪問のＶＩＰへの接遇対応、②英訳等の業務を通じた力量形成、③県の国際交流事業の実体験、④国際的スポーツ大会等の職務に従事し、その関連で県の海外事務所（シンガポール、米国等）への出張の機会もあり、教育実践活動に還元可能な経験を積み重ねた。 民間企業（ホテル）での体験研修（6ヶ月）：直接専門分野と関わることはなかったが、世の中の仕組を理解するとともに、一般常識を実感することによって、自信を持って社会の生の声を伝えることができるようになった。また、人の見方・尺度・幅が広がるとともに、学校の閉鎖性を認識する一方で、教員の優秀性も実感した。 ・自主研修：大学等の公開講座を受講し、さらなる専門性の向上を図るとともに、異業種交流への参加による視野の拡大にも留意している。
その他	・出会い・出来事：教職に就いてからの様々な場面において、予期せぬ機会が与えられ、様々な経験を積んだ。 ・教職観・意識：①教える立場の者は、同時に、常に学ぶ姿勢を忘れてはならない。②仕事と私生活は別だが、自分にとってはどちらも欠くことのできないものである。③同一校での長期勤務は、惰性・傲慢につながりやすい場合もある。異動は大変であるが、自分を振り返る機会となる。④「理論は作られたものであり、実践は理論を超越する」という先輩教員の意見に影響を受けた。⑤何事も生徒を中心に考え、そのためであれば努力を惜しまない。 ・要望・提言：①専門性をさらに磨くような研修講座の実施が求められる。②研修に積極的に参加できるような条件整備（予算措置と機会提供）が必要である。 ・表彰後のキャリア：指導教諭、県教育委員会指導主事等を経て、県立学校校長。
類型	・校外研修（海外派遣研修、人事交流による一般行政研修、民間企業体験研修）＋異例の人事異動 ・専門職としてのプロ意識を基礎に置き、困難校においても活躍の場を見出し、専門性を発揮して活躍した。また、異例ともいえる人事上の措置により、派遣研修（海外派遣研修、知事部局での職務経験、民間企業での研修）の機会を数多く得た。その経験の蓄積によって、職能開発を促進するとともに、教育実践活動への還元によって成果の発現に至った。

II．インタビュー調査に基づく事例的考察

	G教員（女性、45歳、小学校、学習指導、2009.8.26）
実績	・表彰理由：①文部科学省指定の「学力向上拠点形成事業」研究指定校の研究主任、②隣接市町の指導教員（2年間）として示範授業や授業指導を担当した。
養成	・先天的素質・家庭環境：親から生き方を学んだ、ぶれない自分があるのは小学校以前に鍛えられたからである。何事に対しても簡単にはめげない、克服していこうという意識が形成された。 ・被教育体験・大学教職課程：短期大学時代、現場重視の教育方針から学校教育現場の見学機会が多く、その経験によって多大な刺激を受けた。県外私立短大出身。
選考	・採用選考：1回で合格、非正規教員の経験なし。
配置	・人事異動・職場環境：1校目9年間、2校目8年間勤務した後、市教委指導主事を4年間経験した。その後、教諭として学校現場に戻り、5年間勤務した。新任期には、ベテランの教員が自主的に指導にあたり、丁寧に具体的に教えてくれた。その時に学んだ具体を提示する指導の在り方は、現在に至る教職員生活のモットーとなっている。 ・校内人事・職務経験：ジョブローテーションとして、4年間の市教委指導主事（1年間社会教育課、3年間学校教育課）を経験した。その間、多くの学校を訪問することにより、学校経営や実践内容等の情報を収集した。
研修	・校内研修：自主的な校内研究が盛んで、先輩教員が丁寧に教えてくれた。研究指定校とそうでない学校とは、研修環境における格差があった。在任した学校は、研究指定校としての恵まれた環境ではなかったが、教員同士の研修は盛んであった。その中で、授業をつくる面白さ、認められることの面白さ、批判を含め評価してもらうことの面白さを実感した。先輩教員の熱心な指導が、自身の意欲の向上につながった。 ・校外研修：指導主事の時、中央研修（約3週間の管理職研修）に参加し、講義・レポート・討議等の交流によって、全国の教育の様子を把握することができた。それが契機となり、ものの見方や考え方が変わった。また、校長推薦と教委指名により、管理職候補者研修（市教委主催、内容は法規・事例研究等、月1回の開催頻度）に参加する機会を得た。 ・自主研修：近隣大学の研修サークル（月1回）に参加し、情報交換や交流を深めた。他方、異業種交流にも参加し、教員以外の方々と接する機会もあった。
その他	・出会い・出来事：様々な出会いにより、スランプや困った時、助けを求めるネットワークを有している点が自身の強みである。 ・教職観・意識：①若い先生方の課題に対し、具体的に提示して指導するよう努めている。②自己向上意欲はついてくるものであり、強制はしない。③人間性（学ぼうとする意志・克己心・忍耐力）がまず重要である。技術は後からいくらでも向上できる。 ・要望・提言：①学校という狭い世界では、視野を広げるための機会が限られており、学校という場だけで優秀な教員を育成するには限界があると考える。②意欲のある者を評価することが重要であり、教員一人ひとりの意欲・熱意をどう見出していくかが重要である。埋もれている人材を掘り起こすこと、そして、各学校現場に存在する能力のある教員を育てるための評価と研修のシステムが必要である。 ・表彰後のキャリア：小学校教頭を経て、校長。
類型	・校内研修（フォーマル、インフォーマル）＋校外研修（行政研修、中央研修）＋教育行政職の経験 ・現場重視の大学における養成段階を経て入職した。初任期の校内研修における先輩教員の指導を通じて、教職の基盤が形成された。その後も、様々な教育活動や職務経験によって実践的な指導力を身に付けていった。加えて、ジョブローテーションによる教育行政職（指導主事）の経験、中央研修への参加を通じた視野の拡大によっても、職能開発がより一層促進された。

\multicolumn{2}{|c|}{H教員（男性、44歳、中学校・理科、その他（道徳教育）、2009.8.27）}
実績	・表彰理由：心の教育の研究・実践、道徳の授業を中心に各教科・特別活動・総合等を横断的に関連させながら研究実践を推進した。地区のまとめ役、いじめ関連の実践報告等を担当した。
養成	・先天的素質・家庭環境：特記事項なし。 ・被教育体験・大学教職課程：自身が接した教員の影響もあり、中学校の時には教職に就くことを決めていた。加えて、学習塾でのアルバイトの経験からも教職意識が形成された。工学部出身。
選考	・採用選考：1回で合格、非正規教員の経験なし。
配置	・人事異動・職場環境：初任校8年間、2校目6年間（うち2年間は派遣研修）、3校目8年間の学校現場での経験を積んだ。とりわけ初任校では、管理職、教務主任、学年主任、その他の中堅教員が若手を引っ張り、目標とする存在であった。開かれた職場環境にあり、先輩教員との盛んな交流から教育実践に関するコツを盗む（学ぶ）機会が多かった。 ・校内人事・職務経験：初任校で生徒指導主事を担当するとともに、同和地区の困難校での職務を経験した。さらに、3校目でも研究主任、学年主任、教務主任を経験し、ミドルリーダーとしての力量を形成した。
研修	・校内研修：初任期の学校は、生徒指導に関する県研究指定校であった。当時は、学校ごとの研究が盛んな土壌・風土があり、特定教科に偏ることなく幅広い研究の機会があった。 ・校外研修：①教育系学部の出身ではなかったため、義務的研修についても貴重な話を聞ける機会であると認識していた。実践を踏まえた話は新鮮であり、職務の遂行に大変参考になった。②自身の職能開発に最も効果的であったのは、教職12年目からの大学院派遣研修であり、校長から応募について声をかけられた。心理・道徳・特別活動・生徒指導等の6名のスタッフによる集団指導体制は有効であり、専門的知識を獲得するとともに、学校教育を冷静かつ客観的に見ることにより、視野を広げる貴重な経験となった。 ・自主研修：大学院派遣研修を契機として、数多くの学会（心理学・道徳教育等）に入会し、研究活動を通じた職能開発に主体的に取り組んでいる。
その他	・出会い・出来事：初任校で影響を受けた先輩教員が次々と転出し、教職5年目には生徒指導主事を担当することになった。プレッシャーの中で職務に取り組んだが、当時の指導困難校での経験がその後の成長に結び付いた。 ・教職観・意識：①教職に就いてからの研修の充実や若手教員を育成していく環境作りは重要である。②「現状に満足しては、良い教育はできない」ことを念頭に置き、常に自己向上を心がけている。 ・要望・提言：教員として、人としての視野を広げられるようにする。視野を広げるための研修を企画・運営していくことが肝要である。学校という狭い環境の中では、社会の価値観とのずれが生じ、「お山の大将」や「井の中の蛙」になりがち。異業種や学識経験者の話を聞く機会が必要である。 ・表彰後のキャリア：市教育委員会指導主事、中学校教頭・校長を経て、教育事務所主席指導主事。
類型	・校内研修（フォーマル）＋校外研修（行政研修、大学院派遣研修）＋自主研修（学会での研究活動） ・初任期の職場環境及び職務経験によって、道徳教育に関する指導の基礎を培った。その後、大学院派遣研修によって専門的知識を獲得するとともに、学校教育に対する視野を広げるなどの付随的効果を得た。さらに、ミドルリーダーとしての職務経験を積みながら、学会における研究活動等の自主研修への精力的な取組によって、専門性と実践的の指導力をより一層向上させた。

Ⅱ．インタビュー調査に基づく事例的考察

	I教員（男性、44歳、中学校・音楽、部活動指導、2009.8.27）
実績	・表彰理由：吹奏楽部顧問として、県大会：1位3回、全国大会：グランプリ3回、金賞1回、銀賞1回の獲得に導いた指導実績。
養成	・先天的素質・家庭環境：特記事項なし。 ・被教育体験：大学教職課程：中学校時代の音楽の教員の影響により、合唱のピアノ伴奏を担当するようになった。高校時代もピアノに向かう毎日を過ごした。私立音楽大学出身。
選考	・採用選考：1回で合格、非正規教員の経験なし。
配置	・人事異動・職場環境：1校目の9年間は、吹奏楽部の顧問を担当していたが、特筆すべき活動はしていなかった。2校目に異動後の4年目頃から本格的に部活動指導を開始し、9年目で全国大会出場に至った。10年間勤務した後に異動した3校目は、1年間だけの勤務であり、専門性を生かした人事配置（3名の吹奏楽を専門とする教員間の「スライド交流人事」）によって、4校目となる現任校に着任した。 ・校内人事・職務経験：特記事項なし。
研修	・校内研修：フォーマル研修の効果意識はそれ程高くはなかった。OJTやインフォーマル研修の方が教員としての職務遂行に役立った。 ・校外研修：特筆すべき研修の経験はなかった。 ・自主研修：毎年5月に2泊3日の日程で開催されている民間企業Y社主催の「バンドクリニック指導者講習会」に勧誘され、自費参加することによって、指揮法・合奏法を学び指導の幅を広げていった。また、指導者間の交流によっても多大な影響を受ける機会となった。
その他	・出会い・出来事：同じ音楽専門の近隣高校の教員との出会いが、自身の職能開発にとって大きな契機となった。また、中学校で活躍している音楽の教員、吹奏楽連盟の理事らを目標として部活動指導を開始した。 ・教職観・意識：①コンクールの結果が全てではなく、音楽家を育てることを目的としているわけではない。②一般常識（あいさつ、規律、我慢・忍耐等の人間形成）の方がより重要である。③教員が本気で取り組む必要があり、きちんとした姿を見せることで生徒も変わってくるという信念を持っている。 ・要望・提言：採用選考の改善による優れた人材の確保に加え、専門性を活かす人事異動・配置は、教員の成長や教育成果の向上にとって非常に重要である。 ・その他：理想と現実のギャップ（入職当初は専門の音楽ができれば良いという考えでいたが、実際にはわずかな比重でしかなかった）により、3～4年目までは教職に向いていないと考え、辞めたいと思ったことや転職を考えたことが何度もあった。 ・表彰後のキャリア：教諭としての勤務を継続中。
類型	・自主研修（民間教育研究団体）＋適材適所への人事異動（スライド交流人事） ・教職13年目という比較的遅い時期から、本格的な部活動指導を開始した。生徒・保護者の熱意に応える指導に取り組みながら、民間企業の主催による研修会に参加するようになった。それが、その後の職能開発の契機となった。特例措置としての交流人事によって活躍の場が確保されたことも、部活動指導の顕著な実績に結び付いた。

	J教員（男性、36歳、小学校、特別支援教育、2009.8.27）
実績	・表彰理由：市内における特別支援教育の推進（支援法の視点の共有：ムーブメント教育（軽運動・認知学習・心の育ち））に関する研修講師・実践報告・校内研究・出前授業等の担当。
養成	・先天的素質・家庭環境：特記事項なし。 ・被教育体験・大学教職課程：教育系学部出身であり、ドイツの教育制度を専攻した。教職に就くことを決意したのは大学前半であった。
選考	・採用選考：1回で合格、非正規教員の経験なし。
配置	・人事異動・職場環境：1校目6年間、2校目4年間勤務後に内地留学（1年間）を経験した。研修後に肢体不自由学級の担任として、予定よりも1年前倒しで赴任したが、翌年には児童と一緒に肢体不自由学級の担任として異動となった。 ・校内人事・職務経験：新任期における先輩教員からの影響が大きく、①初任研の指導教員からは、教員としてのみならず、人としても多くのこと（修養の部分も）を学んだ。②体育主任時代には、体育指導のエキスパートの先輩から教えてもらうなど、尊敬する先輩教員の存在から多大な好影響を受けた。
研修	・校内研修：フォーマル及びインフォーマルの双方で教職の基礎・基本を学んだ。とりわけ、初任者研修の指導教員から、授業や学級経営の基礎を学んだ。また、図工や体育を専門とする先輩教員からも、実践的な指導方法を学ぶ機会があり、授業づくりの基礎を身に付けた。 ・校外研修：教職11年目の大学院派遣研修と教職17年目の内地留学制度による2回の長期研修（各1年間）を経験した。肢体不自由児教育の立ち上げ準備と、特別支援教育コーディネーターの養成を目的とした研修であり、ムーブメント教育に関する指導法・援助の手立てを学んだ。同じ大学の同じ指導教官であり、複数回も長期研修の機会があるのは稀なケースであった。 ・自主研修：近接領域も含め、大学等の公開講座を受講している。他方で、自主サークルやボランティア活動にも取り組んでいる。
その他	・出会い・出来事：子どもたちや先輩教員との出会い、職務に対する家族の理解があったからこそ、研修（特に内地留学）を通じたスキルアップに結び付いた。 ・教職観・意識：「現在の力量ではまだ足りないため、高い専門性を追求しなければならない」という謙虚さ、「仕事が忙しくなるのは学ぶ機会が増えることであり、自己を高めるチャンス」というプラス思考。子どもとの関わりでうまくいかない場合もあり、その時は悔しさ、申し訳なさを感じ、自分の枠を出て新しいものを求めていかないと苦しくなる。素晴らしいことは模倣したり、アレンジ・工夫したりといった応用が必要であり、現状に固執するとうまくいかないこともある。 ・要望・提言：トップダウンの研修だけではなく、タイムリーなフォローアップ（困っている時は相談にのり解決してくれる）としてのスーパーバイズ、コンサルテーション、情報の蓄積が求められ、欲しい情報を必要な時に得られるようにする必要がある。 ・表彰後のキャリア：市教育委員会指導主事を経て、課長。
類型	・校内研修（フォーマル）＋校外研修（大学内地留学）＋適材適所への人事異動 ・初任期の職場環境で複数の先輩教員から好影響を受け、職能開発の基盤を形成した。大学院派遣研修と内地留学の2回にわたる長期派遣研修を経験し、特別支援教育の専門性と実践的な指導力を向上させた。その後も、多様な自主研修を通じた職能開発に努めるとともに、適材適所への人事配置によって顕著な実績に結び付いた。

	K教員（男性、43歳、中学校・国語、生徒指導、進路指導、2009.8.28）
実績	・表彰理由：地域と連携を深めながら組織的に進める生徒指導（①組織的に校内で生徒指導を進めていく、担任を孤立させない体制づくり、②地域の教育力を活かした連携）の推進。
養成	・先天的素質・家庭環境：伯父と伯母が教員であった。 ・被教育体験・大学教職課程：教育実習での指導教員（信念を持って勉強されている方）の指導力・存在感に圧倒された。「教員に向いている」という一言に大きな影響を受けた。私立大学文学部出身。
選考	・採用選考：私立高校の非常勤講師を2年間経験。採用試験は4回目で合格となった。
配置	・人事異動・職場環境：1校目5年間、2校目8年間、3校目7年間の勤務を経験した。初任校では職場環境に恵まれ、多くの先輩教員や管理職に接しながら、生徒指導や部活動指導を実践的に学び、その指導力に近付きたいという意識が芽生えた。 ・校内人事・職務経験：生徒指導という担当分野が自分に合っていた。具体的な展開として、①問題行動への対応、②地域連携（生徒会中心、風通しを良くする）、③特別支援の視点からの生徒指導へと順次発展させてきた。
研修	・校内研修：初任者研修において、週3時間の校内研修を通じて、実践活動に役立つ多くのことを学んだ。周囲の各主任層や管理職との雑談の中からも、普段聞くことのできない裏技に関する情報を収集できた。生徒一人ひとりの理解が重要であることを学び、自分の流れを作ることができた。 ・校外研修：市教委主催の「カウンセリングマインドを活かした授業」という研修において、理論的知識の獲得に加え、他校（4～5校）の実践事例を具体的に学んだ。生徒指導の取組の改善に向けた重要な指針を得たという点において、自身の職能開発に最も役立つ経験となった。 ・自主研修：初任期からの10年間、国語教育に関する組合関係のサークルに参加し、教科指導に関する実践力を身に付けた。
その他	・出会い・出来事：2名の剣道の師範との出会いと交流によって、大学の不安定な時期における指針を得るとともに、教育者としてのあるべき姿勢を学んだ。 ・教職観・意識：「放置すると退化する」、「常に目標設定をしている」、「追いかけていないと気がすまない、怠けてしまう」という意識から、継続的な自己向上に努めている。 ・要望・提言：①先人（歴史に残る教育者（例：大村はま先生）、先駆者の業績）に学ぶ機会があれば良い。②教師とは何かを考える機会を設定し、使命感を刺激する研修であって欲しい。 ・表彰後のキャリア：中学校副校長。
類型	・校内研修（フォーマル、インフォーマル）＋校外研修（行政研修） ・初任期に目標となる上司や先輩教員からの影響を中心に、フォーマル及びインフォーマル双方の研修機会が充実していた。また、行政研修を通じて従来の指導方針を転換する理論的知識を獲得するとともに、他校の実践事例から多くのことを学んだ。さらに、サークルへの自主参加を通じて得た情報を基に、教育実践活動の不断の改善に努め、校内組織と地域との連携による生徒指導を推進した。

	L教員（男性、44歳、中学校・保健体育、部活動指導、2009.8.29）
実績	・表彰理由：部活動指導でホッケー部の監督として全国大会に5回出場、3名のU-16日本代表選手輩出。日本代表コーチとして3回、遠征事務局長として1回、海外遠征に参加するなどの実績。その他、教科指導においてインラインスケートの導入を推進。
養成	・先天的素質・家庭環境：好奇心旺盛で、それが教育現場へのスキーやインラインスケートの導入につながった。 ・被教育体験・大学教職課程：大学時代は陸上専門であり、表彰理由としてのホッケーとは全く縁がなかった。首都圏私立大学体育系学部出身。
選考	・採用選考：1回で合格、非正規教員の経験なし。
配置	・人事異動・職場環境：1校目7年間を過ごした生徒指導困難校においては、職員がチームとして一枚岩になって取り組む必要があった。そのような職場環境において、生徒指導や体育等の各分野において、尊敬できる3名の先輩教員の存在があった。2校目9年間、3校目7年間の勤務を経験した。 ・校内人事・職務経験：部活動指導として、陸上、水泳、新体操、柔道、バレーボール等の様々な競技に関わった。地元開催の国体の準備に伴い、市教委の委嘱によってホッケーに携わるようになった。学校での通常の職務に加え、ホッケー協会における役職も担当し、全国的な組織の運営も経験した。
研修	・校内研修：日常の職務遂行過程における実践的なOJTを中心として、先輩教員との交流を通じたインフォーマル研修の効果が高かった。 ・校外研修：①義務的研修は、参加に乗り気でない場合でも、行った後には良かったと思う。課題レポート等に関しては、勉強する良い機会となっている。②教職12年目に大学院派遣研修（体育指導）の機会を得た。これは、尊敬する先輩教員からの情報によって応募を決意するに至った。これまでに取り組んできたことの理論化、専門分野以外の幅広い知識・情報を吸収することができた。また、県の枠を超えし、全国各地の取組に学ぶとともに、地域間の学校文化の違いに驚いた。さらに、大学院指導教員の豊かな生き方（趣味・仕事へのスタンス）、他の院生との交流による付加的効果も大きく、職能開発における重要な契機となった。 ・自主研修：ホッケーをはじめとする未経験種目への挑戦には、自主研修と同様の取組が求められた。市からの依頼を受け、義務的な面もあったが、指導技術の向上に主体的に取り組んだ。オーストラリア・東南アジアへの遠征機会もあり、選手同様に大きな刺激を受けた。
その他	・出会い・出来事：大学院時代の出会い、ホッケーを通じた異種種・多業種の方々との付き合いにより、教育の枠を超えた人脈・ネットワークを形成した。 ・教職観・意識：①自身が優れているとは思っていない。打ち込めるものを発見し、実践を積み重ねてきただけ。②幅広く多様な競技種目への挑戦を常に続けてきた。実績が評価されたホッケーに関しては、それまでに経験のある陸上競技にしがみつくこともできたが、未経験の分野にチャレンジすることが苦ではなかった。③目の前で一生懸命頑張る生徒を応援したい気持ちが強かった。④後輩教員の育成にも配慮している。 ・要望・提言：①刺激を与え広い視野で物事を捉えるため、校種を超えた合同研修や都道府県の枠を超えた教員の交流機会、異業種との交流機会があると良い。②人員・時間ともに余裕がなく、こなすだけで終わっている現状の研修を改善する必要がある。 ・表彰後のキャリア：主幹教諭を経て、中学校教頭。
類型	・校内研修（インフォーマル）＋校外研修（行政研修、大学院派遣研修）＋校内外での多様な職務経験 ・初任期に模範となる先輩教員との出会いと交流を経験し、学校教育におけるチームワークの重要性を学んだ。また、大学院派遣研修では、理論的知識を獲得する直接的効果に加え、多大な付加的・波及的効果を得た。さらに、国体開催に伴うホッケーという未経験の競技種目に関わり、その後の自主研修を通じた職能開発により、教育実践活動の幅をさらに広げていった。

第7章 校内研修の効果に関する事例的考察

　校内研修の効果に関する統計的考察において、内容別・単位別・形式別に分類・区分した分析を行った。その結果を踏まえ、本章ではフォーマル及びインフォーマル形式の校内研修に大別した職能開発の事例について、インタビュー調査から得られた情報を詳述する。

第1節　フォーマル研修による職能開発

　本節では、インタビュー調査を実施した12名の優秀教員のうち、校内におけるフォーマル研修の効果意識が高い事例について、その具体的な態様を個別に明らかにする。

1. 初任校における研究活動の盛んな環境
　　：H教員（男性、44歳、中学校・理科、その他（道徳教育））

　H教員は、自身の被教育体験の影響から、中学生という比較的早い段階で教職をめざすことを決心した。大学は工学部に進んだが、教職課程の担当教員の研究室にも頻繁に通った。また、学習塾でのアルバイトの経験によっても、教職に対する意識が徐々に形成されていった。教員採用選考試験は1回で合格し、中学校・理科の教員として本務採用となった。

　赴任した初任校は、生徒指導に関する県の研究指定校であった。研究が盛んな環境にあり、特定教科に偏ることなく幅広い研究の機会があった。また、管理職をはじめ、教務主任や学年主任等の中堅層の教員はいずれも目標となる存在であり、若手教員を引っ張り、育成する環境が整備されていた。校内研修における

討議や授業の公開を積み重ねることによって、先輩教員から指導のノウハウに関する情報を得るとともに、自身の教育実践活動の質を向上させるための知識・技能を身に付けていった。

以上のとおり、初任校における研究活動が盛んな環境の中で、H教員は職務遂行上の幅広い知識・技能を習得していった。それは、校内研究における生徒指導という特定の研究テーマのみならず、その後の職能開発に結び付く幅広い分野の基礎的知識を培ったことが確認できる。また、研究指定校としてのフォーマル研修に加え、生徒指導主事の職務経験を積むことによって、理論と実践が融合した指導力を身に付けていった。

2．模範となる先輩教員からの実践的な学び
：J教員（男性、36歳、小学校、特別支援教育）

J教員は、教育系学部に進学し、その前半には教職に就くことを決意した。学生時代は、大学の研究会に所属し、ドイツの教育制度を専攻した。教員採用選考試験は1回で合格し、小学校の教員として教職生活をスタートした。

初任校では、模範となる複数の先輩教員との出会いを経験した。教員としてのみならず、人間的にも尊敬できる存在であり、交流を通じて多くのことを学んだ。具体的には、初任者研修の指導教員から、授業の方法・技術や学級経営を中心として、実用的な知識・技能を学んだ。また、図画工作に関する校内研修においては、造形活動（版画）を専門としている先輩教員から特殊技能を学び、授業づくりの基礎を身に付けた。さらに、体育主任を担当した時期には、体育指導のエキスパートである先輩教員から実践的な指導方法を学ぶ機会もあった。

以上のとおり、初任校において模範となる複数の先輩教員から、各分野・領域における具体的な指導方法を学ぶ機会に恵まれたことにより、J教員は実践的指導力を高めていった。また、謙虚に学ぶ姿勢によって、小学校の教員に必要な知識・技能に加え、その後の特別支援教育分野における職能開発の基盤を形成したことが確認できる。

第2節　インフォーマル研修による職能開発

　校内研修の統計的考察において、「先輩教員からの指導・助言」及び「子どもたちとのふれあい」をはじめとするインフォーマル研修の効果意識が高い結果が明らかになった。本節では、2つの研修項目に焦点を当て、効果意識の高い事例について、その具体的な態様を個別に明らかにする。

1. 先輩教員からの指導・助言
（1）インフォーマル研修への自発的・積極的な参加
　　：B教員（女性、37歳、中学校・国語、学習指導）

　B教員は、教職に就くことを推奨する母親の強い影響もあり、小学校の卒業文集で教職に就く意志を表明した。その後、地元の大学の文学部に進学し、家庭教師や学習塾で教える経験も積んだ。教育実習は、授業が成立しないような非常に荒れた学校で行ったが、教職をめざす意欲の減退は一切なかった。教員採用選考試験は難関であり、4回目の挑戦で合格となった。

　本務採用となるまでに、大学卒業後の1年目と2年目は週12時間の非常勤講師、3年目は常勤講師としての職務経験を積んだ。その時期から、インフォーマルな場面における教職員との付き合いにも自発的・積極的に参加した。非常勤講師時代には、自身の勤務時間外にも先輩教員の授業参観、学級活動や学校行事にも積極的に参加した。また、先輩教員に面倒を見てもらい、教育実践上の有益な情報を得る機会も多かった。3年目の常勤講師時代には、若い女性教員がはつらつと活躍している様子から、本務教員になりたい意識がさらに高まるとともに、教員間の交流を通じて現在に至る人脈を築いた。

　本務採用となった初任校では、学年主任を担当していた先輩教員から大きな影響を受けた。学年7クラス中、3年担任が初めての教員が4名もいる状況において、若い教員のエネルギーを大事にし、個性を引き出してくれた。生徒とのふれあいを重視し、学校全体のことよりも、まずはオリジナルな学級づくりを重視するよう指導を受けた。また、自身の指導が生徒に十分に伝わらなかった時にはカバーし、知らないところでフォローしてくれるなど、常に支えてくれた。そのお陰で、教員と

しての基本的な心得や実践的知識を学ぶことができた。

以上のとおり、教職への高い志と強い意欲から、B教員はインフォーマル研修に自発的に参加するなど、先輩教員と関わる機会を積極的に求めた。その交流経験を通じ、教育実践上の課題解決に向けた有益な情報を収集していたことが確認できる。学校内における人材育成は、フォーマルな場面のみならず、インフォーマルな場面においても数多く存在し、コミュニケーション活動を介して機能していることが理解できる。

（2）先輩教員によるコース運営のメンタリング
：D教員（男性、45歳、高校・保健体育、体育、保健、給食指導）

D教員は、高校時代にソフトボール部で活躍したが、最後の大会にチーム内の不祥事によって県大会出場を断念するという苦い経験をした。全国大会に行きたかったという悔しい思いもあり、大学での飛躍をめざして首都圏の大学に進学した。大学の前半から、自然に教職課程を履修するようになり、将来は保健体育の教員として、スポーツ指導者の道を歩むことを決意した。教員採用選考試験は1回で合格し、生まれ故郷の隣接県にJターン就職し、教職生活をスタートした。

本務採用となった学校は、「体育コース」を設置して2年目のスポーツ伝統校であり、地元開催の国体を控えて部活動指導の強化が求められていた。赴任当初、校長から「ソフトボール部の顧問として力を発揮して欲しい」という明確な目標設定を指示されるとともに、赴任直前に完成した専用グラウンドで歓迎された。

具体的な教育実践活動については、同じ保健体育科の陸上を専門とする先輩教員から多大な影響を受けた。専門の競技種目は異なったが、教員として、スポーツ指導者としての心得や指導方法を実践的に学んだ。また、中学生に対する勧誘の在り方、目標設定の仕方、特色づくりに向けた体制づくり、コース運営等の多岐にわたるノウハウを体験的に学んだ。校内におけるインフォーマル研修によって身に付けた基礎・基本は、教科指導、部活動指導及びコース改編にも着実に活かされ、その後の実績に結び付く土台となった。

以上のとおり、校長から学校教育目標の達成に向けた具体的な指示を受け、自身の重点課題に全力で取り組んだ。また、インフォーマルな場面における先輩教員からの指導・助言が、D教員の教職生活における指針となった。このような模

範となる先輩教員からの指導・助言は、メンター（Mentor）による対話を通じた人材育成・指導方法であるメンタリング（Mentoring）として捉えることが可能であり、メンティー（Mentee）としてのD教員の職能開発を促すものであった。

（3）ベテラン教員の謙虚な姿勢に学ぶ
：E教員（男性、39歳、特別支援学校、特別支援教育）

E教員は、高校時代に盲学校に関するテレビ番組の特集を見たことがきっかけで、教職に興味・関心を抱き始めた。やがて、「盲学校の教員になりたい」という希望が強くなり、大学は教育系学部に進学した。学生時代は、授業やゼミでの活動に加え、部活動やアルバイトを通じて多くの人々との交流に積極的に参加した。その後、非正規教員としての勤務経験を積みながら、教員採用選考試験は2回目で合格となった。

本務採用となった初任校（聾学校）では、子ども・保護者・地域社会との交流や各研修にも意欲的に取り組んだ。また、勤務校は研究活動に熱心に取り組むとともに、教員同士が学び合える雰囲気が醸成されていた。そのような環境の中に、複数の模範となる先輩教員が在職しており、中学校・体育の陸上専門のベテラン教員から特に大きな影響を受けた。

一般的に、定年退職の間際に特別支援教育諸学校に転入してくる教員は、「ゆっくりしたい」という理由によるケースも散見される。しかし、輝かしい実績を持つベテラン教員が、専門外の特別支援教育を基礎から謙虚に学ぶ姿を目にした。また、その教員の職務に対する取組、生徒に対する存在感、問題への毅然とした対応、醸し出す独特の雰囲気等は、どのように作られるのかに関心を持ち始めた。身近に接する中で、「言葉にできないほどのインパクト」を受け、自身も「そういう人間になりたい」という願望が芽生えた。

以上のとおり、マスメディアを通じて偶然目にした情報が、教員を志す大きな契機となった。また、何事にも積極的に取り組む姿勢に加え、初任校における同僚性の高い職場環境の中で、教職の基礎・基本を身に付けていった。さらに、模範となるベテラン教員との出会いと交流によって、謙虚な姿勢で教職生涯にわたり学び続けることの重要性を自覚し、持続的な職能開発に取り組む意欲を高める原点になったことが確認できる。

（4）教育困難校におけるチームワークの経験
：L教員（男性、44歳、中学校・保健体育、部活動指導）

　L教員は、高校時代の恩師の勧めと大学時代の教育実習の経験により、教職に就くことを決意した。教員採用選考試験は1回で合格し、中学校・保健体育の教員として教職生活をスタートした。

　赴任した初任校は、少年鑑別所に送り込まれる生徒や廊下を自転車で走っている生徒がいるような、典型的な教育困難校であった。生徒指導上の問題行動が噴出し、全職員が「一枚岩」となって教育実践に取り組む必要があった。多くの問題を抱える学校であったが、個性的で力量のある教員やチームとしての協働の雰囲気づくりをしてくれる先輩教員が在職していた。そのような環境の中で、先輩教員との交流を通じ、教育実践活動に関する多くのことを学んだ。その中には、体育の専門分野に関することのみならず、教職に必要とされる基礎的・基本的事項も網羅されていた。

　以上のとおり、L教員は初任の教育困難校において、全職員がチームワークを発揮し、生徒指導上の問題解決に向けて組織的に取り組む必要性を実感した。また、先輩教員からの校内におけるインフォーマル研修によって、教育実践に関する有用な情報を得た。これらの実践的なOJTによる原体験は、その後の教職生活の基盤になるとともに、新たな分野における職能開発にも大きな影響を与えた。

2．子どもたちとのふれあい
（1）児童の反応による授業改善と地域に根ざした教育実践
：A教員（女性、39歳、小学校、学習指導）

　A教員は、父親が小学校教員（後に校長）、母親が小学校の事務職員という家庭環境の中で、幼少期から本に囲まれて育った。高校時代には、医学部や理系学部を志望した時期もあったが、最終的には教員をめざして教育学部に進学した。大学時代は、授業やゼミでのフィールドワークを重ねることによって、理科教育の指導に関する示唆を受けた。また、3年生の時から教員採用選考試験に向けた取組を開始し、その甲斐あって1回で合格し、小学校の教員として本務採用となった。

初任期の頃から、校内におけるフォーマル研修に主体的な意識を持って参加した。各教科の校内研究への参加により、優れた教育実践に学ぶ機会にも恵まれた。その経験から、子どもたちの反応によって、理解を深めるための創意工夫を生かした授業展開に留意する必要性を感じた。それが契機となって、自身の授業実践を客観的に振り返り、その改善に向けた意識的な取組を積み重ねていった。その結果、子どもの変容を常に注視し、教育実践活動を柔軟に修正していくスタイルを身に付けた。

　他方、地域に根ざした教育を実践するため、勤務校が変わる度に、徒歩で学校周辺の地域巡りを行った。それは、地域の歴史的背景や自然環境を実感することによって、その地域で生まれ育った子どもたちに対する学習内容に活かすことを目的としていた。その考えに基づき、学習指導要領を通して教えるべき内容と、地域の子どもたちに特化した内容の両方を実践することで、学校の特色づくりに貢献した。

　以上のとおり、教職に就いて早い時期から、A教員は子どもたちとのふれあいを通して、省察による一連のサイクルを体得することによって、授業力を着実に向上させていった。また、自身の指導力向上のための多様な研修に、より一層積極的に取り組むようになった。その根底には、子どもたちの豊かな学びにとって、勤務年数や性別も関係なく、担任が一番身近で大事な存在という思いがあり、そのために進化を志向する教員としての使命感の存在が確認できる。

（2）子どもたちの体験的活動の創意工夫
　　：C教員（男性、40歳、小学校、その他（情報教育））

　C教員は、教員であった父親の影響もあって、高校時代には教職をめざすことを決意した。大学時代は、授業やゼミへの参加のみならず、様々な社会勉強や見聞を広めるため、部活動・サークル活動等にも積極的に取り組んだ。また、学習塾の講師として教える経験を通して、教職に対する意識が形成されていった。教員採用選考試験は1回で合格となり、中学校・理科の教員として教職生活をスタートした。10年間勤務した後、小学校へ校種変更・異動となり、情報教育を主に担当するようになった。

　赴任した地域は過疎化が進み、多くの若者が都会に流出してしまう土地柄であ

った。自然豊かな故郷の良さを実感する機会の乏しさが、学校の荒れや非行の増加にも影響しているのではないかと感じた。そこで、子どもたちに郷土愛を育むことに加え、環境問題を身近に考えさせる取組として、中学校に「ホタル部」を創設した。成虫の産卵からふ化へ、そして幼虫の成長の観察へと進み、最後には川に幼虫を放流するまでが活動の中心であった。その過程において、ホタル飼育に対する好奇心が高まっていくのを実感した。

以上のとおり、子どもたちとふれあいながら、体験的な学びの場を創り出す活動としての取組が開始された。豊かな心の成長と好奇心を駆り立てられた子どもたちの反応は、小学校に校種変更・異動となった後も継続して取り組む原動力となった。子どもたちと密接に関わることによって、教育実践活動に創意工夫する姿勢が形成され、教職観の確立や職能開発の取組にも影響を与えたことが確認できる。

第3節　フォーマルとインフォーマルの混合による職能開発

本節では、校内におけるフォーマル及びインフォーマル双方の研修に対する効果意識が高い事例について、その具体的な態様を個別に明らかにする。

1. 先輩教員が後輩教員を指導・育成する学校文化
：G教員（女性、45歳、小学校、学習指導）

G教員は、幼少期の家庭教育において、母親の強い影響を受けて育った。その厳しい躾によって、「人としての生き方」を学び、「何事に対しても克服していこう」とする意識が芽生えた。高校時代には教職の道を歩むことを決意し、近隣県の短期大学に進学した。教職課程における現場重視の教育方針から、学校教育現場を訪問・見学する機会が頻繁にあり、その経験の中で刺激を受けながら学生生活を過ごした。教員採用選考試験は1回で合格し、小学校の教員として教職生活をスタートした。

赴任した学校は、研究指定校のような恵まれた環境ではなかったが、教員間の自発的な校内研究が盛んであった。フォーマルな研修時のみならず、勤務時間外

のインフォーマルな場面においても、ベテランの先輩教員が時には「お節介」ともいえるほど懇切丁寧に指導してくれた。そのお陰で、各教科の指導や学級経営をはじめ、多岐にわたる教育実践活動に関する基礎・基本が身に付いた。また、教材の作成・提示の仕方をはじめ、授業改善の手法を具体的に学んだ。先輩教員の熱意が自身の意欲向上へとつながり、「授業をつくる楽しさ、認められることの嬉しさ、批判を含め評価してもらうことの面白さ」を実感するようになった。9年間にわたる初任校での勤務期間において、教材を具体的に提示して指導する経験を重ねることによって、授業力という教員としての最も重要な能力を向上させた。

　以上のとおり、フォーマル及びインフォーマルの双方における校内研修を通じた先輩教員の指導・育成により、G教員は実践的指導力を徐々に身に付けていった。同地区の全ての学校が同様の状況であったわけではなく、校内研修の環境面での学校間格差が存在していた。その点に関して、大学養成段階で身に付けた教職に対する高い意識に加え、熱心な先輩教員に育成される学校文化の中で、職能開発の基盤が形成されたことが確認できる。

2．先輩教員への憧憬とコミュニケーションによる「裏技」の伝授
：K教員（男性、43歳、中学校・国語、生徒指導、進路指導）

　K教員は、教育実習における指導教員との交流によって、本格的に教職をめざすことを決意した。その指導教員の何事にも信念を持って取り組む姿に圧倒されながらも、「教員に向いている」という自身の適性を認められた。その後、私立高校での2年間の非常勤講師を経験しながら、4回目の挑戦で教員採用選考試験に合格し、中学校・国語の教員として本務採用となった。

　赴任後、その年にスタートした初任者研修における週3時間の校内研修の機会を有効活用し、指導教員をはじめ管理職や先輩教員からも、実践活動に役立つ多くのことを学んだ。初任者研修の指導教員は、定年退職後の嘱託教員が担当であった。その研修の中で、通知表の書き方や学級経営の手法をはじめとした実践的内容を学んだ。また、輪番で担当した教頭や各主任からは、教員としての心構えや基本的事項に関する体系的な話を聞くことができた。各担当者から学んだ理論と実践の関連性については、職場環境に慣れて周囲を見渡せるようになった2学

期後半頃から、次第に気付くことができるようになっていった。

　管理職や先輩教員からは、インフォーマルな場面においても多くのことを学んだ。当時、学校の中心的役割を果たしていた先輩教員は、生徒指導や部活動指導をはじめとした実践的指導力が卓越していた。身近にいる模範的存在であると同時に、憧れの対象でもあり、自身もその指導力に「近付きたい」という強い願望が芽生えた。また、管理職や周囲の主任層の先輩教員との雑談の中からも、普段では聞くことのできない「裏技」に関する情報を収集することができた。特に生徒の問題行動への対応や保護者との関わりについて学んだことは、自らの教育実践にも活用した。さらに、初任校は何でも語り学び合える雰囲気があり、保護者・地域社会の協力体制も構築されていた。

　以上のとおり、初任期の校内におけるフォーマル研修の時間の確保によって、教職の基礎的・基本的事項を習得したことが、その後の指導力の向上に結び付いた。加えて、インフォーマル研修については、上司や先輩教員とのコミュニケーション活動によって、勤務校の課題に基づく実践的指導力を身に付けていった。また、若手教員の個性を伸長する自由闊達な職場環境や保護者・地域社会との良好な関係についても、その後の「地域と連携を深めながら、組織的に進める生徒指導」という優秀教員としての実績に連なる職能開発に多大な影響を与えた経緯が確認できる。

第4節　校内研修の事例的考察

　優秀教員の職能開発に関するインタビュー調査から、入職前の被教育体験、教職をめざす動機、大学での養成段階の取組、非正規教員の経験をはじめ、その過程は多様である結果が明らかとなった。他方、入職後の現職研修を通じた職能開発に限定した場合は、いくつかの共通するパターンの存在が確認できる。校内研修については、フォーマルかインフォーマルかの形式を問わず、特定個人からの影響の場合もあるが、その大半は複数の人物から、そして教員集団や学校組織からの影響によっても職能開発が促進されている状況が明らかとなった。

　本節では、インタビュー調査の結果から得られた職能開発の事例に基づき、優

秀教員が育成された校内研修の条件について考察する。

1. 良き指導者の存在
(1) 初任者研修の指導教員

インタビュー調査から、初任期の優秀教員は校内における良き指導者との出会いと密接な交流を経験している場合が多い結果が明らかとなった。フォーマル研修の指導者としては、初任者研修の指導教員が典型である。本研究の対象として、35歳から45歳までの年齢区分を設定したため、優秀教員は初任者研修が法制化された1988年前後に入職していることになる。全員が初任者研修を経験しているわけではないが、経験者からは指導教員からの指導・助言を通じた職能開発に対する効果意識を聞き取ることができた。

J教員は、授業実践や学級経営に不安な初任期に、「授業のハウ・ツーや学級経営の基本」を初任者研修の指導教員から学んだ。また、K教員も「通知表の書き方や学級経営の具体的手法」を学んだ。これらは、小手先のテクニックではなく、教員としての心構えや使命感を喚起する内容を含んでおり、信頼に基づく人間関係があったからこそ成立し、効果意識が高いことが確認できた。

初任者研修については、「新規採用された教員に対して、採用の日から1年間、実践的指導力と使命感を養うとともに、幅広い知見を習得させるため、学級や教科・科目を担当しながらの実践的研修（初任者研修）を行うこと」[1]とされている。職務の遂行に必要な事項に加え、プロの教員としての「使命感」、学級や教科等の指導に関する「実践的指導力」の育成が求められており、上述した内容は初任者研修の成功事例であるといえる。

(2) 校長・教頭等の学校管理職

企業か学校かに関わりなく、あらゆる組織にとって新人（初任者）は重要な経営資源であり、その指導・育成は管理職の手腕によって成否が左右される面が大きいといえよう。したがって、学校においては校長・教頭等の管理職の指導・育成能力が極めて重要であり、初任者の潜在能力を引き出すなど、その後の職能開発に重大な影響を及ぼす可能性がある。

赴任直後のD教員は、校長から重点的に取り組むべき課題について指示を受け

た。校長の学校経営ビジョンに基づき、期待される役割を具体的に示されたことにより、不安感なく学校や職務に適応し、教職生活の好スタートを切ることができた。また、赴任直前の専用グラウンドの新設という条件整備は、ソフトボール専門の教員に対する期待の表れであり、意欲や使命感の喚起にも多大な影響を与えたことが確認できた。

H教員については、生徒指導の研究指定校という職場環境において、「若手教員を引っ張り、育成する環境」を整備した管理職の下で初任期を過ごした。管理職のリーダーシップにより、協働的な学校文化が創られ、それが各主任層の教員を巻き込み、若手教員の指導・育成に有効作用したことが確認できた。

K教員についても、フォーマルな場面（校内での初任者研修）における教員としての基本的な心構えから、インフォーマルな場面（雑談）における教育実践上の「裏技」の伝授に至るまで、双方の場面で管理職とのコミュニケーション活動が活発であったことが明らかである。何でも語り学び合える雰囲気や自由闊達な職場環境が、職能開発に好影響を与えたことが確認できた。

以上のとおり、校長をはじめとした管理職と初任期の優秀教員の間には、職能開発のための良好な人間関係（垂直的交換関係）[2]の存在が確認できる。すなわち、上司の「期待」と初任期の優秀教員の「役割」という交換関係を通じ、「高い目標と挑戦→上司の理解と援助→目標達成→成功体験→成長欲求の強化→より高い目標と挑戦」という一連のサイクルとして認識できる。

（3）模範となる先輩教員

統計的考察において、校内における教員の職能開発にとって、先輩・同僚から成る教員集団からの影響が大きい点を指摘した。それは、勤務校における教育実践上の課題を共有し、その解決に向けた指導・助言を含む情報交換に対する効果意識の高さである。

インタビュー調査においても、初任期における先輩教員との関係から、その後の職能開発に大きな影響を受けたことが、多数の事例から明らかとなった。それは、単独・複数、直接・間接といった態様の違いはあるが、その時点で身に付けた意識は持続され、その後の行動に反映している状況が確認できた。

特定の先輩教員から受けた影響として、D教員は競技種目が異なる保健体育科

の先輩教員から、教員やスポーツ指導者としての基礎・基本やコース運営に関する実際的知識について、メンタリングによって体験的に学んだ。また、E教員は実績豊富なベテラン教員が、専門外の特別支援教育を謙虚に学ぶ姿勢に接し、強烈な衝撃を受けるとともに、接近したいという願望が芽生えた。

　複数の先輩教員から受けた影響として、J教員は「教員として、人間として尊敬できる」先輩教員から多くのことを学んだ。初任者研修の指導教員からは、授業のハウ・ツーや学級経営の基本を、図画工作や体育を専門とする教員からは、各教科の教材開発や実践的指導方法を具体的に学んだ。また、B教員は非正規教員時代から先輩教員から懇意にしてもらい、自らも交流の機会を積極的に求めることによって、教育実践上の課題に関する有益な情報を得た。本務採用後も、学年主任をはじめとした周囲の先輩教員に育成されたと自己認識していた。

　教員集団から受けた影響として、G教員は校内研究が盛んな学校で、ベテラン教員の懇切丁寧な指導を受け、授業力の基礎を身に付けた。H教員は、生徒指導の研究指定校という職場環境において、目標となる主任・中堅層の先輩教員から、生徒指導のノウハウをはじめ幅広い知識・技能を習得した。K教員は、嘱託の初任者研修の指導教員や先輩教員の優れた指導力に憧れ、自身もそのレベルに近付きたいという願望を抱いた。L教員は、初任の教育困難校において、個性的で指導力のある教員集団から、協働の重要性や教育実践活動に関する基礎的・基本的事項を学んだ。

　以上のとおり、先輩教員の人数や受けた影響に対する表現方法は様々であるが、良き指導者としての先輩教員との出会いと交流は、教員の職能開発にとって非常に重要な条件であり、教職生活の将来を左右するような重大な出来事である点が確認できる。優秀教員は、先輩教員から得た情報を基に、教育実践活動を模倣し始め、接近への努力を継続する過程で応用・発展させながら、次第に職能開発を遂げている。したがって、初任者研修の指導教員の担当に加え、インフォーマルな場面における指導・育成のキーパーソンの配置にも、最大限考慮する必要がある。

2. 教員同士が学び合う環境
(1) 研究が盛んな土壌

　一般的に、校内研修（研究）が盛んな学校は、組織が活性化されるとともに、教員の職能開発が促進されるといわれる。ただし、与えられた研究課題について、形式的な取組に終始する事例が存在するのも事実である。したがって、学校の抱える実践的な課題にいかに主体的に取り組むかによって、その成否が大きく左右されることになる。

　H教員は、生徒指導の研究指定校に赴任し、先輩教員との情報交換や授業公開に参画することによって、研究テーマに関する知識・技能を身に付けていった。また、研究に熱心に取り組む環境であったため、特定教科・分野に偏ることなく幅広い研究の機会を得た。校内研究を積み重ねることによって、職務の遂行に必要な理論的・実践的な知識・技能を次第に身に付けていった経緯が確認できた。

　他方、E教員の初任校は研究指定校ではなかったが、研究活動に熱心に取り組む環境であった。そして、教員同士が学び合う雰囲気が醸成されており、そのような環境の中で教職の基礎・基本を身に付けた。G教員の初任校も研究指定校ではなかったが、校内研究が盛んであった。その中で、ベテランの先輩教員から具体を提示する授業実践に関する指導を受け、授業力の基礎を身に付けた。

　校内研修に対する取組は、学校が直面している特定の課題の解決・改善に加え、教員集団の職能開発をめざすことに主眼が置かれる。インタビュー調査の事例からは、研究テーマに関する成果のみならず、教職に必要とされる幅広い内容を付加しながら学んだ状況が確認できた。校内研修は、教員集団が切磋琢磨して取り組む環境の中で、若手教員を育成する機能を有しており、その効果が非常に高いといえる。

(2) 同僚性の高い職場

　教員の職能開発過程において、同僚教員の支援や助言が重要な役割を果たすことがあらためて注目されている。そして、学校内の教員同士の協働関係や援助の重要性について、「同僚性（Collegiality）」という用語で表現される。その概念は、教員の職能開発が個人的な過程というよりも、むしろ共同的な過程であることが理解できる。

インタビュー調査においても、優秀教員が個人の努力だけで職能開発を遂げたという事実は皆無であり、フォーマルかインフォーマルかといった形式に関わらず、初任期の職場環境の中で育成されたという意識が非常に強い結果となった。したがって、校内研修は教員の職能開発にとって有効な手段であり、同僚性を基盤とした継続的な取組により、研修効果が高まるとともに、学校組織の活性化と教育目標の効率的な達成が期待できる。

しかしながら、校内研修が職能開発に有効であると認識されながらも、日常の職務に追われる中でフォーマルな研修時間の確保が難しく、そのため形式的にこなすだけになってしまうケースが多いのも実情である。また、教職の個人主義化（私事化）や職場の人間関係の希薄化が進行しており、コミュニケーションを通じた同僚性の構築が困難になりつつある状況の悪化も懸念される。

そのため、校外における行政研修や派遣研修等の成果についても、校内における他の教員と共有しない、あるいはできない状態となりがちであり、同僚性の構築の度合いによっては、波及効果が限定的となりかねない状況にある。その意味においても、校内研修の意義や役割は今後さらに高まることが予見される。

3. 前向きな意識・姿勢・態度

良き指導者と教員同士が学び合う環境という両方の条件が満たされたとしても、優秀教員自身に向上意欲がなければ、その職能開発の過程は異なっていたに違いない。インタビュー調査の結果からは、校内研修を通じた優秀教員の職能開発において、いくつかの特徴が確認できた。

まず、優秀教員はフォーマル及びインフォーマルの双方の場面において、校内研修に主体的・積極的に参画している点である。それは、校内研修に限ったことではないが、学校の教育課題と自身の研修ニーズに基づく内容について、能動的姿勢で取り組み、その成果を教育実践活動に有効活用している。

次に、上司や先輩教員からの指導・助言を謙虚に受け入れている点である。良き指導者であったから、教職に就いて間もない初任期であったからこそ、素直に従ったという向きもあろう。人間は誰でも、自身の知らないことや弱点等に関する指摘を受けると、拒否的な感情を抱くのが常である。肯定的な点のみならず、時に

は厳しく否定的な指導・助言を受けた経験もあろうが、優秀教員はそれを冷静かつ謙虚に受け止める傾聴的態度が備わっていたといえよう。

また、校内研修を通じた優秀教員の職能開発は、お手本としての先輩教員の模倣から始まり、それを試行錯誤しながら応用・発展させる過程を経て、やがて独自の型を確立するに至っていると認識できる。模倣のためには、先輩教員の様々な場面での教育実践活動を観察する必要がある。優秀教員は明確な課題意識に基づく観察を行っており、その能力が高いと考えられる。

さらに、優秀教員は教育実践の試行錯誤を繰り返す過程において、自身の活動を冷静に振り返り、改善点を具体的に探るとともに、その修正を図りながら指導力を高めている。すなわち、児童・生徒を中心に据えた教育実践を通じ、「活動の中の省察 (Reflection in Action)」と「活動に基づく省察 (Reflection on Action)」の「二重のループ (Double Loop)」から課題解決を図る「反省的実践家 (Reflective Practitioner)」[3] としての職能開発であると認識できる。

第5節　本章のまとめ

優秀教員の職能開発における校内研修の効果について、インタビュー調査の結果に基づく事例的考察から得られた知見を整理すると、以下の点を指摘することができる。

第1に、校内研修は初任期における教職の基礎・基本を身に付ける上で、重要な役割を果たしていることが明らかになった。校内研修による基盤の形成によって、将来の職能開発に好影響を与えていることが確認できた。したがって、初任者研修は当然のこととして、非正規教員を含めた若手教員に対する校内研修体制の構築は、教職生涯にわたる職能開発にとって極めて重要な課題として認識する必要がある。

第2に、校内研修の効果意識に関するフォーマル及びインフォーマルの比重は個別に異なるが、育成された職場には共通的な特徴が存在した。それは、「良き指導者」との出会いと交流、教員同士が学び合う「同僚性」の高い職場、という2点であった。入職後の早い時期に、これらの環境に恵まれているか否かは、教

職生涯を通じた職能開発に多大な影響を及ぼしていると認識できる。したがって、個別学校における校長が中心となった学校文化づくりとともに、ミドルリーダーが中心となった若手教員に対する指導力の発揮という観点が非常に重要となる。

　第3に、職能開発を促進する「良き指導者」とは、フォーマルな場面における初任者研修の指導教員や研究主任であり、インフォーマルな場面においては、主任等を担当している先輩教員である場合が多数であった。両者の影響は多大であり、入職間もない優秀教員の個性に応じた的確な支援が行われ、職能開発の基盤が形成されたという意識が示された。すなわち、コーチングを含むメンタリングの機能として捉えることが可能であり、先輩教員がメンティーであった優秀教員の状況や個性に対応した適切な指導・助言を行い、その結果としての職能開発の促進に対する効果であると認識できる。

　第4に、校長・教頭等の管理職についても、優秀教員の職能開発に直接的・間接的な影響を与えていた。日常の職務に関する個別・具体的な指導・助言に加え、学校のビジョン・ミッションの共有化・具現化を図る過程においても、各教員の役割や職務内容を明確化することによって、職能開発に向けた動機を高める機能を果たしていた。したがって、教育活動の組織化を先導する校長をはじめとした管理職の職能開発は、校内における人材育成にとって必要不可欠な条件であるといえよう。

　第5に、優秀教員は、校内において教員同士が学び合う、同僚性の高い職場環境で育成されたという意識が非常に強い。同僚性の構築は、活発なコミュニケーション活動を介し、教員個人や学校組織の潜在能力を引き出すとともに、学校の抱える課題の解決にも貢献している状況が確認できた。近年、職場環境の変化に伴い、同僚性を構築することの困難さが指摘されている点において、最大の要因となっている多忙化の軽減・解消に向けた取組は職能開発を促進するための重要な課題となる。

　第6に、優秀教員は、高い専門性や卓越した指導力を身に付けるための、前提となる能力が高い。すなわち、校内研修に取り組む前向きで積極的・主体的な態度であり、上司や先輩教員の指導・助言に対する傾聴の姿勢を身に付けている点である。また、明確な課題意識に基づく自他の観察力に優れ、教育実践活動の

省察を通じた解決・改善のサイクルを形成していることが確認できた。したがって、特に初任期においては、校内における「研究」以上に、人間性を高めるための修養を含む「研修」の意義を踏まえた対応が肝要であるといえよう。

【註】

1 教育公務員特例法第 23 条（初任者研修）が根拠法となっている。詳細については、文部科学省ホームページ「初任者研修」を参照されたい。
  http://www.mext.go.jp/a_menu/shotou/kenshu/1244828.htm（2019 年 3 月 1 日最終閲覧）
2 若林満・南隆男・佐野勝男（1980）「わが国産業組織における大卒新入社員のキャリア発達過程－その継時的分析－」慶應義塾大学産業研究所『組織行動研究』6、5-131 頁において、大卒男子新入社員 85 名を対象として、直属上司との垂直的交換関係とキャリア発達の関係を明らかにする研究が行われている。その結果、初任期の直属上司との良好な関係が生涯にわたるキャリア形成に重大な影響を与えることが実証された。
3 「反省的実践家」に関する研究は、1983 年米国でのショーン（Schön, D. A. The reflective Practitioner. How Professionals Think in Action, Basic book）において、新たな専門家像としてのモデルが提示されて以降、理論的・実証的な研究が進められている。教育学に関しては、秋田喜代美（1996）「教師教育における『省察』概念の展開」教育学年報 5、世織書房、451-467 頁が代表的な研究として挙げられる。

第8章 校外研修の効果に関する事例的考察

　校外研修の効果に関する統計的考察において、都道府県教育センター等の直接運営方式による行政研修と外部委託方式の派遣研修に大別した分析を行った。その結果を踏まえ、本章では行政研修と派遣研修を通じた職能開発の事例について、インタビュー調査から得られた情報を詳述する。

第1節　行政研修による職能開発

　行政研修の参加形態が義務的・強制的である場合が多いことから、職能開発の効果意識が低下する傾向にある点を指摘した。本節では、行政研修に対して高い効果意識を有する優秀教員の職能開発の事例について、その具体的な態様を個別に明らかにする。

1．プラス思考による行政研修への参加
　　：B教員（女性、37歳、中学校・国語、学習指導）

　B教員は、非正規教員の時からインフォーマル形式の校内研修に積極的に参加し、教育実践上の課題解決に関する多くの情報を得た。また、先輩教員の支援により、学級経営をはじめとする教職の基礎的・基本的な知識・技能を身に付けた。

　他方、校外における行政研修にも前向きな姿勢で参加した。初任者研修と5年経験者研修等を終え、教員としての職務経験を重ねるにつれて、校内における分掌上の役割も大きくなっていった。次第に多くの担当職務を抱えるようになり、多忙な毎日を過ごす中で、自ら学ぶことによって解決・改善すべき課題も増えていった。そのような時期に迎えた10年経験者研修では、義務的研修であったとしても、

自身で勉強する時間が確保できない状況の中で、「教えていただけるのはありがたいこと」であり、貴重な機会であるとプラス思考で捉えて参加したことにより、期待以上の効果を実感した。

さらに、教育事務所主催による行政研修として、管内の若手教員を育成するための授業改善研修に教職5年目から10年目まで参加した。年5回程度の頻度で開催され、同地区の教員2名による示範授業を参観し、指導案に基づく授業実践を行うという内容であった。その研修経験によって、授業展開の手法を確立することができたという点において、自身の職能開発にとって最も役立つ研修であったと評価している。

以上のとおり、法定・悉皆を含む行政研修をプラス思考で捉え、前向きに参加する姿勢から、より多くの収穫を得ることによって研修の効果を高めている状況が確認できる。また、初任期から中堅期にかけての若手教員の授業力向上という実践的課題に対し、教育行政（教育事務所）が積極的に乗り出しており、B教員がそれを肯定的に捉え、機会を有効活用した結果が職能開発に結び付いた事例である。

2．学び取る意欲と柔軟な思考による吸収
：D教員（男性、45歳、高校・保健体育、体育、保健、給食指導）

D教員は、首都圏の大学を卒業後、即採用となって教職生活をスタートした。校内研修では、メンターとしての先輩教員からマンツーマンで教育実践活動を体験的に学ぶ機会に恵まれた。

他方、校外研修では、講師経験のないまま本務採用となったため、義務的な行政研修の参加に際しても、常に「何かを学びとろう」という強い意識を持っていた。本務採用以前に「講師経験があったなら、研修に対する意識も多少違っていたかもしれない」が、当時参加した全ての研修において、「新鮮な驚き」を感じるとともに、大いに「勉強になった」と実感した。また、「若くて頭が柔らかかった」ため、多岐にわたる研修内容を吸収することができた。とりわけ、新規採用者研修において「専門は専門におぼれる」という受けた忠告を今でも鮮明に記憶している。それ以来、技術的な進歩に追い付いていくためにも、「常に新しい知識・技能を学

び、生徒に伝えていくのは教える者にとっての義務である」というポリシーに基づいて行動してきた。

　以上のとおり、初任期の校内外における研修の機会をプラス思考で捉え、前向きに参加することによって研修効果を高めている状況が確認できる。D教員の研修に対する意欲や姿勢は、知識・技能の習得を促進するとともに、教育実践活動への還元を通じた研修効果の拡大にとって不可欠な要素である。現状を自明視することなく、常に最新の情報を収集・伝達していこうという意識が職能開発の取組につながった事例である。

3．行政研修における実践事例からの学び
：K教員（男性、43歳、中学校・国語、生徒指導、進路指導）

　K教員は、校内における初任者研修の時間を有効活用することによって多くの収穫を得た。また、インフォーマル研修においても、上司や先輩教員とのコミュニケーション活動を介し、教育実践活動に関する有益な情報を収集しながら、指導力を徐々に高めていった。

　他方、教職7年目から市教委主催の「カウンセリングマインドを活かした授業」という研修を受講したことが、自身の職能開発に最も役立つ経験となった。当時は、生徒指導面において厳しく指導するのが良い教育であり、一人ひとりを理解することは甘過ぎるといった否定的な風潮が存在していた。自身もその考えに基づいて行動していたが、市教委の教育相談班に加入して研修に参加する機会を得た。研修プログラムへの参加によって、カウンセリングに関する理論的な知識・技能を獲得するとともに、市内の他校（4～5校）における具体的事例からも生徒指導上の手法を実践的に学んだ。

　それが契機となって、生徒指導の在り方に対する考え方や自身の教育実践活動に大きな変化がもたらされた。また、生徒指導の実践に関する重要な指針を得たことで、より広い視野で取り組むスタイルを確立するに至った。その結果、「子どもたちをどう理解しながら、どうはたらきかけていくのか」といった視点とその重要性を踏まえ、校内における組織的対応や地域の教育力を活かした生徒指導の改善・充実に結び付けていった。

以上のとおり、任意の行政研修への参加を契機として、生徒の見方や接し方をはじめとした従来の発想や指導方法の転換を図ることによって、教育実践上の成果を挙げていった。当時の教育現場における一般的な風潮や常識を絶対視することなく、新たな知識・技能を吸収しようとする積極的な姿勢と現状に固執しない柔軟な思考こそが、研修効果を高めるとともに、その後の職能開発に結び付く要因になっていると認識できる。

第2節　派遣研修による職能開発

校外研修の統計的考察において、大学院派遣研修を筆頭にした派遣研修の効果意識が最も高い点が明らかになった。本節では、派遣研修に対して高い効果意識を有する優秀教員の職能開発の事例について、その具体的な態様を個別に明らかにする。

1.　得意分野の伸長と全国・海外への視野の拡大
　：A教員（女性、39歳、小学校、学習指導）

A教員は、校内におけるフォーマル研修に加え、児童を中心に据えた教育実践活動を通じて、授業力の向上と改善のサイクルを確立していった。他方、派遣研修の機会に恵まれ、多様な能力を付加することによって、実践的指導力をさらに高めていった。

まず、教職5年目に県立教育センターの長期研修を経験した。1年間の研修経験によって、初等理科教育に関する専門性を高めた。そして、教材研究・開発－授業設計－実施－評価－改善の一連の手順を身に付け、授業改善の手法を確立した。また、他校種（中学・高校）の教員との交流によって、視野を広げるとともに、人的ネットワークも拡大させた。その後も、県立教育センターの研究協力員としての活動に加え、理科専科という職務経験によって、得意分野の指導力を一層高めていった。

次に、教職11年目には校長から応募を勧められ、教員研修センターにおける「教育情報化推進指導者養成研修」（中央研修）を経験した。14日間という短い期間

であったが、情報教育に関する最先端の情報収集に加え、全国各地からの参加者との交流も深めることができた。その翌年の教職12年目には、市立教育研究所の研究員として、半年間の情報教育に関する長期研修を経験した。これらの情報教育に関する研修成果については、情報主任・校内研修主任の担当をはじめとした校務分掌上の役割を通じて還元に努めた。

さらに、教職14年目には、独立行政法人となった教員研修センター主催の短期海外派遣研修として、16日間の日程でニュージーランドの学校を視察した。その経験は、現地の教育事情に関する理解を深めるだけでなく、日本の教育の在り方についてあらためて考える機会となり、勤務校における国際理解教育の実践にも活用した。

以上のとおり、入職時から得意としていた理科教育について、派遣研修を通じて専門性を伸長するとともに、校内における教育実践活動への還元に努める中で、実践的指導力を高めていった経緯が確認できる。また、情報教育に関する専門性を付加することによって、校内での役割の幅をさらに広げ、次第に指導的役割を担うようになった。「立場に応じた様々な研修会や自己研鑽を積み、自分自身を育てる」ことを念頭に置いた自己向上意欲に基づく職能開発であると認識できる。

2．研修成果の教育実践活動への還元
：E教員（男性、39歳、特別支援学校、特別支援教育）

E教員は、初任校における教員同士の学び合う職場環境の中で、教員としての基礎・基本を身に付けた。また、模範となるベテラン教員の謙虚に学ぶ姿勢や実際の指導場面における圧倒的な存在感に接することによって、自身の向上意欲の源泉となる多大な好影響を受けた。

他方、派遣研修の機会を通じても多くのことを学んだ。まず、教職4年目には県独自の事業である海外派遣研修に参加した。米国（サンフランシスコ、ロサンゼルス）の聾学校において、1ヶ月にわたり障害の認識・受容を中心とした研修を経験した。そこで学んだ知識・技能は、勤務校の教育課程・内容の改善案の基礎となった。

その後、2年間の大学院派遣研修によって、自身の職能開発に最も役立つ経験

を積み、教育力・研究力を強化した。海外派遣研修で学んだ障害の受容という内容に加え、手話法をはじめとした新たな知識・技能も習得した。さらに、大学院在学中には、国際学会への参加の機会を利用し、スウェーデンの教育機関を1週間にわたって視察する経験も積んだ。

　以上のとおり、初任期に尊敬する先輩教員の後ろ姿に学び、その後の職能開発の基盤が形成された。また、海外と大学院における派遣研修では、明確な目的意識によって課題を追究するとともに、新たな知識・技能を着実に身に付けていったことが確認できる。研修成果の還元を図りながら、教育実践活動を通じた新たな課題設定に結び付ける相互作用によって、持続的な職能開発に連なるサイクルが形成された。

3．多様な派遣研修による教職キャリアの形成
　：F教員（女性、42歳、高校・英語、学習指導）

　F教員は、両親が教員という家庭に生まれ育ったが、大学の途中までは民間企業への就職を考えていたため、教職をめざす決意をしたのが教育実習後という比較的遅い時期であった。大学時代の約3分の1は米国で過ごし、多岐にわたる異文化体験に加え、英語の専門性を身に付けた。教員採用選考試験は1回で合格し、高校・英語の教員として本務採用となった。

　赴任した初任校は教育困難校であったが、厳しい現実を体験したことにより、限られた環境の中でも専門性を発揮することが重要であると自覚し、英語スピーチコンテストの指導実績を残した。その後、校長の導きもあり、異例の人事異動と研修経験を重ねることとなる。

　校外研修については、教職3年目に県の海外派遣研修として、米国に3ヶ月間滞在し、姉妹校提携の可能性を探る調査・研究を行った。その経験は、英語教育をレベルアップする必要性を実感する契機となった。

　その翌年には、人事交流による県の知事部局（国際交流課）に出向・配属となった。4年間の勤務によって、知事訪問のVIPへの接遇対応、英語の通訳・翻訳、国際交流事業の実務、国際的スポーツイベントの一環としての県海外事務所（シンガポール、米国等）への出張等の経験を積み重ね、多様な能力を身に付

けていった。

　学校教育現場に復帰後の教職11年目には、県の派遣により米国の大学で約3週間の研修に参加した。その経験は、英語教育の指導に関する専門性をより一層高める機会となった。

　また、新設校の開校準備を担当した年には、民間企業（ホテル）での研修も体験した。6ヶ月の研修期間中は、専門分野に直接関わることはなかったが、「人の見方・尺度・幅を広げる機会」となった。また、「世の中の仕組」をより深く理解できるようになり、一般常識の重要性を強く実感した。その経験によって、自信を持って「社会の生の声」を伝えることができるようになった。職場環境に関する比較を通じ、学校の閉鎖性を認識する一方で、教員の優秀性も実感することができた。

　さらに、英語検定協会主催による英国の大学における2週間の研修を経験した。その中で学んだ英語教授法のみならず、講師のプロ意識と専門性の高さに驚き、英語教員としての在り方に大きな刺激を受けた。

　以上のとおり、入職後の複数にわたる派遣研修の機会を活用し、英語教員としての不断の職能開発に取り組んだ経緯が確認できる。その意欲の源泉は、「何事も生徒を最優先に考える」姿勢であり、専門職としてのプロ意識や専門性の向上に対する強い信念であった。また、多様な研修機会を得るには、F教員自身の意欲や能力は当然に認められるが、その将来性を見込んだ勤務校の校長らによる特段の計らいがあったことも認識できる。

4．大学における2度の長期派遣研修
：J教員（男性、36歳、小学校、特別支援教育）

　J教員は、初任期の校内における先輩教員との交流によって、教員としての基礎的・基本的事項を幅広く学んだ。その後、学級経営や保護者との関わりがうまくいかない経験をしながらも、普通学級における教育実践活動の幅を次第に広げていった。

　教職11年目には、肢体不自由学級の立ち上げ準備のため、内地留学制度による大学での研修を経験した。1年間の研修後、小学校の特別支援教育（主に肢体不自由）の担当となった。その後も、小学校の肢体不自由学級の担任としての職

務経験を積むことによって、実践的指導力を高めていった。

教職17年目には、特別支援教育コーディネーターの養成を目的として、前回の内地留学と同じ大学の同じ指導教員の研究室において、再度の長期派遣研修を経験した。具体的には、ムーブメント教育に関する指導法・援助の手立てを学び、学校教育現場への復帰後には、特別支援学級と教育相談コーディネーターの担当としての職務に取り組んだ。また、校内のみならず、市内の各学校における校内研修の講師等の活動を通じて特別支援教育を推進した。

以上のとおり、2度にわたる大学での長期派遣研修という希少な経験によって、特別支援教育のスキルアップを達成した。また、研修修了後の適材適所への人事異動・配置によって、職務に直接還元することが可能となり、様々な実績に結び付けていった。高い専門性の追求と多忙ささえも学ぶ機会と捉えるような、プラス思考による向上心が結実した職能開発であると認識できる。

第3節　行政研修と派遣研修の混合による職能開発

本節では、行政研修に対する前向きな参加姿勢によって効果を高めるとともに、派遣研修を通じた個性の伸長と得意分野の形成という双方の混合による職能開発の事例について、その具体的な態様を個別に明らかにする。

1．研修機会の有効活用と費用対効果の自覚
：C教員（男性、40歳、小学校、その他（情報教育））

C教員は、大学卒業直後に中学校・理科の教員として本務採用となり、教職生活をスタートさせた。子どもたちの体験活動を重視した取組に加え、保護者や地域社会との交流にも留意した教育実践活動を積み重ねながら、指導力を次第に高めていった。

他方、義務的な行政研修を前向きに捉えることによっても多くの収穫を得た。赴任した地域は組合活動が盛んであり、官製研修に対する反発が存在した。自身は組合活動に関わらなかったものの、組合色の濃い学校文化の中で教職生活を過ごした。そのような環境において、自分自身の能力を高めるためには、義務的であっ

ても与えられた研修に頼るしか方法がなかった。参加の度に収穫が得られたため、費やしたエネルギーは決して無駄にはなっていないことを感じた。教職経験を重ねるにつれて、次第に世の中の仕組や研修システムも理解できるようになり、研修の実施には多額の予算を要しているという自覚が芽生えた。そのため、学ぶ機会を大切にしなければならないという意識が一層強くなった。また、研修が無駄であるなどとは、受講する立場の者が言えないという謙虚な姿勢を持ち続けていた。

その後、複数の派遣研修への参加機会を得ることによって、職能開発に対する大きな影響を受けた。まず、教職11年目の中学校から小学校に校種変更・異動となった年に、教員研修センターにおける「教育情報化推進指導者養成研修」を受講した。2週間の研修期間で最新情報に基づく専門的知識・技能を習得し、市内4校の情報教育推進担当としての職務を通じた研修成果の還元に努めた。また、教職14年目の県立教育センターにおける長期研修は、情報教育を専門分野として開拓した自身の職能開発にとって最も大きな効果を実感した。1年間の研修経験により、課題意識の明確化が図られるとともに、より高次の目標設定による持続的な職能開発へと進展していった。

以上のとおり、行政研修に対する否定的な職場環境にあっても、周囲に流されることなく、自己向上の好機であると肯定的に捉えるとともに、成果を着実に積み重ねていった。また、研修の費用対効果を認識し、還元を図ろうとする前向きな姿勢が、研修効果の拡大をもたらした。さらに、情報教育に関する中央研修や県立教育センターにおける長期研修の経験によって、情報教育に関する専門性を向上させるとともに、校務分掌上の役割を通じた成果の還元によって顕著な実績を積み重ねた。

2. 教育行政職の経験と中央研修による視野の拡大
：G教員（女性、45歳、小学校、学習指導）

G教員は、被教育体験や大学養成段階において、教職に対する高い理想を形成した。また、入職後の校内におけるフォーマル及びインフォーマル研修を通じ、先輩教員が若手教員を育成する環境の中で、優秀教員の基礎となる授業力を向上させていった。

他方、教職18年目から4年間にわたり、ジョブ・ローテーションとして市の教育委員会事務局の指導主事を担当した。その間の勤務は、学校教育のみならず、社会教育にも携わることによって視野を広げる機会となった。また、各学校の訪問や職務上の情報を通じて、その後の教育実践活動の参考になる多くのことを学んだ。さらに、教育委員会の指名により、教員研修センターにおける中央研修に参加した。約3週間の研修において、講義・レポート・討議等によって学んだ直接的効果に加えて、参加者間の交流を通じて全国各地の学校教育の様子を把握する間接的効果も得ることができた。その経験が契機となり、「ものの見方や考え方が変わった」ことを実感した。

　その後、学校教育現場に教諭として復帰し、再び教壇に立って子どもたちと向き合う日々を過ごした。また、研究主任や研修会の講師等の経験も積み重ねながら、授業力をはじめとした指導力を一層向上させていった。さらに、校長の推薦によって、市教委主催の管理職候補者に対するリーダー研修を受講する機会を得た。それは、勤務時間内の行政研修であり、月1回の頻度で開催された。主要な内容は、教育法規や事例研究等であり、学校経営の実務に関する知識を体系的・実践的に学ぶ機会となった。

　以上のとおり、校内研修を通じて教職の基礎が形成されるとともに、校外研修によって一層の発展が図られた。また、教育行政職や中央研修の経験によって視野を広げるとともに、学校現場への復帰後はジョブ・ローテーションの成果を発揮した。教育実践活動がより豊かで高いレベルとなり、「思考を揺さぶり、知を創造する授業」に結び付けていった。教頭に昇任後も、若手教員の指導・育成に積極的に関与している状況から、研修の効果が持続・拡大していることが確認できる。

3．教育実践活動に関する情報収集と理論的知識の獲得
：H教員（男性、44歳、中学校・理科、その他（道徳教育））

　H教員は、初任校における研究活動の盛んな環境の中で、特定の研究テーマのみならず、教職に関する幅広い知識・技能を習得した。その経験は、持続的な職能開発を促す基礎になったことが確認できる。また、困難校における生徒指導主事の職務経験によっても、実践的指導力を高めていった。

他方、行政研修や派遣研修の経験からも多くの収穫を得た。まず、行政研修については、教育系大学の出身ではなかったこともあり、義務的な行政研修の参加に際して、「教育に関する専門的な話を聞ける貴重な機会」であるとプラス思考で捉えていた。実践を踏まえた内容は新鮮であり、教育実践活動にとって参考となる情報を収集した。

　その後、教職 12 年目から 2 年間にわたる大学院派遣研修を経験し、自身の職能開発にとって最も高い効果を実感した。教育困難校での生徒指導主事を担当し、一定の成果を達成した時点で、校長から応募を後押しされたのがきっかけであった。大学院在学中は、心理・道徳・特別活動・生徒指導等を専門とする 6 名のスタッフによる集団指導体制であった。多岐にわたる分野・領域に関わることにより、幅広い理論的知識を獲得することができた。また、学校教育を冷静かつ客観的に観察することにより、視野を広げる貴重な機会となった。

　以上のとおり、初任期における校内研修で培った知識・技能を基盤として、生徒指導主事としての職務経験とプラス思考で参加した行政研修の成果を付加しながら、実践的指導力を高めていった。また、大学院派遣研修の機会を有効活用し、隣接領域を含む道徳教育に関する研究活動を通じて、専門性を格段に向上させた経緯が確認できる。それが契機となって、より広い視野で学校教育を捉えながら、その後の職能開発に結び付けていった。

4．行政研修の効果と派遣研修の付加的・波及的効果
：L 教員（男性、44 歳、中学校・保健体育、部活動指導）

　L 教員は、初任期の教育困難校における職務経験を通じ、教職員の協働の重要性に関する意識を高めた。また、先輩教員との交流を通じたインフォーマル研修によって、教育実践に関する多くの示唆を受けた。

　行政研修については、参加に乗り気でない義務的・強制的な場合であっても、研修後には参加して良かったと感じていた。つまり、結果として自身の教育実践活動に役立つ何らかの収穫を毎回得ていたということである。提出を求められる課題レポート等に関しても、作成後には日常の取組を振り返ってまとめる良い機会として捉えることができた。

先輩教員からの情報に刺激を受け、教職12年目から2年間にわたる大学院派遣研修の機会を得た。その経験によって、従来から取り組んできた体育指導の理論化のみならず、専門分野以外の幅広い知識や情報を吸収した。また、県の枠を超越し、全国各地の取組や地域間の学校文化の違いを学ぶ機会にもなった。さらに、大学院の指導教員の豊かな生き方（趣味・仕事へのスタンス）に刺激を受けるとともに、他の院生（研修生）との交流による付加的効果もあり、その後の教職生活の発展と可能性を広げる契機となった。

　以上のとおり、L教員は校内におけるインフォーマル研修によって、学校教育の組織的取組の重要性を学んだ。また、行政研修への参加によって、教職の基礎・基本を身に付けていった。さらに、大学院派遣研修の経験によって、新たな理論的知識を獲得する直接的効果に加え、人的ネットワークの構築をはじめとした付加的・波及的効果を得た。こうした経験の総体として、体育の授業におけるインライン・スケートの導入やホッケー部の指導という新たな領域を開拓する意欲が形成され、地道な指導の積み重ねによる成果の発現に至った。

第4節　校外研修の事例的考察

　校外研修を通じた職能開発について、行政研修と派遣研修に大別し、それぞれの具体的な態様を明らかにしてきた。行政研修については、とりわけ義務的研修への参加に際する目的意識や積極的な姿勢が、職能開発を促進するための重要な条件となっている。他方、派遣研修については、校内研修で培った基礎・基本を活かし、それを発展させることによって高い専門性を身に付けている状況が明瞭である。

　本節では、インタビュー調査の結果から得られた職能開発の事例に基づき、優秀教員が育成された校外研修の条件について考察する。

1．行政研修の機会の有効活用
（1）義務的研修の捉え方

　法定研修（初任者研修及び10年経験者研修）をはじめ、職務そのものとして

実施される研修は、悉皆・指定・必修等の呼称から判別できるように、研修への参加が義務であり強制力を伴う。また、研修内容が自身のニーズに合致しているとも限らない。したがって、消極的で受け身の姿勢となりがちであり、場合によってはマイナス思考で仕方なく参加することによって、期待される効果が得られないケースも想定できる。しかしながら、優秀教員は義務的な研修を自身の職能開発の機会であるとプラス思考で認識し、有効活用している状況が明らかである。

B教員は、教職経験を重ねるにつれて増大する職務に追われ、自学自習する時間が減少傾向にあった。そのような時期に迎えた10年経験者研修について、「教えていただけるのはありがたいこと」であると前向きに捉え、機会を有効活用することにより、高い効果意識を感じた。

D教員は、大学卒業直後に本務採用になったこともあり、常に何かを学び吸収しようという意識を持って研修に参加した。新規採用者研修において、「専門は専門におぼれる」という戒めの言葉に強い影響を受け、常に最新の技術を学び生徒に伝達することを実行するようになった。

H教員は、教育系学部の出身ではなかったこともあり、義務的な研修であっても、教育に関する専門的な話題を聴講できる貴重な機会であると捉えていた。プラス思考で参加した結果、教育実践活動に役立つ情報を収集した。

他方、必ずしも研修参加に前向きではなかったが、他に選択肢がなかった、あるいは研修参加後にはいつも効果意識を感じている事例も存在した。

C教員は、組合活動の盛んな職場において、自身の向上のためには、義務的であっても行政研修に頼るしか方法がなかった。また、教職経験を重ねるにつれて、研修の費用対効果を意識するようになり、研修の機会を有効活用する必要性を強く感じるようになった。

L教員は、義務的な行政研修について、参加に乗り気でない場合でも、研修後には効果意識をその都度感じていた。また、事前・事後のレポート課題等についても、日常の教育実践活動を振り返ってまとめる良い機会であると捉えていた。

以上のインタビュー調査の結果から、統計的考察で指摘した点と同様に、義務的参加を求められる研修に対し、優秀教員が主体的な意識で参加することで、より高い効果が得られた状況が明らかである。

（2）教育行政による独自の取組

　前述した義務的な研修以外にも、教育行政が創意工夫を生かした研修を企画し、職能開発に積極的に取り組んでいる事例も存在する。実際に、他の行政研修よりも高い効果意識が示された。

　B教員は、教育事務所主催による管内の若手教員の育成を目的とした研修に、教職5年目から10年目まで参加した。「授業改善研修」という名称であり、示範授業の参観と指導案に基づく授業実践を行うという内容であった。その経験を蓄積することによって、授業展開の手法を確立し、国語の学習指導における実績に結び付けた。

　K教員は、市教育委員会主催のカウンセリングに関する研修に、教職7年目から参加した。研修内容は、理論的な知識のみならず、市内の各学校の実践事例を具体的に学ぶ機会もあった。その経験によって、それまで取り組んでいた生徒指導をはじめ、教育実践活動に大きな変化が生じた。やがて、生徒理解に基づく新たな生徒指導の手法を確立し、顕著な実績を挙げるに至った。

　地域の教育課題や研修ニーズを集約し、独自の研修として企画・運営した結果、職能開発に寄与した行政研修の好例である。義務的な行政研修とは異なり、いずれも主体的な意思による参加となっている。日常の教育実践活動と研修内容が密接に関連しており、研修成果を直接還元できるという点において、効果意識が非常に高いのが特徴である。

（3）教育センター等における長期研修

　都道府県教育センター等[1]においては、教科・領域等の諸課題の解決をめざし、専門的知識の習得と実践的指導力の向上を図る計画的な研修が実施されている。そのうち、長期研修は3ヶ月や6ヶ月という期間も設定されているが、1年間を基本としている場合が多く、その研修機会における職能開発の事例である。

　A教員は、小学校で理科教育を専門に指導していたが、自身の教育実践の方向性は正しいのか、理論的な面からも裏付けたいと考え、県立教育センターの長期研修に応募した。教職5年目に参加した通年の研修により、他校種の教員との交流を通して視野を広げながら、教材研究・開発－授業設計－実施－評価－改善に至る一連の手順を身に付けた。また、教育実践活動への還元に加え、研究協力

員として県立教育センターの事業に関わる中で、公開授業や研究発表を重ねることによって、理科教育の専門性を一層高めていった。

C教員は、中学校・理科から小学校へ校種変更・異動となった教職11年目に、情報教育に関する中央研修に参加した。2週間の研修によって、最新の専門的知識・技能について学び、担当職務を通じて還元に努めた。その後、教職14年目には、県立教育センターでの長期研修の機会を得た。1年間の研修を通じ、中央研修で身に付けた情報教育に関する専門性をさらに発展させたことが、課題意識の明確化とより高いレベルの目標設定に基づく職能開発に結び付く契機となった。

日常の教育実践上の課題に関し、明確な目的意識と動機を持って長期研修に参加した事例であり、期待以上の研修成果を収めた状況が確認できる。また、教育実践活動への還元を通じた成果の発現によって、研修の効果意識が一層高まる結果となっている。

長期研修への参加は、学校教育現場から一時的に離れることによって、代替人員の配置に伴う人件費の確保が必要となる。したがって、費用対効果の観点からも、研修成果の向上と還元は必須の課題となる。財政難に伴い、研修関連予算が縮減傾向にある中、研修の実施者と参加者の双方が認識すべき重要な課題であるといえよう。

2．派遣研修の成果の還元
（1）大学院派遣研修

大学院派遣研修は、現職教員の学校教育に関する高度の研究・研鑽の機会を与え、現代の複雑な教育の諸問題に的確に対応できる資質や力量の涵養を図ることが目的となっている。その履修については、①2年間のフルタイム、②大学院設置基準第14条に基づく教育方法の特例（1年目はフルタイム、2年目は学校現場に復帰し、職務に従事しながら指導を受ける）によるものが主要な形態となっている。

E教員は、2年間の大学院派遣研修において、それ以前の米国における海外派遣研修で習得した障害の認識・受容に関する知識・技能を深化させるとともに、手話法を中心とする新たな専門性を付加した。また、その在学中に学会参加の機

会を活用し、北欧の教育機関を視察する機会を得ることによっても、教育・研究能力を一層向上させた。

H教員は、教育困難校における生徒指導主事の職務を担当した後に、校長の理解・協力もあって大学院派遣研修の機会を得た。教職12年目からの2年間の経験は、生徒指導のみならず、心理学・道徳教育等を含む幅広い分野の理論的知識を獲得した。また、学校教育現場を冷静かつ客観的に捉えることによって、視野を広げる契機となった。

L教員は、先輩教員からの情報に刺激を受け、教職12年目からの2年間にわたる大学院派遣研修を経験した。その結果、取り組んできた体育指導の理論化に加え、専門以外にも幅広い知識・技能を学んだ。また、指導教員や他の院生との密接な交流を通じ、その後の職能開発に向けた多大な刺激を受けた。

インタビュー調査の結果から、教職10年以上の職務経験を積んだ中堅期に入ってから、自身の意欲と向学心に加え、校長の後押しによって大学院派遣研修の機会が与えられたケースが多い。また、学校現場において、教育実践活動に関する一定の職責を果たしてから研修の機会を得ている。その職務経験によって形成された問題意識に基づく主体性こそが、大学院における研究上の重要なポイントとなっており、研究成果にも反映されているといえる。さらに、職務経験によって実践知を身に付け、大学院派遣研修では理論知を付加し、その研修成果を教育実践活動に還元することによって研修効果を高めている状況が明らかである。

（2）独立行政法人教員研修センターにおける中央研修

教員研修センターは、国として行うべき学校の中心的役割を担うリーダーの養成と喫緊の重要課題に関わる指導者の養成を大きな柱として運営されている。宿泊施設を併設した研修の実施機関として、茨城県つくば市に設置され、2001年に独立行政法人となった。

なお、2017年には「独立行政法人教職員支援機構：National Institute for School Teachers and Staff Development」と名称を変更し、従来からの研修機能に加えて、教員の資質能力向上に関する調査研究の実施や任命権者が策定する教員の育成指標に対する専門的助言の実施等、教職員に対する総合的支援を行う全国拠点として新たに発足した。

A教員は、教職11年目に校長から応募を勧められ、教員研修センターにおける「教育情報化推進指導者養成研修」に参加する機会を得た。2週間の研修期間で、情報教育に関する最新情報を学ぶとともに、全国各地からの参加者間の交流を深めた。

　C教員は、中学校・理科から小学校へ校種変更・異動となった教職11年目に、教員研修センターにおける「教育情報化指導者養成研修」を受講した。2週間の研修で習得した専門的知識・技能は、情報教育の推進担当という職務を通じて還元した。

　G教員は、市教育委員会指導主事として勤務した最終年に、「教職員等中央研修」に参加した。講義・レポート等を通じた直接的効果を得るとともに、参加者間の交流によって全国レベルで教育事象を捉える重要性を実感し、視野を広げる機会となった。

　中央研修の効果意識が高い理由として、一流の講師陣からの最新情報に基づく指導であることに加えて、グループ演習やワークショップ等の参加型の形態が多いためであると考えられる。また、所定の研修の時間外においても、全国各地から参集した中核となる教職員との交流を深めることが可能であり、活発なコミュニケーション活動によって様々な情報交換や優れた実践事例の共有が行われた結果によるものといえよう。

（3）海外派遣研修

　グローバル化の進展に伴い、我が国の学校教育においても国際理解教育や多文化教育、外国籍の児童・生徒への対応や小学校における英語教育の導入など、多様な教育ニーズや課題が生じている。海外派遣研修は、主催者・方法・期間をはじめ多種多様な形態が従来から存在してきたが、指導を担当する教員の一層の教育力向上が期待されている。

　A教員は、教職14年目に独立行政法人となった教員研修センター主催の短期海外派遣研修に参加した。16日間でニュージーランドの教育事情に関する見聞を広げるとともに、日本の教育を振り返って考える機会にもなった。

　E教員は、教職4年目に県の事業によって海外派遣研修に参加する機会を得た。1ヶ月間にわたる米国の聾学校での研修によって、専門的知識を深化させた。また、

大学院派遣研修中の国際学会への参加時に、1週間にわたり北欧の教育機関の視察研修を経験し、より一層視野を広げた。

　F教員は、大学時代に米国で長期間を過ごし、英語教員としての基礎を身に付けた。教職3年目に、県の派遣で3ヶ月間にわたり米国に滞在し、専門性を一層向上させた。また、知事部局出向中には、複数回の海外出張業務を経験した。さらに、教職11年目には再び県の派遣による米国の大学での3週間の研修、その後も英検協会の派遣による英国の大学での2週間の研修を積み、プロ意識と専門性をより一層高めた。

　海外研修の一般的な効果として、コミュニケーション能力の向上、訪問国・地域の教育事情の理解と比較による自国の理解等が挙げられる。また、国内外の人的ネットワークの拡大も期待される。英語教育専門の場合は、大学等での専門的な授業及び実生活を通して、指導方法と理論の習得に伴う実践的指導力の向上も想定できる。

　いずれの事例も、非常に高い研修効果を得るとともに、学校教育現場に還元することによって顕著な成果の発現に至っている状況が確認できる。海外研修による経験を通じ、比較によって我が国の教育の現状を捉え、客観的に評価することが可能になる。教員が国際感覚を身に付けることは、英語を中心とする外国語教育に限定される課題ではない。全ての教員が日常の環境から離れることにより、異国の風物や文化に接する中で視野を広げることは、自国の文化や教育の在り方への省察の機会という機能を包含している。

（4）その他の派遣研修

　校外研修の統計的考察において、大学院派遣研修と並んで、大学等での内地留学・長期研修の効果意識が非常に高い結果となった。他方、人事交流等による一般行政研修、民間企業等での長期体験研修は、効果意識は比較的高いものの、経験率が極端に低い結果であった。両者ともに、研修期間が長期にわたるという共通点を有している。

　J教員は、教職11年目に大学での内地留学を経験し、1年間で肢体不自由学級の立ち上げに備えるための研究に取り組んだ。その後、学校教育現場に復帰し、研修成果の還元を図りながら職務経験を積んでいった。さらに、教職17年目には、

特別支援教育コーディネーターの養成を目的とした長期派遣研修を前回と同じ大学で経験した。目的の異なる2回の研修によって専門性を飛躍的に向上させるとともに、適材適所への人事配置も相まって、市内各学校における成果の還元に努めた。

　F教員は、複数の長期派遣研修を含む異例の教職キャリアを形成してきた。まず、教職3年目には3ヶ月間の米国での派遣研修を経験した。次に、教職4年目から7年目までの4年間、人事交流による県の知事部局への出向を経験した。また、教職11年目には、3週間の米国の大学での海外研修を経験した。次に、教職16年目には、6ヶ月間の民間企業（ホテル）での研修を経験した。さらに、教職20年目には、2週間の英国の大学での研修も経験した。

　派遣研修を複数回にわたって経験するのは希なケースであるが、その都度明確な研修目的が存在していたことが明らかである。卓越した能力を見込まれ、指名を受けた研修機会の付与であったことが認識できる。共通して、研修後に適材適所に配置され、研修成果を存分に発揮してきた状況が確認できる。

　以上に述べてきた派遣研修は、希望者全員に機会が与えられるわけではなく、応募から実際の派遣に至るまでに、諸条件をクリアしなければならない。とりわけ、長期にわたる派遣研修の場合、校内における職務の進展状況から、参加に適したタイミングが限定される場合も多い。また、私生活上の諸般の事情を考慮しなければならない場合もあろう。当事者の能力を見込んだ指名による研修参加という場合もあるが、校長の推薦と教育委員会等の選考を通過しなければ実現しない研修が多数である。

　選抜を経て、職場から一定期間離れ、フルタイムで集中的に高度な研修に取り組むことにより、優秀教員が専門性を格段に向上させている状況が明らかである。また、研究テーマに関する直接的効果のみならず、視野の拡大や課題触発、他の研修参加者との交流によるピア・グループ効果といった付加的・波及的効果の存在も確認できる。

　研修後は、学校現場における教育実践活動に成果を還元している状況も明らかである。その前提として、適材適所への配置といった人事上の措置が必要不可欠な条件として挙げられる。他方、派遣研修のみで職能開発が完結しているのではなく、基礎的・基本的な内容の発展や得意分野の形成・伸長の契機となっており、

その後の職能開発に接続する過程に位置付いている点が確認できる。

第5節　本章のまとめ

　優秀教員の職能開発における校外研修の効果について、インタビュー調査の結果に基づく事例的考察から得られた知見を整理すると、以下の点を指摘することができる。
　第1に、優秀教員は義務的研修をプラス思考で捉え、主体的・前向きに参加することによって機会を有効活用している状況が明らかになった。実際に、「義務的であっても何かを得よう」、「自分ならどうするかを考えながら参加した」という意識を持っていたことが確認できた。したがって、義務的研修の実施に際しては、事前の情報提供やオリエンテーションをはじめ、研修効果を高めるための動機付けが非常に重要であると認識できる。
　第2に、優秀教員は行政研修においても、学校や地域の実態と課題に応じた実践活動と密接に関連する研修ニーズを有している状況が明らかになった。したがって、都道府県レベルにおける重要課題に加え、小・中学校では市町村や教育事務所単位の共通課題を優先的に選定し、研修内容に盛り込むことが有効であると考えられる。研修効果を高めるためには、参加者のニーズの把握が重要であり、講師の選定や具体的な内容・方法・形態等にも創意工夫が求められる。
　第3に、大学等における派遣研修の効果意識が非常に高い結果が明らかになった。優秀教員は学校教育現場における一定の実践経験に基づき、研修に対する目的意識や研究上の問題意識が明確であり、理論的知識の獲得を中心とした直接的効果に加え、人的ネットワークの構築等の付加的・波及的効果を得ている状況が明らかとなった。また、学校現場に研修成果を還元することによって、効果意識を一層高めている状況も確認できた。したがって、派遣研修には適した時機があり、明確な還元方策に基づく戦略的な活用が求められる。
　第4に、派遣研修の機会は、優秀教員自身の意欲や向上心に基づいて得られているが、応募に際する校長の勧誘や推薦が関与している場合が多い点も明らかになった。また、研修後についても、校務分掌や人事異動における適材適所への配

置による成果の還元との連関が確認できた。したがって、研修成果の有効活用のための配置・異動等の人事管理を考慮した上で、研修参加者を選抜することが重要であり、それに伴う投資効果の拡大が期待できる。

　第5に、派遣研修は、中堅期までの校内研修や職務経験等を通じて形成された基礎力や問題意識が研修効果を高めるための基盤となっており、得意分野の確立や専門性の向上に進展させている状況が確認できた。また、派遣研修自体で職能開発が完結しているのではなく、他の研修と相互作用するとともに、自律的な職能開発に連接する契機となっている状況も確認できた。したがって、校内研修や自主研修を含めて、バランスと連動を考慮した現職研修体系の再編・整備が求められる。

【註】

[1] 「教育センター」、「教育研究所」、「教育研修所」、「教育研修センター」、「総合教育センター」をはじめ、各自治体の条例により多様な名称が設定されている。発足当初は大半が「教育研究所」としてスタートし、その後に「教育センター」、組織の編成・統合により「総合教育センター」に名称変更となっている。

第9章 自主研修の効果に関する事例的考察

　自主研修の効果に関する統計的考察において、職能開発に対する影響度の高い研修項目が明らかになった。すなわち、「教育に関する専門的書籍の購読」、「自主的組織・サークルでの研修」、「民間の教育研究団体による研修」及び「先進校への視察研修」という4つの研修項目であった。その結果を踏まえ、本章では自主研修を通じた職能開発の事例について、インタビュー調査から得られた情報を詳述する。

第1節　自主研修による職能開発

　本節では、上述した4つの研修項目に対して高い効果意識を有する優秀教員の職能開発の事例について、その具体的な態様を個別に明らかにする。

1．教育に関する専門的書籍の購読
（1）専門性向上のための資格取得の取組
　　：C教員（男性、40歳、小学校、その他（情報教育））
　C教員は、大学卒業直後に中学校・理科の教員として本務採用となり、子どもたちの体験活動を重視した取組を積極的に行った。また、当初から行政研修を成長の機会であると捉えて前向きに参加し、その成果を教育実践活動に反映させていった。

　小学校に校種変更・異動となった教職11年目には、教員研修センターにおける2週間の「教育情報化推進指導者養成研修」を経験した。また、県立教育センターにおける情報教育に関する1年間の長期研修の機会も得た。これらの研修の成

果については、専門性を活かせる校務分掌として、情報教育推進及び情報管理の担当職務を通じて、勤務校及び市内各学校に還元した。

　情報教育に関する職務の重要性が増すにつれて、より高度な専門性を追求する必要性を感じるようになり、情報教育に関する資格取得に向けた自主研修の取組を開始した。高難度の資格となるにつれて、高額の専門書籍の購読が不可欠となった。実際に、インターネットによる情報も活用しながら出費の抑制に努めたが、資格取得用テキストを含む教育関連書籍の購読費としての支出が年額約10万円に達する状況となっていた。また、資格取得の受験費用にも、年額で平均約1万円を支出していた。

　自主研修の成果として、教育用IT活用能力認定試験1級、教育情報化コーディネーター2級等の難度の高い資格の取得に至った。これらの知識・技能を駆使し、教育実践活動に対する直接的な還元に加えて、校内外における研修講師やコーディネーターとしての活躍の場を次第に広げていった。

　その他に取り組んだ自主研修として、夏季休業期間中に不特定多数のメンバーによって行われる情報教育に関する勉強会にも参加した。遠方に出かける際は、多額の旅費負担が必要な場合もあった。さらに、先進校への視察研修についても、専門の情報教育をはじめ、教科指導、学級経営、部活動等の多岐にわたり、他の教員よりも積極的に参加した。

　以上のとおり、校内研修及び派遣研修において、情報教育の専門的知識・技能を身に付けるとともに、校務分掌としての情報教育担当という職務遂行を通じて、専門性を一層向上させていった過程が確認できる。また、難度の高い資格取得に自主的に取り組んだ結果、情報教育という新たな分野の職能開発を遂げた。さらに、学校のホームページ運営の基礎を作り、4年連続で県の優秀校に選出されるなどの顕著な実績に加えて、市内の各学校における情報化の推進にも貢献した。

（2）所属学会関連の書籍購読と研究大会への参加
　：H教員（男性、44歳、中学校・理科、その他（道徳教育））

　H教員は、初任期の困難校における校内研修や職務経験によって、生徒指導に関する知識・技能を身に付けた。また、大学院派遣研修の経験を通じて、カウンセリングを生かした生徒指導や道徳教育に関する専門性を一層向上させた。さら

に、学校教育現場に復帰後も、専門的知識・技能を活用した心の教育や道徳教育の研究・実践を推進した。

　大学院派遣研修を契機として、生徒指導や道徳に関する複数の学会に入会し、研究活動にも関わるようになった。その後も、隣接分野・領域を含む関連学会として、「日本教育心理学会」、「日本学校心理学会」、「日本カウンセリング学会」、「日本学校教育学会」、「日本道徳教育学会」、「日本道徳教育方法学会」及び「日本道徳性発達実践学会」に加入し、研究活動に取り組むようになった。

　各学会ともに、4千円から8千円の年会費が必要となっており、年次大会の参加費用を含めると相当な負担額となる。また、研究大会は休日に開催されることが多く、遠隔地での場合は交通費・宿泊費も発生する。さらに、研究に要する関連書籍の購入にも、多額の出費を要している実態にある。したがって、休日の自由時間の削減や研究費の支出をはじめ、時間・費用ともに相当の負担を伴っている状況にある。

　私的な時間の減少や多額の費用負担があるにも関わらず、学会における研究活動は継続的に取り組んでいる。各学会への参加によって、収集した最新情報や取り組んだ研究発表の成果については、教育実践活動をはじめとする職務に還元することにより、その有効性がより高まっている。

　その他の自主研修として、大学等の主催する公開講座、自主的組織・サークル、民間の教育研究団体、先進校視察といった多岐にわたる研修にも意欲的・積極的に取り組んでいる。

　以上のとおり、校内研修と校務分掌上の職務経験によって、専門分野の基礎・基本を身に付けた。また、大学院派遣研修の経験によって、視野を広げると同時に、理論的知識を付加し、実践的指導力を向上させた過程が確認できる。その研究活動への取組を契機として、関連する学会に入会することになった。各学会への参加や研究発表を通じて、専門性をより一層高めるとともに、職務遂行によって研修成果が還元されていることが確認できる。時間的・費用的な負担を伴いながらも、さらなる研鑽に主体的に取り組んでいる。

2．自主的組織・サークルでの研修
(1) 夜間の自主サークルを通じた授業力向上
：B教員（女性、37歳、中学校・国語、学習指導）

　B教員は、大学を卒業後、中学校・国語の教員として本務採用となるまでに、3年間の非正規教員を経験した。1～2年目の非常勤講師時代から、勤務時間外における他の教員の授業・学級活動・学校行事・校内研修等にも積極的に参加するなど、教育実践活動に関する有用な情報を収集した。

　本務採用後の校外における義務的研修については、自身で勉強する時間がとれない中で、必要な情報を提供してもらえる貴重な機会であると前向きに捉えて参加した。また、教職5～10年目には、教育事務所主催による管内の若手教員の育成を目的とした「授業改善研修」に参加する機会を得た。それは、勤務時間内に地区内の会館において、希望者や校長等の推薦を受けた教員が参加する形態であり、年5回程度の頻度で実施された。その中で、同じ地区の国語を専門とする教員による示範授業の参観と自身の授業実践を繰り返すうちに、授業改善のサイクルを身に付けていった。

　初任校から異動後の2校目では、授業改善研修において交流のあった先輩教員に勧誘され、自主サークルに加入した。参加当初は、研修内容の理解に乏しく足が向かなかったが、経験年数を重ねるにつれて授業力向上の必要性を強く感じるようになり、課題解決のヒントを求めて積極的に参加するようになった。サークルの活動内容は、専門教科である国語の指導案や教材等を持ち寄り、参加者相互による検討や元校長らからアドバイスを受けるというスタイルであった。参加者は15名程度、夜間3時間の月1回のペースでの取組に加え、実践報告会を年2回開催することによって、サークル活動の輪が近隣県まで広がった。10年以上の活動を積み重ねていくうちに、授業実践に自信が持てるようになっていった。

　その後、市の委託事業における公開授業の担当を任されるようになった。また、県立教育センターの短期研修受講者を対象としたモデル授業・実践発表等の担当によって、指導力を高く評価されるようになった。優秀教員としての表彰後も、地元大学の附属中学校における1年間の長期研修を経験したことにより、理論的知識の活用にも留意した教育実践活動を展開している。

以上のとおり、非正規教員の時期からの自発的・積極的な研修参加によって、校内におけるインフォーマルな場面を含めた先輩教員との交流から、教職に必要な基礎的・基本的事項を体験的に学んだ。また、校外における義務的研修を肯定的に捉えることによって研修成果を高めるとともに、教育事務所主催の「授業改善研修」によって専門教科である国語の指導力を向上させた。同時並行的に参加した自主サークルにおいては、長年にわたる研修活動の蓄積によって実践的指導力を高め、顕著な実績を挙げるに至った過程が確認できる。さらに、優秀教員としての公認後も、地元の大学附属中学における長期研修を経験し、より高度な教育実践活動の展開と研究主任の職務を通じて研修成果の還元に努めている。

3．民間の教育研究団体による研修
（1）民間企業主催の理科教育に関する研修会への参加
　：A教員（女性、39歳、小学校、学習指導）

　A教員は、初任期の校内におけるフォーマル及びインフォーマル双方の研修と実践活動を積み重ねることによって、授業改善の手法を身に付けた。また、県立教育センターにおける理科教育に関する長期研修、情報教育に関する中央研修及び海外教育事情の視察といった複数の派遣研修の機会を得たことにより、視野を広げるとともに、専門性の向上と新たな得意分野の開拓を実現した。さらに、校務分掌上の職務経験を通じ、研修成果を還元する過程においても、専門性と実践的指導力を一層高めた。

　教職10年目には、校長から勧められて民間企業S社の教育研究団体主催による夏季中央特別研修会に参加した。その研修会は、夏季休業期間中に、理科教育に関心を持つ教員が全国各地から参集し、2泊3日または3泊4日の日程で開催された。文部科学省の視学官・教科調査官、大学教員らの講師担当により、学習指導要領に沿った授業設計を行い、指導・助言を受けながら修正を繰り返し、班の指導案（試案）を作成するというスタイルで行われた。その作業が終了したかと思われた時に、素案を覆される事態も起こった。そのため、用語の一字一句にも気を遣い、睡眠時間を削りながらもチームワークで乗り越えた。また、作成した指導案に基づき、各自で検証授業を行うなどの濃密な研修時間を過ごした。

その結果、学習指導要領の解説書（指導書）の内容がより深く理解できるようになり、やがて他教科にも波及する効果を実感するようになった。その経験は、まさに「目からウロコ」とでもいうべき感覚であった。また、翌年度には指導案や開発した教材等を持参しなければならず、研修参加者間の情報交換を随時行う必要もあったことから、日常の教育実践活動における課題意識が形成された。

　その他の自主研修として、専門的書籍の購読と自主サークルの活動にも取り組んだ。専門書については、自身で購読した他に、教員であった父親の所有する膨大な量の書籍を借用することも可能な環境であった。

　優秀教員としての表彰後は、校内外における研修会の講師を担当するなど、学びの成果の還元にも努めた。理科を専門とする女性教員が少ないため、従来から発表の機会が割り当てられることが多く、その準備自体も自己研鑽の機会となった。また、テレビ番組の取材を受け、理科の授業実践が全国放映されたことによって、クラスの子どもたちと一緒に大きな自信と手応えをつかんだ。その後、大学院派遣研修の機会を得て、授業実践に関するさらなる職能開発に努めている。

　以上のとおり、A教員は校内におけるフォーマル及びインフォーマル双方の研修、県立教育センターにおける長期研修や国内外の派遣研修により、専門性の向上と得意分野の開拓を実現した。これらの研修で得た成果については、日常の職務遂行や研修講師の担当により、子どもたちや若手教員にも還元していることが確認できる。また、民間企業主催の教育研究会への参加を契機として、指導力を飛躍的に向上させるとともに、得意分野の理科から他教科への波及効果も得た。常に進化を志向した継続的な取組は、「目の前にいる子どもたちとの一瞬を大切にし、その時の最高の力で接したい」という教員としての使命感やプロ意識が基盤になっていることが確認できる。

（2）民間企業主催の音楽指導者講習会への参加
　　：I教員（男性、44歳、中学校・音楽、部活動指導）

　I教員は中学校時代、音楽担当の教員から誘われ、男性ながらも女子合唱部のピアノ伴奏を担当した。高校は音楽大学の付属高校に進学し、ピアノに明け暮れる毎日を送った。その後、系列の音楽大学に進み、将来は音楽大学のピアノ講師になりたいという希望を持っていた。しかし、教育実習後に教職への関心が急に

高まり、無理を承知で難関の教員採用選考試験を受験した。予想外にも1回で合格し、大学卒業後に中学校・音楽の教員として本務採用となった。

　入職前は、「専門の音楽ができれば良い」と漠然と考えていたが、教職における実際の比重はごくわずかであり、理想と現実のギャップに悩む日々を過ごした。「自分は教職には向いていないのではないか」と自問自答し、何度も転職を考えた。

　転機が訪れたのは、勤務2校目の教職13年目のことであった。吹奏楽部の顧問は入職当初から担当していたが、「一生懸命頑張って上の大会に行きたい」と直談判にやって来た生徒たちの熱意に応えるため、次第に本格的な指導に取り組み始め、やがてのめり込んでいくようになった。

　近隣校の音楽の教員や吹奏楽連盟の関係者の勧誘もあり、近隣校の吹奏楽部の練習を見学し始めた。ピアノを専門としていたため、吹奏楽の指導は不慣れであった事情もあり、やがて合同練習を行うようになった。吹奏楽は数多くの楽器をパート別に指導する必要があり、いくつかのパートのレッスン代を自己負担していた時期もあった。しかし、その事情を知った保護者の理解と協力により、物心両面にわたる活動を支援する組織体制が整備された。

　その後、音楽教員仲間の推奨もあり、教職16年目から民間企業Y社の主催する指導者講習会に参加するようになった。それは、毎年5月の週末に特定の地方都市において、2泊3日の日程で開催される研修会であった。昼は各種の講座があり、それまでに経験のなかった指揮法や合奏法を学ぶ機会となった。また、夜は中学から大学までのトップバンドによる演奏の鑑賞も企画されており、自身の部活動指導に対する大きな刺激を受けた。自費参加のため多額の費用を要したが、全国から参集した音楽を専門とする教員との交流によって人脈も拡大していった。それが契機となって、教科指導や部活動指導における教育実践活動の幅が徐々に広がっていった。

　自主研修への参加を契機として、吹奏楽部顧問としての指導力を高め、次第に成果となって現れ始めた。その活躍は県大会の上位から、やがて全国大会のグランプリ・金賞の常連校となるなど成果が結実していった。その後、吹奏楽部の活動があまり盛んではない学校に異動となったが、その翌年には「スライド交流人事」と呼ばれる音楽専門の教員間の特例措置により、吹奏楽部の指導にとって恵まれ

た環境の学校に異動となった。与えられた機会を活かすべく、さらなる向上をめざして日々の指導に努めている。

　以上のとおり、I教員の職能開発には、校内研修や校外研修に対する特筆すべき効果意識は確認できない。その要因として、各学校における音楽教員の殆どが単独配置となっており、教科指導に関する影響を受ける場面が少ないことが考えられる。また、行政研修においても、音楽の専門分野のニーズに合致する内容が設定されていないことも挙げられる。したがって、専門教科である音楽の指導力を高めるためには、結果として自主研修の機会を求めることになった。教職10年以上を経過するまでには、教職の危機を迎えた時期もあったが、勧誘されて参加した自主研修が転機となり、吹奏楽の実践的指導力を向上させた。さらに、専門性と指導力の発揮を目的とした特例的な人事異動によって、部活動指導における活躍の場が確保されたことに伴い、顕著な実績を挙げるに至った経緯が確認できる。

4．先進校への視察研修
（1）県外先進校における体育系コース運営からの学び
　：D教員（男性、45歳、高校・保健体育、体育、保健、給食指導）

　D教員は、大学卒業後に即採用となり、教職の道を歩み始めた。初任校における体育系コースの設置2年目にあたり、地元開催の国体を控え、部活動強化の必要による配置であった。赴任時の校長からは、取り組むべき課題を具体的に指示されたことによって、明確な目標と高い意欲で教職生活をスタートした。初任校での勤務は、それ以降23年の長期にわたり続くこととなった。通常は5～6年での異動が一般的であり、マンネリ化が懸念される状況にも関わらず、社会の変化や職務上の役割の変化に適応して成長を遂げてきた。

　校内研修として、同じ体育専門の先輩教員からのメンタリングによって、その後の教職生活の指針となる指導を受けた。また、校外研修については、義務的研修を肯定的に捉え、前向きな姿勢で参加することによって研修効果を高めた。

　その後、教科指導や部活動指導に取り組んでいく中で、勤務年数を重ねるにつれて校内で果たすべき役割が次第に重くなっていった。また、体育系コースの定員割れ対策や体育の先輩教員の異動も重なり、コース運営の重責を担うようになった。

こうして、日常の教育実践活動に加え、体育系コースの改編という新たな課題に中心的立場で取り組むようになっていった。
　そのような状況の中、体育系コースの課題解決と充実・発展を期して、全国各地の体育系学科・コースを設置している先進校の運営状況を視察する機会を得た。寄宿舎を含めた施設・設備等の教育環境の見学に加え、各学校の特色ある教育実践活動に関する情報収集からもコース改編に向けた指針となる情報を収集した。また、全国的な体育系コースの連絡協議会の設立にも関わり、コース運営のノウハウを学ぶとともに、教員間の交流からも大きな刺激を受けた。
　これらの研修で収集した情報を持ち帰り、自校の教育実践活動への還元に努めた。その結果、コースの改編に伴うカリキュラムの創意工夫、スポーツ施設の拡充、輝かしい実績等となって次第に結実していった。また、部活動指導においても、インターハイ・国体等の監督として活躍し、多数の優秀な人材（オリンピック選手7名、県内最多）を輩出するに至った。
　以上のとおり、赴任当初から校長の目標設定や環境整備によって意欲を高めるとともに、先輩教員のメンタリングによって教職生活の基礎・基本を身に付けた。また、校外における義務的研修においても、体育大学の学生時代にはあまり身近でなかった専門教科外のことに関して、新たな情報を与えてもらえる有意義な機会であるとプラス志向で捉えて参加することによって多くの収穫を得た。さらに、部活動顧問としての指導に努める一方で、コース運営の重責を担う立場として、全国的な先進校の視察を通じて貴重な情報を収集した。これらの取組は、コース改編のカリキュラム・マネジメントに活かされるとともに、多数の優秀な人材を輩出し、北京オリンピックでの金メダル獲得という輝かしい実績となって結実した。初任校に赴任して以来、23年という人生の半分以上を同一校で過ごす中で、運命共同体として部活動指導やコース運営をはじめとした職務に情熱を注いできた。現状に満足することなく、「常に学ぶことは、教える者にとっての義務」と意識して成長を続け、より高いレベルでの指導を追求してきた。また、コース改編によって募集区域が拡大したことに伴い、寄宿舎の役割が増大したが、その運営を陰で支えた妻の内助の功が必要不可欠であったことも認識できる。

第2節　自主研修の事例的考察

　自主研修を通じた職能開発について、統計的考察における分析結果に基づき、影響度の高い上位4つの研修項目に関する効果を個別に明らかにしてきた。

　自主研修は、突然に開始されるのではなく、その取組に至るまでには、いくつかの誘因が存在していることが明らかになった。具体的には、校務分掌上の必要性や関係者からの勧誘といった事例が確認できた。

　他方では、他の研修との相互作用により、職能開発が促進されている状況が確認できた。すなわち、校内研修によって基礎・基本を習得し、校外研修によって得意分野の形成や専門性を深化・発展させ、自主研修の取組に継続・発展させている場合が多数である。

　本節では、インタビュー調査の結果から得られた職能開発の事例に基づき、優秀教員が育成された自主研修の条件について考察する。

1．自主研修に取り組む契機
（1）校務分掌上の必要性

　担当分掌に関する職務遂行上の必要性から、自らの意思と責任に基づく取組を開始した事例である。教員としての使命感やプロ意識が、より良い教育実践活動の展開をめざし、自己向上に努める意欲の源泉であると理解できる。

　C教員は、中学校から小学校に校種変更・異動となり、主に情報教育を担当していた。その後、教員研修センターにおける2週間の中央研修、県立教育センターにおける1年間の長期研修の経験によって専門性を一層向上させた。これらの研修から得た成果は、校内における情報教育推進及び情報管理の職務に加え、市内各学校の校内研修における講師の担当を通じて還元に努めた。

　急速に進展する情報教育の最新知識・技能を追求するとともに、期待される職責を果たしていくためには、自主研修の取組が必要不可欠であると感じた。専門書籍を購読しながら、難度の高い資格取得をめざした自律的な取組を開始した。加えて、夏季休業期間中に開催される不特定多数のメンバーによる勉強会に参加するため、遠方へも出かけるようになった。その結果、専門的知識の向上を図り、

自身の資格取得や勤務校の教育実践活動における顕著な実績に結び付けた。

　D教員は、大学卒業直後に本務採用となり、それ以降長期にわたり同一高校に勤務することとなった。校長や先輩教員から好影響を受けるとともに、学生時代に不足しがちであった専門教科外に関する学びも深めることができる機会として、校内外の研修をプラス思考で前向きに捉えることによって、多くの情報を効果的に吸収していった。

　部活動指導を中心とした職務に取り組んでいたが、勤務年数が長くなるにつれて、校内における職責の重要性が増大していった。また、先輩教員の異動も重なり、職務の困難性も一層増していった。具体的には、体育系コース運営の中心として、その定員割れ対策や発展的なコース改編の重責を担う立場となった。

　試行錯誤で取り組んでいた時期に、全国各地の体育系学科・コースを設置している先進校を訪問・視察する機会を得た。各学校の特色づくりや運営状況を直接見聞し、多くの情報を得るとともに、コース改編の指針として有効活用した。また、体育系コースを有する学校の全国的組織の設立にも参画し、コース運営に有益な情報を収集し、勤務校の教育実践活動に還元した。その結果、指導実績が次第に顕著となり、国際大会でも活躍する有為な人材を輩出するに至った。

　以上のとおり、校務分掌上の職責を果たすという動機により、自主研修に取り組むようになった事例である。それに伴い、多くの時間と多額の出費という自己負担が伴っている状況が明らかである。教員としての使命感、責任感、教育的愛情といった自主研修に取り組む誘因が存在しているが、自主研修に対する取組自体が生活の一部として定着している状況も確認できる。

（2）関係者からの勧誘

　上司や先輩教員をはじめ、尊敬する他者からの勧誘によって自主研修に取り組み始めたという事例は少なくない。研修ニーズとタイミングの良い後押しが契機となって、職能開発が促進されるとともに、実践的指導力を高めていった状況が確認できる。

　A教員は、小学校の理科教育を得意分野とし、県立教育センターでの長期研修を経験することによって専門性を一層向上させた。また、情報教育に関しても、市立教育研究所での長期研修や教員研修センターでの指導者養成研修を経験した。

さらに、海外派遣研修での教育事情の視察等を経験することによって、視野を広げるとともに新たな得意分野を開拓した。
　教職10年目過ぎの職務に対する満足度が少し落ちていた頃、勤務校の校長に勧められ、民間企業S社の教育研究団体主催による夏季中央特別研修会に参加した。旅費・参加費を自己負担しながらも、一流の講師陣による指導、目的意識の高い参加者集団におけるピア・グループ効果等もあり、専門とする理科教育に関する職能開発にとって最も大きな効果を得た。理科教育のみならず、次第に他教科にも波及効果が広がるとともに、日常の教育実践活動に対する課題意識も形成されていった。
　I 教員は、生徒たちの熱意に応えるため、中学校・吹奏楽部の指導に本格的に取り組み始めた頃、近隣校の練習見学や合同練習に参加するようになった。ピアノの専門であったため、吹奏楽の指導経験が少なく、数多くのパートを専門的により高いレベルで指導する必要性を感じていた。
　そのような時期に、音楽を専門とする教員からの勧誘により、民間企業Y社の主催する指導者講習会に参加するようになった。旅費・参加費を自己負担しながらも、新たな指導領域を開拓するとともに、参加者間の交流からも大きな刺激を受けた。その結果、実践的指導力を向上させ、各種大会等における顕著な実績を残すようになっていった。
　B 教員は、校内外における研修の機会を前向きに捉え、積極的に参加することによって研修効果を高めた。また、教育事務所主催の「授業改善研修」への参加機会を得ることによって、専門教科である中学校・国語の授業力を次第に高めていった。
　その後、経験年数を重ねるにつれて、授業力向上の必要性をより強く感じるようになった。その時期に、「授業改善研修」の場で交流のあった先輩教員に勧誘され、国語の自主サークルに加入した。同時並行的な取組を継続することによって、確かな授業力を身に付けるとともに、その成果を教育実践活動に還元していった。
　以上のとおり、勧誘者は異なるが、優秀教員が直面する課題に対する突破口を求めている時に、タイムリーな情報提供や研修参加への後押しがあった経緯が確認できる。また、優秀教員の研修ニーズとの適合、教育実践活動への還元によって、

高い研修効果が得られている。それが、自己負担（時間・費用）を伴いながらも、継続的に取り組まれている理由であるといえよう。

（3）他の研修との相互関連性

　単独の自主研修で職能開発が完結しているのではなく、他の研修との相互作用や補完関係によって職能開発が促進されている状況が確認できる。共通的な特徴として、校内研修によって教員としての資質能力の基礎・基本が形成され、校外研修によって得意分野の開拓と専門性の伸長が図られ、自主研修に結び付けることによって持続的な職能開発の取組が開始されていることが挙げられる。

　A教員は、校内研修によって教職の基礎を形成し、派遣研修を中心とした複数の校外研修の経験によって得意分野の開拓と専門性を向上させた。民間の教育研究団体における自主研修は、その延長線上に位置付けられ、持続的な取組に発展させている状況が確認できる。

　B教員は、校内研修に積極的に参加するとともに、授業改善を目的とした行政研修にも自発的に参加し、授業改善の手法を身に付けた。並行して、自主サークルにも加入し、その取組の継続によって授業力の向上を実現した。

　C教員は、行政研修を前向きに捉えることによって効果を高めるとともに、専門である情報教育に関する中央研修や県立教育センターでの長期研修を経験した。研修成果を教育実践活動に還元していく中で、より高度の資格取得をめざした専門書籍の購読をはじめとした自主研修に取り組み始めた。

　H教員は、校内研修や校務分掌上の職務経験を通じ、生徒指導・道徳教育の基礎を身に付けた。その後、大学院派遣研修の経験を契機として、数多くの学会における研究活動に取り組むようになった。その一環として、関連分野の専門書を購読する必要性が生じ、継続的・発展的な形態としての自主研修の取組に至った。

　いずれの事例においても、校内研修によって資質能力の基礎・基本を身に付け、校外研修によって得意分野の形成や専門性の深化を図り、自主研修の取組に継続・発展させている状況が確認できる。また、その取組は現在進行形である場合が多く、プロ意識に基づくたゆまぬ向上心がうかがえる。

2．自己負担（時間・費用）への対応

　優秀教員が取り組む自主研修には、多大な自己負担（時間・費用）を伴っている実態が明らかになった。それにも関わらず、高い理想やプロ意識から、現状のレベルに満足することなく、自己向上に対する意欲を常に持ち続けていることが確認できる。

　C教員は、情報教育に関する資格取得用のテキスト等の専門書籍の購読費用や受験に要する費用を負担している。また、夏季休業期間中には情報教育に関する勉強会に参加するため、多額の旅費を負担する場合も少なくない。

　H教員は、道徳教育に関する多数の学会に加入しており、その年会費や週末に開催される年次研究大会への参加に要する費用も高額となっている。また、研究に要する専門書の購入にも相当の金額を費やしている。

　A教員は、民間の教育研究団体の主催する理科教育に関する研修会に地方から参加し、旅費をはじめ多額の費用をその都度負担している。自分の時間やお金を使って学ぶことについては、教員としてのモットーにしている。

　I教員は、民間企業主催の音楽に関する指導者講習会に参加するようになった。毎年、特定の地方都市で開催されるため、交通費・宿泊費等の多額の旅費や大会参加費を自己負担している。

　B教員は、国語教育に関する自主サークルに加入し、勤務時間後の夜間に行われる活動に参加している。10年以上の活動を積み重ねていくうちに、サークル参加者の輪が広がり、県外で開催される交流会に参加する機会が増え、それに伴い、旅費の負担も増加している。

　以上の結果から、優秀教員の自主研修を通じた職能開発には、多大な自己負担（時間・費用）を伴っている実態が明らかとなった。学校教育の質を保証・向上していくためには、各教員の自助努力のみに依拠するのではなく、適切な支援策を講じることが必要不可欠である。そのためには、自主研修に取り組むための時間の確保及び費用の助成による支援の優先順位が高いと考えられる。

第3節　本章のまとめ

　優秀教員の職能開発における自主研修の効果について、インタビュー調査の結果に基づく事例的考察から得られた知見を整理すると、以下の点を指摘することができる。

　第1に、自主研修の取組には、職務遂行上の使命感やプロ意識が主要な動機となっている結果が明らかになった。優秀教員は、校務分掌や専門教科等に関する専門性や指導力の向上に努め、そのための労苦や金銭的負担を厭わない姿勢が確認できた。したがって、教員としての使命感・責任感・プロ意識等が向上意欲の源泉であり、それをいかにして身に付けさせていくのかが重要な鍵となる。それは、現職研修のみならず、入職前の養成段階を含む教師教育全体を通底する課題であると認識できる。

　第2に、自主研修の開始には、関係者からの勧誘による場合が多数であることが明らかになった。優秀教員が直面する課題を模索している時に、自主研修へのタイムリーな勧誘が行われた状況が確認できた。また、優秀教員の課題に基づく研修ニーズと研修内容との適合度が高くなれば、それに伴って研修効果が高まることも認識できる。したがって、自主研修の契機創出のための情報提供と継続的な支援策の確立によって、持続的な職能開発の取組への進展が期待できる。

　第3に、優秀教員の職能開発は、単独の自主研修によって完結しているのではなく、他の研修や教育実践活動との相互関連性に基づいている。すなわち、校内研修や行政研修によって基礎・基本が形成され、長期研修・派遣研修によって得意分野の開拓や専門性の伸長に結び付いている。その延長線上に位置付けられる自主研修によって、持続的な職能開発に進展している状況が確認できた。したがって、各研修間の相互関連性を考慮し、現職研修体系の再編・整備を図ることが重要な課題であるといえよう。

　第4に、自主研修の取組には、多大な自己負担（時間・費用）が発生している実態が明らかになった。時間については、平日夜間や週末をはじめ、私的な時間を割いて取り組んでいる状況が確認できた。費用については、専門書籍の購入費用や研修参加に要する費用の需要が高い結果が明らかとなった。したがって、自

主研修に取り組むための時間の確保と費用の助成については、職能開発を促進する有力な手段となり得る。

III 統計的・事例的考察に基づく総合考察

第10章 現職研修の効果に関する総合考察

　優秀教員の職能開発における現職研修の効果について、質問紙調査に基づく統計的考察及びインタビュー調査に基づく事例的考察を行ってきた。
　本章では、校内研修、校外研修及び自主研修の効果に関する各考察を集成した現職研修の効果に加え、優秀教員が育成される現職研修の条件と課題を含めて総合的に考察する。

第1節　校内研修の効果に関する総合考察

　本節では、校内研修の効果に関する統計的考察及び事例的考察に基づき、優秀教員が育成される校内研修の条件を総合的に考察する。

1．校内研修に関する統計的考察の知見
　優秀教員の職能開発における校内研修の効果について、質問紙調査に基づく統計的考察から得られた知見は次の点であった。
　第1に、優秀教員はフォーマル形式よりも、コミュニケーション活動によって成り立つインフォーマル形式の校内研修に対する効果意識が高い。
　第2に、優秀教員は子どもたちに接する教育実践活動について、自身の職能開発に最も役立つ機会として認識する傾向にある。
　第3に、職場環境のインフォーマルな場面を含め、先輩教員からの指導・助言や同僚教員との交流・情報交換に関する効果意識が高い。
　第4に、実績分野・校種の特性によって、フォーマル及びインフォーマルの双方ともに、校内研修の効果意識に差異が存在しており、その特性を考慮した研修の

実施が求められる。

以上のことから、優秀教員は児童・生徒を中心に据えた教育実践に取り組んでおり、その活動に直結する研修ニーズを有している。そして、校内のインフォーマルな場面において、先輩教員等とのコミュニケーション活動を介した情報収集を活発に行っており、その効果意識も高い結果が明らかになった。

2．校内研修に関する事例的考察の知見

優秀教員の職能開発における校内研修の効果について、インタビュー調査に基づく事例的考察から得られた知見は次の点であった。

第1に、校内研修は、初任期における職務遂行上の基礎的・基本的な知識・技能を習得し、職能開発の基礎を形成する上で重要な役割を果たしている。

第2に、校内研修の効果意識に関するフォーマル及びインフォーマルの比重は異なるものの、育成された職場環境には「良き指導者」と「同僚性」という共通する条件が存在し、初任期の職場環境がその後の職能開発に多大な影響を与えている。

第3に、職能開発を促進する「良き指導者」とは、フォーマルな場面における初任者研修の指導教員や研究主任等であり、インフォーマルな場面においては学年主任等を担当している先輩教員である場合が多い。

第4に、校長・教頭等の管理職も、優秀教員の職能開発に対して直接的・間接的に重要な役割を担っており、校内の人材育成に関するマネジメント能力の向上は不可欠な要素となっている。

第5に、優秀教員は、校内における活発なコミュニケーション活動によって、教員同士が学び合う同僚性の高い職場環境で育成されたという意識が非常に強い。

第6に、優秀教員は、専門性や指導力を高める活動に対する主体性や積極性に富み、謙虚に傾聴する姿勢を身に付け、観察による情報収集能力や省察による課題解決能力に優れているなど、職能開発の前提となる能力が高い。

以上のことから、校内研修を通じた教員の職能開発にとって、学びに対する人格的・行動的特性（何事にも前向きに取り組む意識、謙虚に傾聴し学び続ける姿勢、自己向上に対する主体的・積極的行動）に加え、管理職や先輩教員が中心と

なって初任期の教員を育成する職場環境という2つの要因の存在が確認できた。

3．校内研修の総合考察

　優秀教員の職能開発における校内研修の効果について、統計的考察及び事例的考察の結果を統合すると、以下のとおりにまとめることができる。

　第1に、優秀教員は、児童・生徒を中心に据えた教育実践活動に取り組むとともに、職務遂行と密接に関連する研修ニーズを有している。

　第2に、先輩教員等とのコミュニケーション活動に対する効果意識が高く、収集した情報を教育実践活動に有効活用している。

　第3に、主体的な向上心や謙虚に学ぶ姿勢といった人格的・行動的特性は、優秀教員の職能開発にとって必須の要件となっている。

　第4に、校長が先頭に立った同僚性の高い学校文化づくり、若手教員を指導・育成する職場環境づくりが非常に重要であり、特に初任期教員の職能開発の基盤形成に多大な影響を与えている。

　以上のとおり、優秀教員は同僚性の高い職場環境の中で、先輩教員をはじめとする模範的な人物との出会いと交流によって多大な好影響を受けている。また、組織における行動規範の理解やメンター（支援的助言者）の発見をはじめ、初任期のキャリア発達課題を達成していると認識できる。したがって、その点を考慮した組織的・継続的な校内研修の推進が求められる。

　フォーマル研修については、職能開発を促す校長のリーダーシップが必要であり、校内研修を経営する力量が不可欠である。その内容・方法については、学校にとって重要性・緊急性の優先度が高く、教育実践活動と関連性の高いテーマを設定し、グループワーク形式の情報交換・交流をより多く取り入れることによって、全教職員の参画意識を高める創意工夫が求められる。

　インフォーマル研修については、教員同士のコミュニケーション活動を促し、相互に学び合う雰囲気を醸成することが肝要となる。OJTの推進についても、校長の教育的リーダーシップの発揮により、同僚性の高い職場環境づくりに向けた風土醸成が求められる。そのためには、フォロワーシップの発揮が期待されるミドルリーダーの育成と適材適所への配置・活用が重要な鍵となる。

加えて、優秀教員が育成される校内研修の条件として、次の点を指摘することができる。優秀教員の職能開発の過程から確認できるように、教職生涯を通じて謙虚に学び続ける意識・態度・行動等に関する職能開発の基盤については、入職後の初任期までに校内研修を中心として確立することが肝要である。

　各学校においては、校長の教育的リーダーシップの下、管理職や研究主任等が中心となった校内研修計画の策定が求められる。その際、教員の研修ニーズや児童・生徒の実態に応じた課題の優先順位を決定し、より身近で実践的な内容に関する研修の実施が望まれる。また、インフォーマルな場面におけるコミュニケーション活動を促進し、同僚性の高い「教員育成コミュニティ」の構築に向けて、学校管理職が率先して努めていく必要がある。さらに、フォーマル研修及びインフォーマル研修の双方において、模範となる先輩の影響を考慮したミドルリーダーの配置・活用による若手教員の育成も重要な鍵となる。

　教育行政においては、講師派遣や情報提供をはじめとした校内研修の活性化に向けた支援策を強化していくことが不可欠である。また、フォーマル研修のみならず、校内におけるOJTを推進するための条件整備も求められる。

第2節　校外研修の効果に関する総合考察

　本節では、校外研修の効果に関する統計的考察及び事例的考察に基づき、教員が育成される校外研修の条件を総合的に考察する。

1．校外研修に関する統計的考察の知見

　優秀教員の職能開発における校外研修の効果について、質問紙調査に基づく統計的考察から得られた知見は次の点であった。

　第1に、行政研修に対する効果意識は相対的に低く、とりわけ「指定（必修）研修」をはじめとする義務的研修の効果が低いものの、優秀教員はその機会を前向きに捉えて参加する傾向にあることが職能開発の要因となっている。

　第2に、「派遣研修」の効果意識が高く、とりわけ「大学院派遣研修」を筆頭にした派遣研修が有効に活用されており、高度な研修ニーズに基づき主体的に学

ぶことで職能開発に結び付けている。

　第3に、実績分野・校種によって校外研修の効果意識に差異が存在しており、「部活動指導」分野と「高校」籍の優秀教員にとって、「指定（必修）研修」の効果意識が特に低い結果から、各特性に応じた研修プログラムの開発が望まれる。

　以上のことから、優秀教員の校外研修に対する効果意識は、実績分野や校種によって幅があるものの、義務的研修を肯定的に捉える傾向にあることが職能開発を促進する基底的要因となっている。また、大学（院）を筆頭とする派遣研修の効果意識が極めて高く、各自の問題意識に基づく研究テーマに主体的に取り組むことにより、専門的知識の獲得をはじめとする効果が得られている。

2．校外研修に関する事例的考察の知見

　優秀教員の職能開発における校外研修の効果について、インタビュー調査に基づく事例的考察から得られた知見は次の点であった。

　第1に、優秀教員は義務的研修をプラス思考で捉え、前向きな姿勢で参加することによって職能開発の機会を有効活用している。

　第2に、優秀教員は行政研修においても、学校や地域の実態と課題に応じた教育実践活動と密接に関連する研修ニーズを有している。

　第3に、教育センター等における長期研修及び外部機関への派遣研修については、教育実践活動への還元によって研修の効果意識がより一層高まっている。

　第4に、長期派遣研修の機会は、優秀教員自身の意欲や向上心に基づいているが、応募に際して校長が関与（勧誘・推薦等）している場合も多い。

　第5に、長期派遣研修は、校内研修や職務経験等によって形成された基礎力や問題意識が、研修効果を高めるための基礎となっている。

　以上のことから、優秀教員は自身の教育実践活動と関連性の高い研修ニーズを有するとともに、義務的研修をもプラス思考で捉え、前向きに参加することによって効果を高めている。また、長期派遣研修に際しては、応募に際する校長等の勧誘・推薦による介在が明らかである。さらに、職務経験を通じた問題意識や研修に対する目的意識に加え、教育実践活動への還元機会の確保が研修効果を高める要因となっている。

3．校外研修の総合考察

　優秀教員の職能開発における校外研修の効果について、統計的考察及び事例的考察の結果を統合すると、以下のとおりにまとめることができる。

　第1に、行政研修の効果意識は相対的に低いものの、プラス思考で肯定的に捉える傾向にあることが研修効果を高める基底的要因となっており、機会を有効活用することによって職能開発を促進している。

　第2に、大学（院）を筆頭にした派遣研修の効果意識が極めて高く、研究内容に関する専門的知識の獲得という直接的効果のみならず、人的ネットワークの構築や課題触発等の付加的・波及的効果も得られている。

　第3に、派遣研修の応募に際し、校長等が介在している場合が多く、情報提供による奨励や任命権者に対する推薦の影響力が非常に強い。

　第4に、派遣研修の効果意識が高い要因は、一定の職務経験による問題意識や研修に対する目的意識が基盤となっていることに加え、教育実践活動に対する研修成果の還元が図られていることにある。

　以上のとおり、優秀教員は義務的研修を含む校外研修をプラス思考で捉える傾向にあり、それが職能開発を促進する基底的要因となっている。また、長期派遣研修の経験によって、専門領域の選択・開発やさらなる伸長を図る契機としている。したがって、その特徴や傾向を考慮に入れた校外研修の推進が肝要である。

　加えて、優秀教員が育成される校外研修の条件として、次の点を指摘することができる。行政研修については、義務的研修であっても前向きな参加を促進する創意工夫が求められる。「受講者」という与えられる受け身の姿勢ではなく、「参加者」としての主体的な意識や積極的な姿勢を促し、研修ニーズの集約を図るとともに、可能な範囲で義務的研修のプログラムにも反映させる仕組の検討が求められる。その際、教員個人と組織（学校・行政）の双方の研修ニーズを考慮し、いかにバランス良く盛り込んでいけるかが重要なポイントとなる。その実現によって、各研修への主体的な参加が促され、研修効果も高まることが期待される。

　長期派遣研修については、自身の存在意義・価値の発見や組織からの期待の増大に対応すべき中期キャリア、すなわち教職の基礎を形成した10年程度の職務経験を経た後に、問題意識・目的意識を明確化してから参加することが望まれる。

大学(院)における研修効果が極めて高いという点において、都道府県教育センター等における直営方式のみならず、大学院派遣研修の拡充や大学等との連携による研修プログラムの開発を推進する必要がある。また、派遣に際しては、研修後の戦略的活用が求められる。特に、研修後の還元方策の明確化によって、研修効果の向上と波及効果のさらなる拡大も期待できる。そのためには、人事管理(研修・異動・配置・評価・昇任等)システムの一体的運用に向けた機能強化が求められる。

第3節　自主研修の効果に関する総合考察

　本節では、自主研修の効果に関する統計的考察及び事例的考察に基づき、教員が育成される自主研修の条件を総合的に考察する。

1. 自主研修に関する統計的考察の知見

　優秀教員の職能開発における自主研修の効果について、質問紙調査に基づく統計的考察から得られた知見は次の点であった。

　第1に、現職研修の中で、自主研修に対する効果意識が最も高く、多種多様なニーズに基づく複数の自主研修に取り組んでいる傾向にある。

　第2に、優秀教員が取り組んでいる自主研修の中で、職能開発に対する効果意識及び経験率の双方が高い4つの研修項目(①専門的書籍の購読、②自主的組織・サークルでの研修、③民間の教育研究団体による研修、④先進校への視察研修)が存在し、奨励・支援の対象として優先順位が高い。

　第3に、優秀教員の自主研修の取組には、相当の自己負担(時間・費用)が発生していることから、研修に要する時間の確保と費用の助成による支援の有効性が高い。

　以上のことから、優秀教員は自身のニーズに基づく自主研修に取り組んでおり、その効果意識が非常に高い結果が明らかになった。また、影響度の高い自主研修の具体的項目に加え、その取組には多大な自己負担を伴っている状況が判明した。

2．自主研修に関する事例的考察の知見

　優秀教員の職能開発における自主研修の効果について、インタビュー調査に基づく事例的考察から得られた知見は次の点であった。

　第1に、自主研修に対する取組は、職務遂行上の使命感・責任感・プロ意識等が主要な動機となっている。

　第2に、自主研修は自発的な意思に基づく取組であるが、関係者からの勧誘が開始の契機となっている事例が多数を占めている。

　第3に、優秀教員の職能開発は、単独の自主研修によって完結しているのではなく、他の研修との相補関係や教育実践活動との相互作用によって相乗効果が発現している。

　第4に、自主研修の取組には、多大な自己負担（時間・費用）が発生しており、阻害要因の排除が活性化に向けた有効な支援策となり得る。

　以上のことから、校内研修及び校外研修と連動する自主研修の契機を創出することが肝要となる。また、負担（時間・費用）の発生が職能開発の阻害要因となり得るため、その排除が職能開発の有効な支援策となる。したがって、研修に専念するための時間の確保と主体的な取組の起点とするための費用の助成に重点を置いた支援策の検討が課題となる。

3．自主研修の総合考察

　優秀教員の職能開発における自主研修の効果について、統計的考察及び事例的考察の結果を統合すると、以下のとおりにまとめることができる。

　第1に、優秀教員の自主研修に対する取組は、職務遂行上の使命感・責任感等に基づく自発的な意思によって開始されているが、関係者からの勧誘が契機となっている場合も多数である。

　第2に、単独の自主研修によって職能開発が完結しているのではなく、多種多様な研修との組み合わせによって相乗効果が生み出されている。

　第3に、自主研修の取組は、教育実践上の課題に関するニーズに基づいており、研修成果の還元と継続的な学びに連なる「理論と実践の往還」が行われている。

　第4に、自主研修の定着から持続的な職能開発に至っているが、その過程にお

いては多大な自己負担（時間・費用）が発生している。

　以上のとおり、優秀教員は自己負担（時間・費用）を伴いながらも、自己向上意欲に基づく自主研修に努め、そのための出費や労苦を厭わない姿勢が確認できた。その契機に関しては、当人の意思のみならず、いくつかの誘因が存在する。具体的には、校務分掌（校内人事）上の必要性、ある人物からの影響や勧誘といった要因が挙げられる。一方、単独の自主研修によって職能開発が完結しているとはいえない。つまり、他の研修との相互作用、人事上の配慮（計画的配置・異動等）との相乗効果となって職能開発が促進され、ひいては豊富な実績と高い評価を得るに至っている。

　加えて、優秀教員が育成される自主研修の条件として、次の点を指摘することができる。優秀教員の自主研修に対する効果意識は現職研修の中で最も高いものの、自発的な意思のみで開始されていないという点において、契機創出と継続的な支援策の確立により、職能開発に向けた条件整備を行うことが重要な課題となる。

　その具体的な支援策として、自主研修の機会を保障することが有効であり、研修時間の確保のための措置が必要である。とりわけ、長期休業期間中における職務専念義務免除の弾力的運用[1]により、研修機会の確保と有効活用が求められる。また、研修費用の助成が職能開発を促進する有力な手段となり得る。専門書籍の購読をはじめとする取組に対する費用の助成（研究費方式）により、職能開発の促進を企図することも考慮されるべきである。その制度導入には、研修関連予算の配分見直しに加えて、所属校のカリキュラム等との関連性の認定基準をはじめ、服務監督権者による運用方法の検討が不可欠となる。

　自主研修の機会を創出する支援策の導入により、潜在的な研修ニーズが喚起され、持続的・発展的な取組の起点となることが期待される。そして、教職生涯を通じた「学び続ける教員像」の実現が期待できるとともに、費用対効果の高い研修システムの構築にも寄与することが可能となる。

第4節　優秀教員が育成される現職研修の条件

　本節では、校内研修、校外研修及び自主研修を集成した現職研修の効果に基づき、優秀教員が育成される現職研修の条件について、支援策の在り方を含めて総合的に考察する。

1．職能開発の前提条件

　本研究で明らかになった優秀教員の共通点として、教育に対する高い理想、強い使命感、専門職としてのプロ意識を身に付けていることが挙げられる。加えて、積極性や責任感といった人間性にも優れ、組織人としての適応性やチームワークのための協調性も備えている。その資質能力については、親族の影響や被教育体験をはじめとした養成段階までに培われている場合もあるが、入職後の様々な出会いや職務経験から受ける影響も多大である。また、高い理想や強いプロ意識から、現状のレベルに満足することなく、常に自身の指導力を向上させようという意欲を持続している。

　研修に際しては、義務的研修をも前向きに捉え、何かを吸収しようという積極的な姿勢で参加している。また、受けた指導・助言や批評を肯定的に捉え、自身の教育実践活動の改善や職能開発に有効活用している。そして、謙虚な姿勢で継続的な進歩や新たなチャレンジを志向している。

　ところが、そのような資質能力の特色を有していながら、自身が優秀であるという自覚がない。卓越した実践的指導力を身に付け、顕著な実績を評価されたにも関わらず、自身の教員としてのレベルが完成の域に到達したとは認識していないのである。それは、高い到達目標に照らして、現有の能力を大局的見地から自己評価しているからであろう。つまり、視野が広く、視線が高いために起こる現象であると考えられる。ある目標に到達すると同時に、あるいはめざしていた目標が届く範囲に来た時に、さらに高いレベルの目標に移行する。その結果、他者からの高い評価に対して、自身の高い目標との相対的な位置関係から厳しい自己評価となる。それが優秀教員の意識に影響を与え、謙虚さが特徴付けられる理由であるといえよう。

他方、職務の遂行においては、失敗や挫折の連続という認識が強い。それは、成果を得るまでの過程において、試行錯誤を繰り返すことによって、失敗体験が比較的多いと感じているためであると考えられる。また、自身の教育実践活動を客観的に省察する機会が多いため、失敗体験を過剰に意識していることも想定できる。以上のような、現状に満足して立ち止まることのない意識・態度・行動が、持続的な職能開発の前提条件となっている。

　教職生涯を通じて謙虚に学び続ける職能開発の基盤については、入職後の初任期までに確立することが望まれる。校内においては、初任者研修の指導教員や模範となる先輩教員の存在と役割が非常に重要である。校外における行政研修、とりわけ義務的研修においても、参加者に刺激を与え得る優れた実践の紹介や教員のライフヒストリーを語る取組を充実・強化していくことが期待される。内発的な動機付けがあってこそ、自律的な職能開発が成立するのであり、優秀教員の活用方策としても有効であるといえよう。

2．現職研修の推進条件
(1) フォーマル形式の校内研修の活性化

　優秀教員の職能開発の過程から確認できるとおり、校内研修は教職の基礎・基本を身に付ける上で重要であり、将来的にも影響が及ぶという点において、その役割を踏まえた見直しが求められる。

　今日の学校教育現場においては、従来からの情報化・国際化をはじめとした社会環境の変化への対応、いじめ・不登校・校内暴力等の問題解決や規範意識の醸成に加え、食育やキャリア教育の推進といった比較的新しい課題も付加されている。教育課題の拡大に的確に対応するとともに、特色ある学校づくりを推進する担い手として、教員には積極的に研修に取り組むことが求められている。また、ベテラン教員の大量退職に伴う若手教員の増加、財政難に伴う教育予算及び研修関連予算の縮減といった環境の変化も相まって、校内研修体制の充実・強化による効果的・効率的な職能開発が求められている。

　ところが、フォーマル形式の校内研修の実施計画やテーマの不適切さ、組織体制の形骸化、研修時間や指導者の不足、そして何よりも意欲の欠如をはじめとし

た多くの問題点が指摘されている。また、校内研修は小学校では定着しているが、教科担任制の中学校や高校では教科セクト主義や相互不干渉の特質が運営の弊害となる傾向にある。特に高校では、専任の研究主任等が配置されていないこともあり、校内研修が機能不全に陥っている状況も散見される。したがって、校内研修の組織体制の基盤整備が必要であり、内容や方法面のみならず、実施体制の在り方に関する根本的な見直しも不可欠である。

　学校の自主性・自律性の確立をめざした改革課題が示され、教職員の学校運営への積極的な参画を促すことが求められる中、学校単位で対応すべき教育課題も山積している状態にある。学校の教育目標の達成に向けて、全教職員が課題を共有し、当事者意識を高めることが重要である。しかしながら、担当教科や校務分掌に関しては専門的知識や最新の情報を有するものの、専門外のことには関心を持たない教員が多いのも実情である。

　また、学校には新卒であっても一人前の教員とみなされ、少なくとも初任者研修を終えた教員は同等というような組織文化が存在する。さらに、授業や学級経営に関することに他者が口出しすべきではないといった風潮もあり、排他的・競争的な「学級王国」という言葉も存在する。このような学校特有の文化は、教員の職能開発を阻害する要因にもなっている。

　校内研修の活性化に向けた方策として、校長をはじめとした管理職が校内研修を主宰し、学校経営計画に基づく校内研修の推進責任者となることが求められる。自ら講師を担当する場合もあろうし、適任者の人選や委嘱に関する責務を有することが望まれる。学校教育目標と連動した研修計画の立案により、全教職員の参加が促され、研修効果の向上が期待できる。

　さらに、自主研修の成果や関連情報の共有に加え、近隣の複数校との合同研修の実施により、相互啓発する場としての活用も検討すべきである。教員同士が学び合う雰囲気を醸成し、同僚性の高い学校文化を創造することは、校長をはじめとした管理職に期待される重要な役割として再確認する必要があり、校内研修を主導していく教育的リーダーシップの発揮が期待される。

　加えて、校内研修の充実に向けては、教育行政による積極的な支援が求められる。その実施に要する予算の確保や講師の派遣、研修プログラムのモデル提示や

関連情報の提供をはじめ、期待される支援策は数多い。学校現場のニーズや課題解決に直結する幅広い効果が期待できる点において、見直しを図るべき重要な課題として指摘できる。

（2）OJTの機能強化によるインフォーマル研修の推進

　優秀教員の初任期の学校においては、OJTが有効に機能していることが確認できた。近年、全国的にOJTを含むインフォーマル形式の校内研修を重視する傾向が強くなってきている。OJTについては、「上司や先輩が、部下や後輩に対して、仕事を通じて、職務に必要な能力（知識・技術（技能）・態度）を計画的・重点的に育成する努力の過程」[2]と定義され、マンツーマンでの指導の色彩が強かった。しかしながら、急激に変化する環境の中で、従来のやり方を効率化するだけでは成果の向上は期待できない。環境の変化に伴い、職能開発の対象となる範囲も拡大していることから、従来型OJTとは異なる新たなコンセプトと方法論が求められるようになっている。

　これからのOJTについては、「学校教育目標の達成に向け、人材育成を目的にした、管理者の計画的・重点的な職場の学習環境整備から教職員への直接指導までを含むシステム・活動であり、組織マネジメントを構成する機能である」[3]と位置付けられている。従来から、先輩教員が後輩教員を教える文化は存在してきたが、今日の学校にOJTが求められているのは、その機能が失われつつあるという認識に基づいている。

　従来の校内における人材育成は、教員個人の研修意欲や個別学校の組織体制に過度に依存してきた結果、教員の職能開発が学校の教育力向上や課題の解決に必ずしも結び付いていないことが指摘されている。また、学校の多忙化に伴う人間関係の希薄化や個人主義化も相まって、コミュニケーション不足による人材育成の機能が弱化している現状が認識できる。その課題解決に向けて、校長をはじめとした管理職を中心に、校内で組織的にOJTを推進していくことが求められている[4]。

　このような動向を踏まえ、校内における人材育成の実効性を高めるためには、各教員が身に付けておくべき力量や経験等に応じた役割を明示することには意義がある。また、PDCAのマネジメントサイクルを機能させるとともに、教員評価システムの中で連動させることも求められる。そして、人材育成を個別学校で意図的・

計画的に推進していくことについて、校長をはじめとした管理職の責務としてより一層強調するとともに、全教職員の意識改革に各学校が主体的に取り組んでいくことが期待される。効果的な OJT の実現に向けて、その推進担当者の育成や関連情報の提供をはじめとする教育行政の支援も必要不可欠な条件となる。

(3) 行政研修におけるニーズへの対応

　優秀教員の行政研修に対する効果意識は相対的に低く、プラス思考による前向きな姿勢が研修効果を高めている要因である点を指摘したが、受講者の意識や姿勢のみに改善を要求することは適当ではない。行政研修の主たる実施機関としての都道府県教育センター等においては、教員のライフステージに応じた学びを支援する機能の強化が必要であるとともに、費用対効果の高い行政研修の実施に向けて、具体的な改善策を検討することが不可欠である。

　そのためには、特に義務的研修の実施に際し、教育行政上のニーズのみならず、参加者の研修ニーズも集約し、その結果を反映させるシステムの構築が重要な課題となる。教員全体の底上げという趣旨に応じ、確実に伝達すべき事項も踏まえ、ニーズに基づく内容とのバランスを考慮することが求められる。また、一定の力量を備えた教員に対しては、より一層高度な研修や得意分野づくりを促し、苦手分野や弱点を抱えている教員に対しては、必要な指導力を補完することができるような、各教員のレベルや課題に応じた研修の実施も望まれる。

　全体的な方向性としては、一律・画一的な内容・方法・形態等を可能な限り見直す必要がある。すなわち、個別のニーズに対応する選択可能な内容の設定をはじめとした改善策を講じることが求められる。行政研修に対する教員の要望やニーズは多様であり、独自の研修事業の改善に加え、外部機関との連携強化による多様な研修プログラムの開発も要求される。具体的には、都道府県教育センター等において直営方式で実施される研修に限らず、大学や民間企業等との実質的な連携により、各機関が開設する研修コースを活用することも有効であるといえよう。

　優秀教員が求めている研修は、「学校現場に役立つ実践的な研修」、「日々の指導に即活かせるような授業実践」といった教育実践活動に直結するようなタイプである。また、「素晴らしい授業や人との出会い」、「優れた実践の紹介」、「実践交流を主とした研修」、「成功例に学ぶ研修」、「モチベーションを高めるような現場へ

の情報提供」に加えて、「教員の意識を変える研修」、「人格や正義感、使命感を向上させる研修」を望む声が多数を占めている。優秀教員の研修講師としての活用を含め、研修ニーズへの的確な対応によって効果の向上が図られるとともに、職能開発の促進に寄与することが可能となる。

（4）派遣研修の機会の確保と還元方策の確立

　優秀教員の職能開発の過程から、派遣研修が特定領域の卓越性を獲得する上で、極めて重要な機能を有していることに加え、その成果が教育実践活動に還元されていることも確認できた。

　教員のライフステージにおいて、初任者段階の校内研修及び行政研修、中堅教員段階以降の派遣研修による職能開発が特に重要である。すなわち、中堅教員の段階においては、すでに一定の職務経験を積んでいるため、教科指導を中核として、学級・学年経営、生徒指導等の在り方に関する問題意識が形成されている。それが研修の目的意識に変換されることで、得意分野づくりや個性の伸長を図り、研修効果の向上に結び付けることが可能である。

　意欲ある多くの教員が長期派遣研修の機会を得ることは、教員個人の職能開発や学校組織の教育力の向上にとって有効である。本来であれば、一定年数の経験後に希望者全員が参加することができる研修機会の拡充が望まれる[5]。しかしながら、財政難に伴う研修関連予算の縮減[6]により、今後の事業規模の維持が困難になると予測される状況にある。したがって、派遣研修に適した教職経験10年を経過した時機に、研修実績や教員評価等に基づく適任者の選抜を行うことが当面の課題となる。その際は、優秀教員がそうであるように、派遣研修の成果が教育実践活動と連動するような人事管理システムの一体的運用が求められ、研修後の還元（活用）方策を強化していくことも要求される。

　長期派遣研修の実施には、代替人員の配置に伴う人件費が発生しており、その高額な投資に見合う研修成果の還元による費用対効果の向上が一層強く求められる社会情勢となっている。したがって、研修に参加する本人の職能開発のみならず、学校や地域にも研修成果を波及させることにも留意する必要がある。単なる予算消化の事業ではなく、人材育成に対する貴重な投資であることを、より強く意識した研修機会の有効活用が求められている。

（5）自主研修に対する支援と評価

　優秀教員は多大な自己負担（時間・費用）を伴いながらも、自身のニーズと向上意欲に基づく自主研修に取り組むことによって、持続的な職能開発に結び付けている。その効果意識は、現職研修の分類・区分の中で最も高い結果となっている。また、単独の自主研修のみならず、他の研修との相補関係や教育実践活動への研修成果の還元との相互作用によって相乗効果が生み出されている。

　自主研修の取組開始の契機については、関係者からの情報提供や勧誘による場合が多数である。したがって、自主研修の契機を創出するためには、研修に関する情報提供に加えて、阻害要因を排除することが重要であり、研修時間の確保と研修費用の助成が有効な支援策となり得る。具体的には、長期休業期間中における職務専念義務の免除に関する服務規定の弾力的運用による研修時間の確保、研修関連予算の再配分による費用助成を伴う自主研修の支援が望まれる。さらに、多様な研修ニーズに対応するための大学等と教育委員会との連携・協力体制の強化も求められる。その実現により、既存の研修体系の見直しや自主研修の取組の活性化にも寄与することが可能となる。

　教育公務員特例法に規定されているように、教員には研修に関する努力義務が課されており、自らの職能開発のためには与えられる研修機会の有効活用に加えて、研修に対する主体的な取組も期待されている。その活性化に向けて、自主研修の取組とその成果の活用に関する評価が肝要となる。

　従来、自主研修に対する評価は十分に機能していたとはいえず、教育実践活動への還元に重点を置いて、適正に評価される必要がある。そのためには、学校管理職が自主研修の計画段階と事後に報告を受け、進捗状況を把握するとともに、その後の取組に助言を与えることが求められる。

　各教員の研修実績については、大学等での学修、社会貢献活動、新たな教員免許状や資格の取得、民間組織等が開設している研修への参加を含め、幅広く認定することが考慮されるべきである。研修実績に関するデータを適切に管理し、教育実践活動における活用状況を見極め、校務分掌上の配置や得意分野の申告等にも活用するなど、人事管理システムに反映させる機能の強化が求められる。その実現によって自主研修が促進され、教職生活の全体を通じた職能開発に向けた

自律的な取組への発展が期待できる。

3．現職研修体系の再編・整備

　優秀教員の職能開発にとって、研修ニーズへの的確な対応に加え、研修に取り組む内発的な意欲や積極的な姿勢こそが、研修効果を高める基底的要因になっていることが確認できた。したがって、効果意識が最も高く、公費負担が最も少ない自主研修の奨励・支援を中心に、持続的な職能開発を重視した現職研修体系の再編・整備が重要な課題になるといえよう。

　現職研修の中核機関として、都道府県教育センター等においては、教員のライフステージに応じた研修ニーズに対し、教職生涯にわたる持続的な職能開発を支援するための機能強化が求められる。具体的には、従来の一律に実施されていた研修内容・方法・形態等を見直すとともに、情報通信機器の整備とその環境を活用した研修システムの構築が求められる。また、個別のニーズに可能な限り対応するための支援機能の充実・強化も期待される。さらに、自主的組織・サークルや民間の教育研究団体等の活動に対し、研修会場として施設・設備の提供をはじめとした便宜供与も望まれる。

　現職研修を通じた教員の職能開発は、多種多様な研修の補完関係と相互作用によって、高い効果が生み出されている。すなわち、校内研修や行政研修によって教職の基礎的・基本的な知識・技能を習得し、長期派遣研修によって得意分野の形成や専門性の獲得・深化を図り、発展的な形態としての自主研修に結び付けることによって、持続的な職能開発の定着に至っている事例が多数である。したがって、各研修の役割・機能を考慮した上で、相互のバランスと連動に留意した新たな研修体系の構築が望まれる。

　今後の活性化が期待される自主研修については、単独の取組だけでなく、校内外における研修やその他の要素との相互作用が重要となる。また、人事管理システムの機能強化との連動に伴い、研修意欲の向上による持続的な職能開発の促進が図られ、実践的指導力の強化、ひいては学校の教育力向上に至る効果の拡大が期待できる。

4．学校管理職の役割

　優秀教員の職能開発において、学校管理職は直接的・間接的に多大な影響を与えていることが確認できた。個別学校におけるOJT推進に向けて、役割の重要性に伴う管理職の意識改革と行動変容が優先的な課題として挙げられる。管理職にとって、校内における人材育成は付加的な職務ではなく、学校経営計画や教育目標を達成するための重要な手段であると認識する必要がある。

　まず、校長が学校経営に関する明確なビジョンを示し、教職員が共有できるミッションを構築することが肝要である[7]。それに伴い、教職員の教育活動の意味と全体活動との関連性の明確化が図られ、校内における人材育成計画や研修計画の立案が可能となる。各教員の役割と目標達成に向けた課題を理解させ、それを踏まえた個別の研修計画やキャリアプランの策定を支援することによって、研修参加に際する目的意識が高まるとともに、研修効果の向上とそれに伴う職能開発の促進が期待できる。

　次に、教員が自らの教育実践を省察するとともに、職能開発を支援するための体制づくりと風土醸成を行うことが重要である。学校が児童・生徒の学びの質を担保し、期待される役割を果たすためには、教員同士が高度専門職の集団として相互に学び合う「同僚性」を確立することが求められる。従来の学校には、初任者研修を終えたら全員が対等であり、互いの職務に干渉しないといった文化が存在し、相互評価や建設的に批判し合う機会の少ない組織であったという点を反省する必要がある。「同僚性」という概念が注目されている背景には、学校を取り巻く社会環境の急激な変化に伴い、教員個人での対応が不可能な事象が増加していることから、組織的・体系的な職能開発を図る必要性が強調されていると理解できる。校内における人材育成にとって、管理職が先頭に立った学び合う雰囲気づくり、同僚性の高い学校文化づくり、組織開発の推進は必要不可欠な課題であり、その役割の重要性は今後さらに高まっていくことが予見される[8]。

　さらに、初任期における先輩教員の影響を考慮した校務分掌上の組織づくりが望まれる[9]。ミドルリーダーをメンターとして有効活用するため、適任者を初任者研修の指導教員や関連する分掌の主任に任命し、校内におけるコミュニケーション活動を促すキーパーソンとして位置付けることが重要である[10]。管理職の率先垂範

により、自由闊達な意見交換や教育談義ができる雰囲気を醸成し、教員集団・学校組織を先導していくことが求められる。

　初任期から中堅期の教員に対しては、キャリアプランの作成に向けたきめ細かな指導・助言を行うことが望まれる。また、多様な職務経験を積ませるとともに、次の段階の課題を教示することが重要である。さらに、ライフステージに応じた長期派遣研修に関する情報を随時提供するとともに、適任者を推薦することも重要な役割である。そして、研修成果を還元・共有するための人事管理を考慮し、学校の教育力向上を図ることによって、教育目標の達成をめざすサイクルの形成に努める必要がある。

　インフォーマル形式を含む校内研修のみならず、職務経験や教員評価をはじめ、教員が育成される機会は学校内に数多く存在している。また、校外の多様な研修機会の有効活用に加え、自主研修に関する情報提供をはじめとする奨励・支援も管理職の重要な役割となる。校長をはじめとする管理職の職能開発は、その所属教職員の職能開発を促すことに結び付くとともに、学校改革を推進していく上でも極めて重要である。人材育成に関するリーダーシップとマネジメント能力がこれまで以上に求められ、管理職の能力次第で学校の教育力・組織力に大きな格差が生じる点を認識する必要がある。

5．教育行政の役割

　優秀教員が育成される条件として、教育行政による支援の拡充が必要不可欠である。近年、全国各地で教職員の人材育成の在り方に関する検討が行われ、その結果に基づく基本方針の策定によって求められる教職員像を明示する動きが加速し、教育公務員特例法の改正によって育成指標が策定されるようになった。また、OJTの実践手法に関するガイドブック等を作成し、日常の職務を通じた教育実践力の育成に供する事例が増加している。このような支援によって、教員が生涯にわたって学び続けるとともに、学校組織全体の教育力を高める必要性について、共通認識が図られることも重要である。

　フォーマル形式の校内研修については、個別学校の研修計画や研修ニーズに基づく講師派遣、情報・資料提供、費用助成等の支援策の充実・強化が必要とされ

る。インフォーマル形式についても、OJTの活性化に向けた推進担当者の育成やガイドライン等の整備を中心とした支援が求められる。

　校外研修の実施については、教員個人と学校組織における多種多様な研修ニーズを集約し、研修プログラムに反映させるシステムの構築が求められる。多岐にわたる研修ニーズに的確に対応するためには、都道府県教育センター等の直営方式のみならず、大学や民間企業等との一層の連携強化による研修プログラムの開発も期待される。一方、長期派遣研修に関しては、研修成果の還元方策の明確化といった投資効果を考慮した運用が求められる。

　自主研修については、阻害要因の排除を中心とした支援策の拡充が必要である。まず、研修に取り組む時間の確保と予算措置に関する条件整備が求められる。また、自主研修への取組と活用を適正に評価し、実績として認定する仕組の検討が必要である。自主研修の活性化のためには、教育行政からの適時・適切な情報提供により、教員の主体的な向上意欲を刺激するなど、教職生涯にわたる持続的な学びに対する支援機能の充実・強化が求められる。

　現職研修に関する総合的な評価機能の向上も重要な課題となる。すなわち、各研修においては、実施後の研修評価・効果測定による改善に向けたマネジメントサイクルの確立が必要である。また、教員評価システムに基づく長期派遣研修の参加者の選抜、研修成果の還元に関する評価機能の向上も求められる。さらに、研修の参加履歴に関するデータを適切に管理し、人事管理システムと一体的に運用するための機能の強化も必要となる。

　他方、間接的な支援策として、校長を中心とする管理職のマネジメント能力の向上を企図することが優先課題となる。唯一の成長可能な資源である人材の育成は、管理職にとって最も重要な責務であることを自覚することが不可欠であり、教員の向上意欲を引き出すリーダーシップやマネジメント能力を高めるための意図的・計画的養成に加えて、管理職研修の充実・強化に関する施策の展開も期待される。

　加えて、新たに設置された職の活用にも検討の余地がある[11]。2007年に学校教育法の改正によって制度化された「指導教諭」が、校内における人材育成に最も相応しい役職であるといえる。その職務内容として、「教諭その他の職員に対して、教育指導の改善及び充実のための必要な指導及び助言を行う」ことが明記されて

いる。その職務は所属校にとどまるのではなく、近隣校における指導・助言（教科指導・学級経営・生徒指導等）を行うことも想定されている。したがって、制度を適正運用することにより、若手教員の職能開発を促進するために有効活用していくことが期待される。

優秀教員についても、その中心的役割を担い得る存在であると認識できるが、現段階においては、具体的な活用方策が確立されていない。学校教育現場で継続的に実践活動に取り組んでいる事例、指導主事や管理職として活躍している事例も実在するが、教職キャリアの複線化や自身の希望との合致といった観点からも、優秀教員ならではの活用方策として、特筆すべき職務が付与されているとはいえない。したがって、授業実践や研究発表の場を設けて活動内容を紹介するとともに、校内外における研修の講師として指導・助言の役割を委嘱するなど、若手教員にも刺激を与えられるような新たな活用方策の検討が課題として指摘できる。

【註】

[1] 久保富三夫（2008）「免許更新制と現職研修改革」日本教師教育学会編『日本の教師教育改革』学事出版 196-212 頁において、自主研修の機会保障に関する制約の契機が明示されている。すなわち、2002 年 7 月 4 日付「夏季休業期間等における公立学校の教育職員の勤務管理について」と題する初等中等教育企画課長通知であり、それは研修と休暇の混同を改めることが目的であった。しかし、実際には学校現場での「職務専念義務免除削減競争」（校長らの「研修」の限定的解釈、計画書・報告書の負担増による煩雑さの忌避傾向）を招く結果となった点が指摘されている。また、費用助成に関しては、戦後改革期における研究費支給構想として、久保富三夫（2005）『戦後日本教員研修制度成立過程の研究』風間書房において詳述されている。

[2] 岡部博（1982）『企業内研修戦略』産能大出版部

[3] 浅野良一（2009）『学校における OJT の効果的な進め方』教育開発研究所

[4] 全国に先駆けて、2008 年に策定された神奈川県の「学校内人材育成（OJT）実践のためのガイドブック」では、OJT の実践について 4 つの観点から説明されている。すなわち、①集団としての人材育成（授業研究会の実施を通じた実践やノウハウの伝達・継承）、②管理職等のマネジメントによる人材育成（教員の人材育成の視点を組み込んで行う学校運営）、③個別に実施する人材育成（管理職が人材育成・研修プランに基づき行うコーチング・メンタリング等）、④職場の活性化による人材育成（コミュニケーションによるビジョン・ミッションを共有）となっている。その後、東京都においても人材育成基本方針に基づく「OJT ガイドライン」が策定されるなど、全国各地で OJT の推進が活発化している状況が注目される。

[5] 久保富三夫は、教育公務員特例法の成立過程に関する研究から抽出した 3 つの研修原理（自由性、職務性の公認、機会均等性）に則る制度として、「一定勤務年数での長期研修機会附与制度」の創設をかねてより提唱している。詳細は、久保富三夫（2017）『教員自主研修法制の展開と改革への展望』風間書房を参照されたい。

[6] 千々布敏弥（2012）「都道府県指定都市における教職経験者研修の改編動向に関する考察」『国立教育政策研究所紀要』第 141 集、123-136 頁に詳述されている。

[7] 加治佐哲也（2008）『学校のニューリーダーを育てる』学事出版において、兵庫県教育委員会と兵庫教育大学との連携による研修事業の具体的な内容が紹介されている。その中で、「学校経営ビジョンの内部に対する必要性」として、次の点が明示されている。すなわち、①学校経営

ビジョンは、校長のリーダーシップの一部として存在し、異質で多様な価値観を持つ教職員の求心力としての役割がある。学校経営ビジョンにより、学校としての一体感を醸成し、教職員が意欲と使命感を持ちながら日常の教育活動に携わってこそ、より充実した学校づくりが実現される。②学校経営ビジョンは、教職員の教育活動を明確にする働きを持っており、その明確化によって教職員が動きやすくなる。校長は、学校経営ビジョンを示し、教職員の教育活動の意味と全体活動とのつながりをよく理解できるようにすることで、教職員の判断や行動選択のための前提を明らかにすると同時に、学校全体のベクトルを合わせることが大切である。③教職員の日々の教育活動に対する意欲を喚起する。多忙感は、心理的な側面が強く、その多くが担当している仕事の目的や意味、組織全体における位置付けが不明確な場合、助長される性格を持っている。学校経営ビジョンを明らかにすることで、教職員の日々の具体的な活動に意味を与えることができる。

8 日本教育経営学会(実践推進委員会)によって、「校長の専門職基準2009(一部修正版) −求められる校長像とその力量−」が策定されている。その中でも、「教職員の職能開発を支える協力体制と風土づくり」については、「校長は、すべての教職員が協力し合いながら自らの教育実践を省察し、職能成長を続けることを支援するための体制づくりと風土醸成を行う」ことが明記されている。具体的な内容は次のとおりである。①すべての教職員の職能成長を図ることが、あらゆる児童・生徒の教育活動の改善につながるということを明確にする。②教職員一人ひとりのキャリア、職務能力を的確に把握し、各自の課題意識や将来展望等について十分に理解し、支援する。③学校の共有ビジョンの実現のために、一人ひとりの職能開発と学校としての教育課題の解決を促すための研修計画を立案するよう教職員をリードする。④教育実践のありようを相互交流しあい、協力して省察することができるような教職員集団を形成する。⑤教職員の間に、協働、信頼、公正、公平の意識が定着するような風土を醸成する。詳細は、日本教育経営学会ホームページを参照されたい。http://jasea.jp (2019年3月1日最終閲覧)

9 初任教員に対する職能開発の支援という観点から、学校や地域の実態に応じて拠点校指導教員制度の導入にも検討の余地がある。他方、校内に限定しても、力量のある教員は主要な校務分掌からはずせないという事態となり得る。仮に可能であったとしても、連続して担当することが困難なため、結局はローテーションによる輪番での担当となる場合が多いのが実情である。関連情報として、和井田・杉江他(2010)「新任教員の適応援助および成長支援に関する研究」日本教師教育学会自由研究発表資料において詳報されている。

10 コミュニケーションを促すキーパーソンとして、中堅教員・ミドルリーダーに対してポジションや役割を与えることが重要である。適材適所への配置については、日頃からのコミュニケーション活動を介した一人ひとりの理解が必要になってくる。中堅教員・ミドルリーダーの育成に対する管理職の意識や姿勢が教職員集団のモデルとなり、先輩教員から若手・初任者までの育成の連続性が期待できる。

11 2018年度4月時点において、全校種合わせて2,580名の指導教諭が配置されている。同時に設置が可能となった主幹教諭の21,228名を大幅に下回るとともに、校種・地域間の格差も大きい状態が続いている。詳細は、文部科学省ホームページ「平成29年度公立学校教職員の人事行政状況調査について 校長等人数及び運用者数」を参照されたい。
http://www.mext.go.jp/a_menu/shotou/jinji/1411820.htm (2019年3月1日最終閲覧)

第3部
結論

研究の総括と課題

第11章 教員の職能開発の促進に向けて

　本研究は、優秀教員を職能開発の成功モデルと推定し、彼らが経験した現職研修の効果を明らかにすることにより、優秀教員が育成される条件を探るとともに、職能開発を促進する支援策の在り方を考究することが目的であった。

　研究目的の達成に向けて、優秀教員に対する質問紙調査を実施し、246名からの回答結果に基づく統計的考察を行った。また、質問紙調査の回答者の中から、研修に対する効果意識の高い優秀教員にインタビュー調査を実施し、12名からの回答結果に基づく事例的考察を行った。

　本研究においては、公立学校に所属する35歳から45歳までの優秀教員に対象を限定するとともに、現職研修を場所的・時間的な基準によって、校内研修、校外研修及び自主研修の3つの形態に分類・区分し、上述した2種類の調査結果に基づく考察を相互補完的に併用した。

　序論に続く本論では、優秀教員の職能開発における現職研修の効果意識に基づき、3つの大区分から統計的・事例的に考察した。また、双方の考察を統合するとともに、優秀教員が育成される現職研修の条件を含めて総合的に考察した。

　結論としての本最終章では、これまでの各考察を踏まえながら、教員の職能開発を促進する現職研修と支援策の在り方を総括的に検討する。結びに、近年の政策動向を踏まえた補遺を行うとともに、本研究の課題と展望を示す。

第1節　研究の総括

1．職能開発を促進する基盤の形成

　教員の職能開発を促進するためには、その前提条件となる人格的・行動的特性を身に付けることが肝要である。すなわち、優秀教員がそうであるように、義務的研修に対してもプラス思考で前向きに取り組もうとする意識、謙虚に傾聴し学び続ける姿勢・態度、自己向上をめざして主体的・積極的に取り組む行動面の特性でもある。その根底には、教職に対する高い理想、強い使命感、高度専門職としてのプロ意識が存在する。

　職能開発の基盤の形成については、養成・採用・研修の全体を貫く継続的な育成が求められる。模範となる先輩教員からの影響が非常に強いという点において、入職後の育成が可能であり、特に教職の基礎・基本を形成するための研修機会が多く設定されている初任期までに確立することが期待される。1年間の初任者研修を完結型として捉えるのではなく、教職生涯を通じて学び続ける基礎力を養成する機会であるとの意識付けを強化する必要がある。

　加えて、初任期の段階で、教員としての視野を広げるとともに、コミュニケーションやチームで協働する力をはじめ、人間力を高める「修養」に重点を置いた育成が求められる。その際、優秀教員や新たな職としての指導教諭を有効活用することで、教員としての生き方・在り方に関する高次の目標設定が可能となろう。その実現によって、教職生涯を通じて教育実践活動の不断の改善に努める自己向上意欲の喚起が期待できる。

2．職能開発を促進する研修システムの構築

　現職研修を通じた職能開発の促進に向けて、養成・採用・研修の各制度との総合的・一体的な改革に加え、教員が生涯にわたって学び続ける意欲と主体的な取組を支援するシステムの構築が求められる。すなわち、教員養成制度の改革に伴う現職研修の役割・分担の変化、教員免許更新制の導入に伴う現職研修との整合性の確保、主幹教諭や指導教諭をはじめとした職の分化への対応に加え、育成指標とも連動する研修体系・内容の見直しが緊要な課題となっている。

教員の職能開発は、多種多様な研修が相互に関連し、補完し合うことによって相乗効果が生み出されており、各研修間のバランスと連動に留意したシステムの構築が求められる。また、現職研修の分類・区分の中で効果意識が最も高く、公費負担が最も少ない自主研修への接続を重視した支援体制の整備が望まれる。各研修においては、その後の主体的・継続的な学びを促進するための情報提供等の支援に可能な限り努めることが必要である。

　校内研修については、フォーマル研修の充実・強化のみならず、OJTを通じた人材育成にシフトした展開も図られている。各学校における校内研修の推進に向けて、全教職員が主体的に参画するための意識改革が求められ、同僚性の構築やコミュニケーションの活発化が重要な課題となる。

　校外研修については、研修ニーズの集約や大学等との連携・協力体制の構築による研修プログラムの開発が求められる。また、有効性の高い派遣研修を通じた人材育成とその有効活用に向けた機能の強化に加え、カスケード方式[1]による波及効果の拡大をはじめとする、効率性を重視した人材活用方策も検討課題となる。

　自主研修については、校内外における研修からの継続・発展に留意するとともに、活性化に向けた奨励・支援策の充実・強化が肝要であり、そのための条件整備が求められる。具体的には、自主研修の契機を創出するため、長期休業期間における職務専念義務免除の取扱いの弾力的運用に加え、自主研修に対する予算措置とその具体的な運用方法の検討が主要な課題となる。

3．職能開発を促進する教育経営上の課題
（1）校長の人材マネジメント能力の向上

　教員の職能開発を促進するためには、校長の人材育成に関するマネジメント能力の向上が必要不可欠である[2]。まず、学校経営計画・ビジョンの構築、それに基づく人材育成計画の策定が重要なポイントとなる。次に、OJTの推進責任者として、率先垂範のリーダーシップの発揮が期待される。また、ミドルリーダーを活用した組織体制づくり、コミュニケーション活動の活性化、教員同士が学び合う同僚性の確立のための風土醸成に関する役割も求められる。さらに、必要に応じて教育行政に支援を要請し、学校外の資源を有効活用することも望まれる。

派遣研修に際しては、関連情報の提供や適任者に対する勧誘によって奨励・支援を行うことが職能開発を促進する重要な鍵となる。そのためには、所属教員のキャリアプランの的確な把握と研修への応募を躊躇させることのない職場環境の醸成も不可欠である。

　自主研修に関しても、教員研修に関する法制度の理解とそれに基づく適正な運用、予算措置を中心とした支援が期待される。また、各教員の職能開発に向けた取組を人事管理システムに反映させる評価・育成能力の向上も重要な課題となる。

（2）教育行政の支援力の強化

　教員の職能開発の促進に向けて、教育行政は人材育成・活用に関する基本計画を策定する必要がある。そのためには、教員がキャリアステージや職層に応じて身に付けるべき能力を明示し、研修の充実による職能開発の取組を支援することが求められる。策定された育成指標とそれを踏まえた研修計画を、実効性を伴うものに発展させていくことが肝要である。

　次に、現職研修の主たる実施者として、教育行政にはシステム構築・運用能力の向上及び学校支援機能の強化のための条件整備が求められる。教職生涯にわたる向上意欲と主体的な学びを尊重するとともに、持続的な職能開発に向けた自主研修の奨励・支援に重点を置いた現職研修の再編・整備や、研修関連予算の組み替えによる運用の見直しも重要な対象となる。

　個別学校における校内研修に対しては、講師派遣、資料・情報提供等をはじめ、可能な限りオンデマンド方式の支援が望まれる。また、OJT推進のためのガイドブック等の作成や広報・啓発活動の推進も不可欠である。

　校外研修の推進に向けては、参加者の研修ニーズを集約し、プログラムに反映させるシステムの構築が求められる。そのためには、研修効果の測定・評価機能の向上が前提となる。また、都道府県教育センター等における直営方式の偏重を見直し、大学や民間企業等との実質的な連携・協力体制を構築し、多様化・高度化する研修ニーズに対応し得る方策の検討が必要である。さらに、派遣研修における選抜機能の強化と還元・活用方策の明確化による費用対効果の向上も要求される。

　自主研修については、その契機を創出するための負担（時間・費用）の軽減に

よる奨励・支援策の確立が求められる。また、長期の自主研修[3]の支援を強化するための制度改革に関する検討も期待される。さらに、自主研修の取組と成果の活用に関する評価機能の向上も重要な課題となる。

以上のとおり、現職研修による職能開発の促進に向けて、教員の向上意欲を喚起するとともに、教職生涯にわたる持続的な学びを支援する研修体系の再編・整備に加え、人事管理（採用・研修・異動・配置・評価・昇任等）[4]システムを一体的に運用するための機能強化が必要不可欠である。

他方、校長をはじめとする管理職の職能開発に対する支援も要求される。管理職の職責の重要性を考慮し、意図的・計画的な養成に向けたマネジメント能力向上のための研修プログラムの開発とその継続的な実施も極めて重要な課題となる。

教育行政には、現職研修の効果を高め、教員の職能開発を促進するために必要な条件整備が求められる。教育の地方分権化及び学校の自主性・自律性の確立という教育政策が推進される中にあって、今後の学校教育の成否は、主体的な学びを通じた教員個人の成長力、校長を中心とした学校組織の育成力、教育行政の支援力がより重要性を増すことになるであろう。その意味において、それぞれの力量に応じた個人・学校・地域間の格差はさらに拡大・顕在化することが予想され、関係者が一体となった重層的な取組の推進が求められる。

第2節　政策動向を踏まえた補遺

1．教員の職能開発に関する政策動向
（1）教員研修政策の経緯

我が国では、近代学校制度の導入時から、教員の質が学校教育の成否を左右する要因として重視されてきた。それゆえに、質の向上を図るための教員資格・免許、教員養成、現職研修、待遇改善等に関する多様な施策が展開されてきた。

現職教員研修については、急激な社会の変化に対応した多種多様な教育ニーズを満たし、教員が期待される職務を遂行していくための重要性から、1949年に成立した教育公務員特例法によって制度的に開始された。その後、学校の量的拡大に伴う教員需要の高まりから、教員の質が問われ始める1970年代以降に本格的

な拡充が図られるようになった。当時の教員研修行政は、一貫して国（文部（科学）省）の主導によって展開され、行政意思を伝達・徹底するための機能が保持されてきたが、特定の研修を除いて都道府県の主催に移行させる措置がとられるようになった[5]。その後も教員研修に関する政策は、1980年代の体系化、1990年代の義務化の段階を経て、2000年代以降の教員評価と不適格教員への厳格な対応、さらには高度化に向けた改革が推進されている。

　近年の社会経済情勢や学校を取り巻く環境の激変を背景として、社会への適応力や21世紀を生き抜く力を育成するため、新たな学びに対応した指導力に焦点が当てられるようになっている。とりわけ、中核となる学校教育の質的改善に向けて、直接の担い手である教員に対し、高度専門職としての自覚と責任がより一層強く求められている。

　こうした状況の中で、2012年8月に中教審答申「教職生活の全体を通じた教員の資質能力の向上方策について」が公表された。その中で、教員は「高度専門職業人」として明確に位置付けられるとともに、「修士レベル化」をめざした教員養成や教員免許の制度改革の方向性が示された。当面の改善方策として、教育委員会と大学との連携・協働により、学び続ける教員を支援する仕組の構築（「学び続ける教員像」の確立）の必要性とともに、現職研修の改善に向けたプログラム化・単位化も示された。

　この答申は、旧民主党政権時代に取りまとめられたものであったため、2012年12月の自由民主党の政権奪還に伴う政策転換により、教員養成の修士レベル化や免許制度に関してはトーンダウンしたものの、「学び続ける」という点に関しては基本的に引き継がれることとなった。その後は、自由民主党内に総裁の直属機関として設置された「教育再生実行本部」が改革の高い要求を打ち出し、内閣総理大臣の諮問機関として設置された「教育再生実行会議」が政策の方針に関する議論を行い、中教審は具体的な実行方法や制度設計を論じるという政策形成の役割分担により、法改正に結び付ける流れが形成された。

　2015年12月には、養成・採用・研修の一体的改革をめざし、中教審答申「これからの学校教育を担う教員の資質能力の向上について〜学び合い、高め合う教員育成コミュニティの構築に向けて〜」が取りまとめられた。「教員は学校で育つ」

という考えの下、OJT を通じて学び合う校内研修の充実に加え、自律的・主体的な研修に対する支援など、教員の学びを支援する方策を講じるという研修に関する改革の方向性が示された。その内容として、継続的な研修の推進に向けた条件整備の在り方や法定研修の改革に加え、全国的な拠点として独立行政法人教員研修センターの機能強化に関して提言された。

さらに、教員の資質能力の高度化に関する方向性として、教職大学院の現職教員研修への参画など地域への貢献を図ることに加え、学びの仕組の環境整備が示された。具体的には、育成指標を踏まえながら、各種研修、免許状更新講習、履修証明プログラム、教職大学院での学びをそれぞれ単位化し、ラーニングポイントとして積み上げた履修証明や専修免許状を授与する取組の推進により、学び続ける教員の具現化が期待されている。

これを受けて、2016 年には教員の資質向上をめざす法改正が行われた。教育公務員特例法については、任命権者が教育委員会と関係大学等で構成する協議会を組織し、指標に関する協議等を行い、文部科学大臣が定める指針を参酌しつつ、校長及び教員の職責や経験等に応じた資質向上を図るための必要な指標を定めるとともに、それを踏まえた体系的な教員研修計画を策定することなどが規定された。また、独立行政法人教員研修センター法については、必要な調査研究等に関する事務の追加とともに、名称が「独立行政法人教職員支援機構」に改められ、教職員の職能開発に向けた新たな事業が展開されている[6]。

(2) 教員研修政策に対する批判的検討

教員の職能開発に関する近年の政策においては、本書の論調と軌を一にする進展が確認できる部分がある。しかしながら、校内研修や行政研修に重点を置いた「内向き」かつ「管理統制的」な方向にシフトしている点も懸念される。すなわち、全教員の一律の底上げをめざす「平等性」のみを過度に重視するのではなく、得意分野を持つ個性豊かな教員の育成をめざす「卓越性」をも考慮した派遣研修の拡充に加え、「自律性」に基礎を置いた自主研修の奨励・支援も同時並行的に進めていく必要がある。いずれも教員の職能開発にとって不可欠であり、相互のバランスと研修意欲の喚起に留意しながら、個人の実践的指導力の強化と学校組織の教育力の向上に結び付けていくための条件整備が重要な課題となる。

職務と責任の特殊性に基づく教育公務員特例法については、その制定時から「研修を受ける」と「研修を行う」という条文の混在（第22条）や研究費支給規定の欠如をはじめとした内在する矛盾を抱えていた[7]。そして、改正の過程を経ることによって、法定研修の導入・強化をはじめとする統制が強められ、研修の主体となるべき教員が、教育・訓練を受ける客体としての研修に変化してきた。その一方で、教員の自主性・主体性を重視する提言は実現に至るどころか、権利としての側面を有する自主研修の活動は次第に制約が加えられてきた[8]。新たに導入された指標についても、他律的という側面に加え、策定の過程に関与していないことによる当事者意識の不足もあり、高度専門職業人として自律的・能動的な学びの取組を弱めてしまい、「画一的な教員像」になりかねない点も危惧される。

　現政権による教育政策については、強大な政治力を背景として、我が国の成長のための「経済再生」と並ぶ最重要課題として、「教育再生」というスローガンを用いて推進されている。そもそも「再生」とは、「①衰え、または死にかかっていたものが生き返ること。蘇生。②心を改めて正しい生活に入ること。更生。」を意味している（大辞泉）。要するに、教育界全体が指導力不足とみなされ、危機を扇動しながら改革を加速する手法が採られているとも解釈できる。そのような情勢の中で、広範かつ網羅的な改革プランが矢継ぎ早に打ち出されているが、現場の教職員や地方教育行政関係者でさえ、理解不足や取組の重点化・焦点化が困難になっている状態も散見されるようになっている。新たな資質向上策の推進に必要となる予算措置や負担軽減等の具体策が講じられない場合は、運用の形骸化に陥る可能性が高くなるといえよう。

　「教育投資の充実」が必要であり、「人材が最大の資源」である旨が教育再生実行会議をはじめとした様々な場で喧伝されながらも、我が国の公財政教育支出の割合は、対GDP比でOECD加盟国の最下位に位置している[9]。全ての教育段階で平均を下回り、特に就学前教育段階と高等教育段階では突出して低く、家計の私費負担に依存している状態が続いている。厳しい財政状況を踏まえると、教育投資の現状が劇的に改善することが見込めないものの、良質な教育の実現を図るためには、重点的な財源投入に向けた国家としての決断が求められる。教育課題の克服に向けて、教員を増やす、教員の仕事を減らす、教員の質を高める、と

いったいずれの手法に重点を置くにしても財源の確保が必要であり、その実現なくしては意識改革も進まず、学校教育現場の多忙化に一層の拍車がかかることも懸念される。

「学び続ける教員像」を確立するためにも、ポートフォリオの導入による研修成果の可視化と、その還元を企図した適材適所への配置・異動等の人事管理システムに反映させる仕組の構築が重要な課題として指摘できる。その実効性を高めるためには、専修免許状取得によるインセンティブの付与に加え、自主研修の活動を幅広く積極的に認定するシステムの確立とそれに付随する条件整備も急務の要件であるといえよう。

2．教員の職能開発に向けた重点課題
(1) 多忙化の軽減による研修時間の確保

近年の学校教育現場は、山積する教育課題に対応していく必要性に加え、ベテラン教員の大量退職とそれに伴う若手教員の大量採用、ミドルリーダーを担う年齢層の相対的不足や学校内の年齢・経験年数の不均衡もあり、研修需要が増大している。他方で、少子化に伴う学校の小規模化、教職の個人主義化や人間関係の希薄化も相まって、校内研修（特に有効性の高いインフォーマルな場面における先輩教員との交流）の機会の減少に伴い、教員相互の横断的ネットワークの構築と教育実践活動に関する知識・技能の継承に支障が生じている。また、国及び地方の財政難による研修関連予算の縮減に伴い、校外研修への参加機会も減少傾向にある。さらに、教員の日常業務の多忙化は、研修への参加意欲の減退や機会の遺失を招いている実情にある。

2006年度及び2016年度の文部科学省による教員勤務実態調査、2013年度のOECD（経済協力開発機構）による国際教員指導環境調査（TALIS：Teaching and Learning International Survey）の結果から、教員の長時間勤務の実態があらためて浮き彫りになった。関連する諸調査からも、教員の多忙化が現在進行形で悪化しており、看過できない状態にあることから、社会問題として議論されるようになっている。

授業改善をはじめとする教育の質の確保・向上や社会での活動を通じた自己研

鑽の充実の観点からも、「学校における働き方改革」を早急に進めていく必要があるとの緊急提言により、教員の働き方改革・業務改善が喫緊の政策課題となっている。職能開発の最大の阻害要因である多忙化を克服するためには、長時間勤務が美化される風潮から脱却し、教員の多様な学びの機会を確保し、研修への参加を奨励・支援することによってこそ、望ましい職能開発と期待される職責の遂行が可能となる。

(2) 派遣研修の拡充と自主研修の奨励・支援

現下の情勢を踏まえると、多種多様な教育課題に対応していく高度な知識・技能を備えた教員の育成に向けて、現職研修による職能開発の促進によって、教員個人と学校組織の双方の教育力向上を企図することが必要である。その実現に向けて、派遣研修の拡充と自主研修の奨励・支援に重点を置いた研修の活性化が不可欠である。

高度化・複雑化する教育課題に対応していくためには、多様な研修機会の有効活用による職能開発を実現し、その成果を教育実践活動に結び付ける仕組の構築が求められる。しかしながら、現状は研修関連予算の縮減に伴い、派遣研修の機会は明らかに減少傾向となっている[10]。最も有効性の高い自主研修についても、多忙化や支援不足による参加機会の減少が続いている実態が明らかである。自主研修を含む研修履歴を積極的に評価することによって、自律的な取組を促進していくことが緊要な課題として認識できる。

優秀教員の事例でも確認できたように、教員は学校だけで育つのではなく、学校・地域の枠を超えて研修に専念できる環境を確保することに加え、教育以外の広い世界を経験する機会とのバランスも重要である。教員の職能開発に向けて、卓越性・自律性を支えてきた現職研修に関する環境の悪化と機会の減少が危惧される。

3. 現職教員研修の今後の方向性

今後の現職研修の方向性として、校内研修については、研修リーダーを中心とした体制づくりやメンター方式の研修(チーム研修)が具体的方策として推奨されるようになっている。実践例としても、教員の主体的な参加を促す複数の研修

チームを設け、各チームにベテランやミドルリーダーを配置し、メンターとして若手教員の指導・助言を担当するなど、チーム内で相互に学び合う中で育成する方式も普及してきている[11]。校内研修の取組が不十分な傾向にある高校を中心として、実効性を伴う機能の強化が期待される。

校外研修については、初任者研修の改革として、校内研修の重視に伴う校外研修の精選に加え、2・3年目などの初任段階の研修との接続の促進に関する運用方針の見直しが進められている[12]。また、同じ法定研修である「10年経験者研修」は「中堅教諭等資質向上研修」に名称が改められるとともに、実施時期の弾力化が図られることとなった。さらに、ミドルリーダーの育成や管理職のマネジメント力の強化に関する方向性も示された。これらについては、学校現場における年齢構成の不均衡や財政的事情といった環境変化による影響も大きく、教員の職能開発における初任期の重視、教員の多様な特性や個性に応じた弾力的な運用が可能になったという点では望ましいといえよう。

他方、派遣研修については、特に長期間にわたる派遣研修・社会体験研修や人事交流による研修の減少傾向が顕著であり、「社会的視野の拡大」、「対人関係能力の向上」の機会に制限が加えられてきている。全国的な財政難に伴い、「教員は学校で育つ」というスローガンの下、「内向き」の研修が推進されるようになっている。そのような情勢の中でも、教育委員会内外の諸制度を積極的に活用しながら、人事交流・派遣研修の施策を拡充させている事例も確認できる[13]。財政的な制約の克服は全国的に共通する課題であるが、国や知事部局等の制度を含めた機会の有効活用をはじめ、創意工夫による施策の展開が求められる。

自主研修については、その取組に必要な時間を確保するための働き方改革・業務改善に向けた政策が推進されている。各種の調査結果から明らかになる深刻な多忙化や過酷な勤務実態は、職能開発の最大の阻害要因となっており、その克服が必要不可欠である。教育政策の最優先課題となっている絶好の機会を逃さず、教員・学校の社会的役割の再確認と家庭・地域との分担に関する意識改革を進め、勤務環境の改善に努める必要がある。その実現によってこそ、教員が自ら課題を持って自律的・主体的に行う研修による職能開発が促進され、ひいては学校教育の活性化や教育力の向上に資することが可能となる。自主研修の取組に際し

て、積極的な支援策を講じている事例[14]もあり、今後のさらなる展開が期待される。

第3節　今後の研究課題

　結びに、優秀教員の職能開発における現職研修の効果について、より詳細に究明していく必要があるという認識に基づき、本研究の主要な課題と今後の展望を示しておきたい。

　第1に、現職研修の効果意識の変化を探るための追跡調査が必要である。研修の効果は、職務内容の変化をはじめとした条件の変化によって、教職生涯にわたって意識が変化することも予見される。すなわち、本研究における効果意識は、調査時点におけるミドルリーダーとしての立場・役割に基づいており、固定的なものではないことも想定しなければならない。加齢や職務経験の蓄積による変化、職階や社会情勢の変化等によって、研修の効果意識に変動が起こる可能性がある。したがって、一定時点の想起情報のみならず、一定期間経過後の効果意識の変化を探るため、パネル調査（追跡的・縦断的調査）によるデータの収集・分析を行うことも有益であると考えている。

　第2に、優秀教員の選出状況と効果意識の変化を探るための継続調査が求められる。本研究が依拠している優秀教員表彰制度については、創設からまだ期間が短く、最初の2年分を一括して調査を行った。今後、養成・採用・研修を網羅した教師教育改革の進展に伴い、現職研修に対する効果意識の変動要因が出現し得る。すなわち、教員養成の長期化や研修制度の再構築等に伴い、研修環境や意識の変化が起こる可能性がある。また、表彰制度自体が流動化し、選出基準の見直しによる優秀教員の属性の変化に伴い、研修に対する効果意識の変化も想定される。したがって、一定年数ごとの調査を継続し、経年比較・分析を行うことも有用であると考えている。

　第3に、現職研修の効果意識に関する優秀教員と一般教員との比較・分析を行うことも有意義である。本研究における分析結果については、公的推薦ルートを経由した優秀教員ゆえの特性が、現職研修に対する効果意識に影響を与えている可能性がある。また、現職研修に対する効果意識の違いをより際立たせるには、

一般教員に対する調査結果との直接比較も有効であるといえよう。したがって、本研究の分析結果を断定的に捉えることなく、より多面的・多角的に分析を進めることが重要であり、現職研修の在り方を検討する上でも重要な課題であると認識している。

　以上が本研究における主要な課題として挙げられるが、各考察から得られた知見については、教員の育成に関する望ましい在り方や現職研修の運用改善及び新たなシステムの構築に際し、議論の起点としての情報となれば望外の喜びである。

【註】

[1] カスケード方式とは、何らかの新しい知識や情報を段階的に拡散、普及していく仕組のこと。具体的には、各学校や地域から選抜された参加者に対し、中央の機関で研修を実施し、その参加者が各学校や地域に戻り、研修を伝達していく方式。

[2] 日本教育経営学会(実践推進委員会)では、求められる校長像を「教育活動の組織化のリーダー」と捉えるべきであるとしている。それは、「児童・生徒の教育活動の質的改善をめざし、学校の実態を踏まえながら進むべき針路を明確にし、学校が擁する様々な資源・条件等を有効に活用することによって学校内外の組織化をリードする」ことである。校長の役割の中心に置かれるものは、学校としての共有ビジョンの確立、カリキュラムの開発・編成、教職員の職能開発、教職員の協力体制と協働的な風土づくりなど、様々な組織的条件を整え構築することが重要であることが強調されている。「教育活動の組織化をリードする校長像」として、次の基準によって構成されている。すなわち、①学校の共有ビジョンの形成と具現化、②教育活動の質を高めるための協力体制と風土づくり、③教職員の職能開発を支える協力体制と風土づくり、④諸資源の効果的な活用と危機管理、⑤家庭・地域社会との協働・連携、⑥倫理規範とリーダーシップ、⑦学校を取り巻く社会的・文化的要因の理解、以上の7つである。詳細は、日本教育経営学会「校長の専門職基準2009(一部修正版) －求められる校長像とその力量－」を参照されたい。
http://jasea.jp/wp-content/uploads/2016/12/teigen2012.6.pdf (2019年3月1日最終閲覧)

[3] 2000年に創設された「大学院修学休業制度」に先立って、大阪府・大阪市では「長期自主研修支援制度」、神奈川県(横浜市・川崎市を含む)と福岡県(福岡市・北九州市を含む)では同じ名称の「自己啓発のための休業制度」が設けられ、自主研修への参加促進が図られている。しかしながら、関連する休業制度の利用者は2003年度時点では378名であったが、2016年度では189名と約半数に減少している。大学院派遣研修と同様に濃厚な職務性を有しながらも、無給という待遇上の過大な格差が存在している。制度利用者の推移については、文部科学省ホームページ「休業者数推移」を参照されたい。
http://www.mext.go.jp/a_menu/shotou/kyuugyou/05112202.htm (2019年3月1日最終閲覧)

[4] 浅野良一(2009)『学校におけるOJTの効果的な進め方』教育開発研究所138-141頁において、人材育成の観点からの人事管理論が詳述されている。すなわち、人事管理とは、人に関わる各種の制度設計やその運用であり、①確保、②育成、③活用、④評価を有機的に連携させることにより、人材の能力を最大限に発揮・活用させるシステムとマネジメントである。したがって、人材育成は人事管理の一部を構成するサブシステムであり、研修は「採用」、「異動・配置」、「人事評価」、「給与」、「昇任」等のトータルな人事管理施策がなければ、効果的な推進が期待できない。人事管理が一体的に運用されて、「育成」の方向性に統合されることにより、人材育成の諸方策が生きてくるという点が指摘されている。

[5] 佐藤幹男(1999)『近代日本教員現職研修史研究』風間書房において、教員研修に関する政策・行政の展開過程が詳述されている。

6 独立行政法人教職員支援機構(NITS:National Institute for school Techers and Staff development)では、機構改革に伴う新たなミッションに取り組んでいる。とりわけ、OJT研修のコンテンツとして、チーム学校の組織力を高めるための貴重な教材を提供している。詳細は、独立行政法人教職員支援機構ホームページ「校内研修シリーズ」を参照されたい。
http://www.nits.go.jp/materials/intramural/ (2019年3月1日最終閲覧)
7 久保富三夫(2017)『教員自主研修法制の展開と改革への展望』風間書房、380-381頁において、その後の教員研修の展開に与えた影響を含めて詳述されている。
8 完全学校週5日制の実施に際して2002年3月、そして夏季休業期間等における勤務管理に関して同年7月に発出された文部科学省による通知文が教育委員会や管理職に強い圧力を与え、研修の権利性の否定や内容の限定的解釈などによる「職務専念義務免除削減競争」を招く結果となった点が指摘されている。実際に、神奈川県や埼玉県での調査によって、職専免研修の取得日数が激減した結果が示されている。詳細は、久保富三夫(前掲書6)を参照されたい。
9 2011年時点の調査によると、公財政教育支出の対GDP比について、OECD加盟国の平均が5.6%であるのに対し、日本は3.8%で最下位となっている。全ての教育段階でOECD平均を下回り、特に就学前教育段階と高等教育段階では突出して低い実態にある。データの詳細は、首相官邸ホームページ「我が国の教育行財政について」を参照されたい。
https://www.kantei.go.jp/jp/singi/kyouikusaisei/bunka/dai3/dai1/siryou4.pdf (2019年3月1日最終閲覧)
10 例えば、社会体験研修(1ヶ月以上)の派遣実績について、2003年度時点1,467名から2015年時点300名、約五分の一に激減している。また、大学院等派遣研修(1ヶ月以上)についても、2011年度時点1,106名から2015年度時点1,032名、わずか4年間の短期に74名(約6.7%)減少している。詳細は、文部科学省ホームページ「教員研修」を参照されたい。
http://www.mext.go.jp/a_menu/shotou/kenshu/index.htm (2019年3月1日最終閲覧)
11 先駆的な事例として、横浜市教育委員会(2011)『「教師力」向上の鍵「メンターチーム」が教師を育てる、学校を変える-』学事出版を参照されたい。
12 先駆的な事例として、採用から3年間をかけて若手教員を育成する東京都教育委員会による「東京都若手教員育成研修」、初任者育成を組織的に強化する山口県教育委員会による「若手人材育成強化・加速1000日プラン」が挙げられる。
13 先駆的な事例として、川上泰彦・中島秀明(2015)「佐賀における教員の人事交流・研修派遣の拡充」日本教育行政学会編『学会創立50周年記念』70-77頁を参照されたい。
14 先駆的な事例として、自主研修の開催に関する案内や会場提供等に係る事務手続きを研修会が定着するまで支援している下関市教育センターによる取組が挙げられる。

資料

質問紙調査票

「優秀教員」に関する調査

※以下の質問について、あてはまる番号に○をつけて下さい。（　）は自由にお書き下さい。

【Q1】文部科学大臣優秀教員表彰時の学校種は、次のうちどれでしたか。また、専門教科を（　）内に記入して下さい。（1つ回答）

1．小学校　　　　　　　　　　　　　　2．中学校（専門教科：　　　　　　　　）
3．高校（専門教科：　　　　　　　　）　4．中等教育学校（専門教科：　　　　　　　　）
5．特別支援学校（盲学校・聾学校・養護学校を含む）　6．その他（　　　　　　　　）

【Q2】性別はどちらですか。（1つ回答）

1．男　　　　　　2．女

【Q3】文部科学大臣優秀教員表彰を受けた時の年齢を（　）内にご記入下さい。

満（　　）歳）

【Q4-a】文部科学大臣優秀教員表彰の理由となった実績分野は、次のうちどれでしたか。（1つ回答）

1．学習指導　　　2．生徒指導・進路指導　　　3．体育・保健・給食指導
4．部活動指導　　5．特別支援教育　　　　　　6．その他

【Q4-b】文部科学大臣優秀教員表彰の実績内容・表彰理由について、下の空欄に簡単に記入して下さい。

【Q5-a】本務採用となる以前に、非正規教員（非常勤講師等を含む）の経験はありましたか。（1つ回答）

1．ある　　　　　　　2．ない

【Q5-b】上記で「ある」と回答した方にお聞きします。その通算期間は、次のうちどれでしたか。（1つ回答）

1．1年未満　　　　2．1年以上2年未満　　　3．2年以上3年未満

4．3年以上4年未満　　5．4年以上5年未満　　6．5年以上

【Q6-a】本務採用となる以前に、公立学校以外での勤務経験はありましたか。（1つ回答）

1．ある　　　　　　　2．ない

【Q6-b】上記で「ある」と回答した方にお聞きします。その勤務先は、次のうちどれでしたか。（複数回答可）

1．国立学校　　　　2．私立学校　　　　3．塾・予備校

4．専門学校・各種学校　　5．民間企業　　6．その他（業種・職種　　　　　　）

【Q7】初任期（特に最初の赴任校）において、特に意識的に取り組んだことは、次のうちどれでしたか。（複数回答可）

1．児童・生徒とのふれあい　　　　　　2．学校管理職や教職員との交流

3．保護者・地域社会との交流　　　　　4．校内研修（研究）への参加

5．学校外の研修への参加　　　　　　　6．組合活動への参加

7．自主研修・個人研究・自己啓発への取組　　8．その他（　　　　　　　　　　　）

【Q8】初任期の学校（特に初任校）において、その後の教職生活に特に好影響を与えた職場環境や体験した教育活動は、次のうちどれでしたか。（複数回答可）

1．校長・教頭の優れたリーダーシップ　　2．模範となる教員の存在
3．研究（研修）活動に熱心に取り組む雰囲気　4．何でも語り学び合える雰囲気
5．保護者・地域社会との良好な関係　　6．児童・生徒の質の高さ
7．校内での分掌上の役割　　8．その他（　　　　　　　　　）

【Q9】文部科学大臣優秀教員表彰時までの職務経験の中で、ご自身の資質向上に特に役立った校務分掌上の役割は、次のうちどれでしたか。（複数回答可）

1．教務主任　　　2．学年主任　　　3．研究（研修）主任
4．教科主任　　　5．学科主任　　　6．保健主事（主任）
7．生徒指導主事（主任）　8．進路指導主任　9．主幹教諭
10．部活動顧問　　11．学級担任　　12．その他（　　　　　　　　）

【Q10】文部科学大臣優秀教員表彰時の学校は、本務採用から数えて何校目でしたか。（1つ回答）

1．1校目　　　2．2校目　　　3．3校目
4．4校目　　　5．5校目　　　6．6校目
7．7校目　　　8．その他（　　）校目

【Q11】文部科学大臣優秀教員表彰時までに、次のことを経験されましたか。（複数回答可）

1．人事交流（校種間交流、都道府県間人事交流、海外日本人学校等）による勤務
2．教育行政（教育委員会、教育事務所、教育センター等）での勤務
3．派遣による研修（補充教員の配置を伴う、学校を離れての長期研修）
4．休職による研修（大学院修学休業や自己啓発研修等、休職扱いの長期研修）
5．研修以外の理由による休職（育児休業、病気休職等）

【Q12】次にあげる校内での研修について、ご自身の資質能力の向上に役立った度合いを5段階で評価して下さい。（全てに回答）

校内での研修	←全く役立たなかった　　　　非常に役立った→
1．授業研究・教科指導に係る研修	1・・・・2・・・・3・・・・4・・・・5
2．生徒指導・カウンセリングに係る研修	1・・・・2・・・・3・・・・4・・・・5
3．進路指導・キャリア教育に係る研修	1・・・・2・・・・3・・・・4・・・・5
4．教育施策・法令・服務等に係る研修	1・・・・2・・・・3・・・・4・・・・5
5．情報教育・IT分野に係る研修	1・・・・2・・・・3・・・・4・・・・5
6．教科会の単位での研修	1・・・・2・・・・3・・・・4・・・・5
7．学年会の単位での研修	1・・・・2・・・・3・・・・4・・・・5
8．有志・特定グループの単位での研修	1・・・・2・・・・3・・・・4・・・・5
9．上司からの指導・助言	1・・・・2・・・・3・・・・4・・・・5
10．先輩教員からの指導・助言	1・・・・2・・・・3・・・・4・・・・5
11．同僚らとの交流・情報交換	1・・・・2・・・・3・・・・4・・・・5
12．子どもたちとのふれあい	1・・・・2・・・・3・・・・4・・・・5
13．保護者・地域との交流	1・・・・2・・・・3・・・・4・・・・5

【Q13】次にあげる校外での研修の中で、経験が「ある」場合は該当する番号に〇印を付けて下さい。また、〇印を付けた研修のみ、ご自身の資質能力の向上に役立った度合いを5段階で評価して下さい。

指定（必修）研修	←全く役立たなかった　　　　非常に役立った→
1．初任者研修・新規採用者研修	1・・・・2・・・・3・・・・4・・・・5
2．教職経験者研修（5年）	1・・・・2・・・・3・・・・4・・・・5
3．教職経験者研修（10年）	1・・・・2・・・・3・・・・4・・・・5
4．教職経験者研修（20年）	1・・・・2・・・・3・・・・4・・・・5

課題別研修	←全く役立たなかった　　　非常に役立った→
5．教科指導に係る研修	1・・・・2・・・・3・・・・4・・・・5
6．生徒指導・カウンセリングに係る研修	1・・・・2・・・・3・・・・4・・・・5
7．進路指導・キャリア教育に係る研修	1・・・・2・・・・3・・・・4・・・・5
8．情報教育・IT分野に係る研修	1・・・・2・・・・3・・・・4・・・・5
9．人権教育・心の教育に係る研修	1・・・・2・・・・3・・・・4・・・・5
10．環境教育に係る研修	1・・・・2・・・・3・・・・4・・・・5
11．国際理解教育に係る研修	1・・・・2・・・・3・・・・4・・・・5

派遣研修	←全く役立たなかった　　　非常に役立った→
12．洋上研修	1・・・・2・・・・3・・・・4・・・・5
13．海外派遣研修	1・・・・2・・・・3・・・・4・・・・5
14．文部（科学）省中央研修	1・・・・2・・・・3・・・・4・・・・5
15．大学院派遣研修	1・・・・2・・・・3・・・・4・・・・5
16．大学等での内地留学・長期研修	1・・・・2・・・・3・・・・4・・・・5
17．人事交流等による知事部局・役所等での研修	1・・・・2・・・・3・・・・4・・・・5
18．民間企業等での長期体験研修	1・・・・2・・・・3・・・・4・・・・5

職務研修	←全く役立たなかった　　　非常に役立った→
19．教務主任研修	1・・・・2・・・・3・・・・4・・・・5
20．生徒指導主事（主任）研修	1・・・・2・・・・3・・・・4・・・・5
21．進路指導主任研修	1・・・・2・・・・3・・・・4・・・・5
22．管理職候補者研修	1・・・・2・・・・3・・・・4・・・・5

自主研修・自己啓発	←全く役立たなかった　　　非常に役立った→
23. 教育に関する専門的書籍の購読	1・・・・2・・・・3・・・・4・・・・5
24. 通信教育の講座受講	1・・・・2・・・・3・・・・4・・・・5
25. 放送大学での学修	1・・・・2・・・・3・・・・4・・・・5
26. 大学等の公開講座の受講	1・・・・2・・・・3・・・・4・・・・5
27. 海外留学・旅行の経験	1・・・・2・・・・3・・・・4・・・・5
28. 自主的組織・サークルでの研修	1・・・・2・・・・3・・・・4・・・・5
29. ボランティア等の社会的活動	1・・・・2・・・・3・・・・4・・・・5
30. 民間の教育研究団体による研修	1・・・・2・・・・3・・・・4・・・・5
31. 組合関係の研修活動	1・・・・2・・・・3・・・・4・・・・5
32. 先進校への視察研修	1・・・・2・・・・3・・・・4・・・・5
33. 異業種交流への参加	1・・・・2・・・・3・・・・4・・・・5

【Q14】あなたのような優秀教員を育成するために、行政が行う研修や支援はいかにあるべきでしょうか。お考えに該当するものを、次の中からお選び下さい。（複数回答可）

1．校内研修に対する支援の拡充
2．高度な専門的内容の研修の拡充
3．最新の指導方法・指導技術に関する研修の拡充
4．授業や教育実践に直接役立つ研修の拡充
5．多様な研究者・専門家を活用した研修の拡充
6．演習・実技を多く取り入れた参加型研修の拡充
7．e-learning（IT）を活用した遠隔研修の拡充
8．派遣研修の機会の拡充
9．自主研修・個人研究に対する支援の拡充
10．その他（　　　　　　　　　　　　　）

【Q15】平日1日あたりの残業時間（学校内での事前準備・残業及び自宅への持ち帰りの合計）は、平均してどれくらいですか。（1つ回答）

1．ほとんどなし
2．30分程度
3．1時間程度
4．1時間30分程度
5．2時間程度
6．2時間30分程度
7．3時間程度
8．3時間30分程度
9．4時間程度
10．4時間30分程度
11．5時間程度
12．5時間30分程度
13．6時間程度
14．6時間30分程度
15．7時間程度
16．7時間30分以上

【Q16-a】文部科学大臣優秀教員表彰後、ご自身や職場に何か変化がありましたか。（1つ回答）

1．ある　　　　2．ない

【Q16-b】上記で「ある」と回答した方にお聞きします。それは次の中でどれに該当しますか。（複数回答可）

1．自信が増した　　　　　　2．意欲が増した　　　　　　3．周囲の対応が変わった
4．金銭上の処遇がなされた　5．人事上の措置が行われた　6．仕事量が増えた
7．プレッシャーを感じる　　8．妬まれた　　　　　　　　9．その他（　　　　　　）

【Q17-a】文部科学大臣優秀教員表彰後、何か業務依頼を受けたことがありますか。（1つ回答）

1．ある　　　　2．ない

【Q17-b】上記で「ある」と回答した方にお聞きします。それは次の中でどれに該当しますか。（複数回答可）

1．校内研修での講師　　　　　　2．市町村レベルでの研修講師
3．教育事務所単位での研修講師　4．都道府県レベルでの研修講師
5．大学等からの講師依頼　　　　6．その他（　　　　　　　　　　）

【Q18】優秀教員であるあなたは、学校や教育行政にどのような要望をお持ちですか。次の中からお選び下さい。（1つ回答）

1．金銭的な優遇措置　　　　2．教頭・副校長への昇任　　3．指導主事への登用
4．主幹教諭としての配置　　5．派遣研修等の機会の優先権付与　6．研修講師等としての活用
7．特になし　　　　　　　　8．その他（　　　　　　　）

【Q19】優秀教員としてのさらなる資質能力の向上のために、現在も努力していることは、次のうちどれですか。（複数回答可）

1．校内での研修機会の積極的な活用
2．校外での研修への積極的な参加
3．自主研修・個人研究等による自己研鑽
4．専門分野・領域での知識・技術の獲得
5．専門外の一般教養の獲得
6．自身の教育実践活動の記録・振り返り
7．自身の教育実践活動の公開・情報発信
8．教委の施策・上司の方針に対する前向きな態度
9．周囲との良好な関係の維持や雰囲気づくり
10．その他（　　　　　　　　　　　　）

【Q20】ご自身の将来の進路希望は、次のうちどれですか。（1つ回答）

1．学校管理職（校長・教頭等）
2．教育行政専門職（教育長・指導主事等）
3．主幹教諭等の指導的役職
4．大学等の教員への転職
5．教諭としての職務を継続
6．わからない
7．その他（　　　　　　　　　　　　）

【Q21】あなたのような優秀教員を育成するために、行政が行う研修や支援はいかにあるべきでしょうか。ご自由にお書き下さい。

※調査結果の報告を希望される場合は、お手数ですが空欄に必要事項を記入して下さい。

氏名：	送付先：〒

参考文献

【単行本】

浅野良一編著（2009）『学校における OJT の効果的な進め方』教育開発研究所
朝日新聞教育取材班（2004）『教師力』朝日新聞社
安部崇慶（1997）『芸道の教育』ナカニシヤ出版
有村久春編著（2006）『教師の資質・能力向上のための PCDA』教育開発研究所
市川昭午（2015）『教職研修の理論と構造』教育開発研究所
稲垣忠彦・寺崎昌男・松平信久（1988）『教師のライフコース－昭和史を教師として生きて－』東京大学出版会
今津孝次郎（2012）『教師が育つ条件』岩波新書
岩田康之・三石初雄編（2011）『現代の教育改革と教師－これからの教師教育研究のために－』東京学芸大学出版会
岡部博（1982）『企業内研修戦略』産能大出版部
尾木和英・有村久春（2004）『教育課題に応える教員研修の実際』ぎょうせい
鹿毛雅治（1996）『内発的動機づけと教育評価』風間書房
加治佐哲也（1998）『教育委員会の政策過程に関する実証的研究』多賀出版
加治佐哲也（2005）『アメリカの学校指導者養成プログラム』多賀出版
加治佐哲也編著（2008）『学校のニューリーダーを育てる』学事出版
梶田叡一（1985）『自己教育への教育』明治図書
河北隆子・脇経郎（2006）『教師力×学校力ダイナミック変革への実践本』明治図書
木岡一明編著（2003）『教職員の職能発達と組織開発』教育開発研究所
木岡一明編著（2004）『学校組織マネジメント研修』教育開発研究所
岸本幸次郎・久高喜行（1986）『教師の力量形成』ぎょうせい
久保富三夫（2005）『戦後日本教員研修制度成立過程の研究』風間書房
久保富三夫（2017）『教員自主研修法制の展開と改革への展望』風間書房
国際協力機構（2005）『日本の教育経験－途上国の教育開発を考える－』東進堂
今野喜清・新井郁男・児島邦宏編（2003）『新版　学校教育辞典』教育出版
佐藤全・若井彌一編著（1992）『教員の人事行政－日本と諸外国－』ぎょうせい
佐藤学（2006）『学校の挑戦－学びの共同体を創る－』小学館
佐藤学（2015）『専門家としての教師を育てる－教師教育改革のグランドデザイン－』岩波書店
佐藤幹男（1999）『近代日本教員現職研修史研究』風間書房
高橋玲治編著（2004）『教職生活安心 BOOK "けんしゅう" 編』教育開発研究所
高橋靖直・牛渡淳・若井彌一（1986）『教育行政と学校・教師』玉川大学出版部
塚田守（1998）『受験体制と教師のライフコース』多賀出版
堤宇一編著、青山征彦・久保田亨著（2007）『はじめての教育効果測定－教育研修の質を高めるために－』日科技連
東京学芸大学教員養成カリキュラム開発研究センター編（2006）『教師教育改革のゆくえ－現状・課題・提言－』創風社
富永國夫（2008）『教師の力量を支援する校長の指導助言機能の研究』風間書房
中留武昭（1984）『校内研修を創る－日本の校内研修経営の総合的研究－』エイデル研究所
中原淳監修・町支大祐・脇本健弘著（2015）『教師の学びを科学する』北大路書房
成田幸夫（2007）『若い教師を育てる－各校で取り組む若手育成プラン－』教育開発研究所
西川純（1999）『実証的教育研究の技法』大学教育出版
日本教育経営学会編（2000）『シリーズ教育の経営 1　公教育の変容と教育経営システムの再構築』玉川大学出版部
日本教育経営学会編（2000）『シリーズ教育の経営 2　自律的学校経営と教育経営』玉川大学出版部
日本教育経営学会実践推進委員会編（2015）『次世代スクールリーダーのための「校長の専門職基準」』花書院
日本教師教育学会編（2002）『講座教師教育学第Ⅲ巻　教師として生きる－教師の力量形成とその支援を考える－』学文社
日本教師教育学会編（2008）『日本の教師教育改革』学事出版
日本経団連出版編（2006）『キャリア開発支援制度事例集』日本経団連出版
久冨善之（1988）『教員文化の社会学的研究』多賀出版
平松陽一（2001）『教育研修の効果測定と評価のしかた』インターワーク出版
平松陽一（2006）『教育研修プラン推進マニュアル』日興企画

堀井啓幸・黒羽正見編著（2005）『教師の学び合いが生まれる校内研修』教育開発研究所
堀内孜編著（2000）『地方分権と教育委員会2　教育委員会の組織と機能の実際』ぎょうせい
堀内孜編著（2000）『地方分権と教育委員会3　開かれた教育委員会と学校の自律性』ぎょうせい
牧昌見編著（1982）『教員研修の総合的研究』ぎょうせい
八尾坂修（2004）『学校改善マネジメントと教師の力量形成』第一法規出版
八尾坂修編著（2005）『教員人事評価と職能開発−日本と諸外国の研究−』風間書房
山﨑準二（2002）『教師のライフコース研究』創風社
横浜市教育委員会（2011）『「教師力」向上の鍵−「メンターチーム」が教師を育てる、学校を変える！−』学事出版
読売新聞教育取材班（2006）『教育ルネサンス教師力』中央公論新社
若井彌一編著（2008）『教員の養成・免許・採用・研修』教育開発研究所
グッドソン，I．サイクス，P. 著、高井良健一・山田浩之・藤井泰・白松賢訳『ライフヒストリーの教育学−実践から方法論まで−』昭和堂
デール，T.E. ピターソン，K.D. 著、中留武昭・加治佐哲也・八尾坂修訳（2002）『学校文化を創るスクールリーダー−学校改善をめざして−』風間書房
フィリップス J.J. 著、渡辺直登・外島裕監訳（1999）『教育研修効果測定ハンドブック』日本能率協会マネジメントセンター
OECD 著、奥田かんな訳（2001）『教師の現職教育と職能開発− OECD 諸国の事例比較−』ミネルヴァ書房
PHP 教育政策研究会編（2006）『親と教師が日本を変える−一人ひとりの教育復興−』PHP 研究所

【論文】
秋田喜代美（1996）「教師教育における『省察』概念の展開」教育学年報5、世織書房、451-467 頁。
浅野信彦（2007）「教師教育におけるライフヒストリー分析の視点−学校の組織的文脈に焦点をあてて−」『文教大学教育学部紀要』第 38 集、83-93 頁。
安藤輝次（2009）「初任者教員と優秀教員の資質・能力に関する研究」『奈良教育大学紀要』第 58 巻、第 1 号（人文・社会）、147-156 頁。
安藤知子（2004）「10 年経験者研修の特質と研修体系」『教職研修』第 33 巻第 1 号、126-129 頁。
石川英志（2006）「教師の自律的研修を支える大学研修のヴィジョン−教師の問題意識の探求と発展を軸とした協働的研修−」岐阜大学教育学部研修計画委員会教員研修部会編『教師教育研究』第 2 号、19-28 頁。
石元浩子（2003）「教師のライフコースに即した教員評価制度の在り方に関する一考察」『東京大学大学院教育学研究科教育行政学研究室紀要』第 22 号、37-52 頁。
今津孝次郎（1979）「教師の職業的社会化(1)」『三重大学教育学部研究紀要』第 30 巻第 4 号、17-24 頁。
牛渡淳（2008）「近年の教員研修政策の動向と課題」日本教師教育学会編『日本の教師教育改革』学事出版、185-195 頁。
浦野東洋一（1989）「教員評価制度に関する一考察：英国での動向を素材として」『東京大学教育学部教育行政学研究室紀要』第 9 号、1-7 頁。
小野由美子（1989）「アメリカにおける教員評価の動向」『教育方法学研究』第 15 号、143-151 頁。
小柳和喜雄(2006)「教師教育におけるミドルリーダー養成に関する研究ノート−メンターリングを中心に−」『奈良教育大学教育実践総合センター研究紀要』第 15 号、201-209 頁。
小柳和喜雄（2010）「教師の資質能力としてのディスポジションに関する予備的研究−米国における動向を中心に−」『奈良教育大学教育実践総合センター研究紀要』第 19 号、153-160 頁。
勝野正章（2001）「教員評価制度をめぐる動向と課題」『日本教育法学会年報』第 30 号、135-144 頁。
兼子仁（1972）「教師の自主研修をめぐる法律問題」『日本教育法学会年報』第 1 号、80-84 頁。
河合宣孝（2006）「高等学校教員初任者研修の改善に関する研究−授業研究力量」形成を促進する校外研修プログラムの開発−」大塚学校経営研究会編『学校経営研究』No.31、42-55 頁。
川上泰彦・中島秀明（2015）「佐賀県における教員の人事交流・研修派遣の拡充」日本教育行政学会編『学会創立 50 周年記念』70-77 頁。
河村茂雄(1999)「校内研究と教育心理学」日本教育心理学会編『教育心理学年報』第 38 集、169-179 頁。
清原正義（2004）「教員評価制度導入をめぐる問題」『日本教育政策学会年報』第 11 号、35-42 頁。
久保富三夫(2008)「免許更新制と現職研修改革」日本教師教育学会編『日本の教師教育改革』学事出版、196-212 頁。
久保富三夫（2013）「『学び続ける教員像』に対する期待と危惧」『日本教師教育学会年報』第 22 号、40-49 頁。
久保富三夫（2018）「教特法研修条項（第 21・22 条）の原理と課題−『勤務時間内校外自主研修』の活

性化をめざして-」『教育制度学研究』第25号、19-36頁。
高妻紳二郎 (2012)「教員の資質能力の向上に資する人事行政の課題-『養成=採用=研修の一体化』をめぐる議論の再検討」『日本教育行政学会年報』第38号、2-18頁。
小原明恵 (2014)「教員研修に関する社会学的分析の課題-先行研究のレビューを通じて一」『東京大学大学院教育学研究科紀要』第54巻、81-90頁。
小松郁夫・西川信広 (1992)「イギリスの教員評価と学校経営改革:教員の職能成長と学校教育の「質」の向上を目指す方策」『日本教育経営学会紀要』第34号、64-77頁。
小山悦司 (1987)「教師のプロフェッショナル・グロースに関する研究-教師の自己教育力をめぐる一考察-」『岡山理科大学紀要』第23号B、115-132頁。
小山悦司・河野昌晴 (1988)「教師のプロフェッショナル・グロースに関する研究-自己研修についての方法論的考察-」『岡山理科大学紀要』第24号、95-114頁。
小山悦司・河野昌晴・村島義彦・曽我雅比児・妹尾純子 (1989a)「教師の自己教育力に関する調査研究-成長の契機についての自己形成史的分析-」『岡山理科大学紀要』第25号B、117-138頁。
小山悦司・河野昌晴・村島義彦・曽我雅比児・妹尾純子 (1989b)「教師の自己教育力に関する調査研究-自己教育力の経年的推移をめぐる自己形成史的分析-」中国四国教育学会編『教育学研究紀要』第1部、第35号B、231-242頁。
小山悦司・河野昌晴(1990)「教師の自己教育力に関する調査研究-自己教育力をめぐる因子分析的考察-」『日本教育経営学会紀要』第32号、100-118頁。
小山悦司・河野昌晴・村島義彦・曽我雅比児・赤木恒雄・加藤研治・妹尾純子 (1991)「教師の自己教育力に関する調査研究-第3次調査結果を中心に-」『岡山理科大学紀要』第27号B、227-245頁。
小山悦司・河野昌晴・赤木恒雄・加藤研治 (1992)「教師の自己教育力に関する調査研究-2次調査および3次調査の比較分析を中心にして-」中国四国教育学会編『教育学研究紀要』第37巻、339-349頁。
小山悦司・河野昌晴・赤木恒雄・加藤研治・別惣淳二・妹尾純子 (1994)「教師の自己教育力に関する調査研究-第4次調査結果を中心にして-」『岡山理科大学紀要』第29号、295-320頁。
榊達雄・笠井尚・山口拓史・佐久間正夫・片山信吾 (1993)「アメリカにおける教員評価・教員資質向上等と教職の専門職制」『名古屋大学教育学部紀要』第39巻第2号、171-197頁。
佐藤晴雄 (2005)「優秀教員評価制度とその活用に関する調査報告」八尾坂修編著『教員人事評価と職能開発-日本と諸外国の研究-』風間書房、406-439頁。
佐藤幹男 (2002)「教師としての力量を高める」日本教師教育学会編『教師として生きる-教師の力量形成とその支援を考える-』学文社、81-93頁。
椎名萬吉 (1990)「初任者研修の実態と問題点-長野県における学校調査から-」『日本教育学会大会研究発表要項』No.49、165-166頁。
島田希 (2007)「反省的な教師教育におけるメンターの役割-石川県における『熟練教師に学ぶ授業力向上事業』をもとに-」『日本教師教育学会年報』第16号、88-97頁。
高井良健一 (2007)「教師教育の現在」『教育学研究』第74巻第2号、251-260頁。
高倉翔 (1998)「これからの教員に求められる資質能力と『教育職員免許法』の改正」文教大学付属教育研究所編『教育研究所紀要』第7号。
高谷哲也(2005)「日本の教員人事評価の課題と改善方策」『日本教師教育学会年報』第14号、92-101頁。
田上哲 (2006)「大学における教員研修システム開発のための基礎的考察2-教員の研修観と職能成長のタイプの問題-」『香川大学教育実践総合研究』第12号、59-67頁。
千々布敏弥 (2012)「都道府県指定都市における教職経験者研修の改編動向に関する考察」『国立教育政策研究所紀要』第141集、123-136頁。
當山清実 (2009)「優秀教員表彰制度の特質と課題」兵庫教育大学学校経営研究会編『現代学校経営研究』第21号、53-62頁。
當山清実 (2009)「優秀教員の職能開発における現職研修の効果に関する調査研究-校外研修を中心として-」『日本教育行政学会年報』No.35、182-198頁。
當山清実 (2010)「優秀教員の職能開発における現職研修の効果に関する研究-校内研修に対する効果意識を基にして-」兵庫教育大学大学院連合学校教育学研究科編『教育実践学論集』第11号、51-62頁。
當山清実 (2010)「優秀教員の職能開発における自主研修の効果」『日本教師教育学会年報』第19号、101-111頁。
友田美智子 (2003)「教員の民間企業等派遣研修に関する研究」中国四国教育学会編『教育学研究紀要』第49巻第1号、285-290頁。
中留武昭(1989)「初任者研修制度をいかに効果的に運用するか」『季刊教育法』第75号、エイデル研究所、17-29頁。
西穣司 (1995)「校内研修では何に重点をおき、どう取り組むか」『教職研修』23、教育開発研究所。
西穣司 (2002)「教師の力量形成と研修体制」日本教師教育学会編『教師として生きる-教師の力量形

成とその支援を考える-』学文社、217-230頁。
服部晃(2009)「法定研修としての教職初任者研修の現状と課題」『教育情報研究』第25巻第3号、3-14頁。
林孝(2006)「学校評価・教員評価による学校経営の自律化の可能性と限界」『日本教育経営学会紀要』第48号、16-27頁。
林徳治(1998)「小学校教員に求められる情報活用能力-内地留学教員研修生を対象とした情報教育研修を通して-」『日本教育情報学会年会論文集』No.14、36-39頁。
蛭田政弘(2001)「教員評価制度実施上の課題」『学校経営』第46巻第11号、第一法規出版、40-45頁。
藤原文雄(2006)「学校管理職からみた教務主任の職務と力量に関する調査研究」『静岡大学教育実践総合センター紀要』第12号、356-367頁。
堀内孜(2006)「学校経営の構造転換にとっての評価と参加」『日本教育経営学会紀要』第48号、2-15頁。
前田晴男(2008)「優秀教員表彰制度に関する一考察」九州大学大学院人間環境学府(教育学部門) 教育経営学研究室編『教育経営学研究紀要』第11号、99-101頁。
三橋弘(2001)「高校における校内研修-研修主任の役割-」『東京大学大学院教育学研究科教育行政学研究室紀要』第20号、117-128頁。
望月通子(2005)「教師の専門能力開発をめぐる研究」『関西大学外国語教育研究』第9号、51-63頁。
安井幸夫(1996)「東京都における教員の大学院派遣研修」社団法人日本化学会編『化学と教育』第46巻第6号、358-361頁。
山崎保寿・原沢浩(2004)「10年経験者研修における教員の研修ニーズに関する研究」『信州大学教育学部紀要』No.112、53-64頁。
山崎保寿(2007)「新たに求められる教師の資質能力とその課題」小島弘道編『時代の転換と学校経営改革-学校のガバナンスとマネジメント-』学文社、106-115頁。
山崎保寿(2009)「教師の職能成長に関する研究の動向と課題」『日本教育経営学会紀要』第51号、206-215頁。
山下晃一(2007)「教員制度改革の展開と研究動向-養成・研修・評価を中心に-」『教育制度学研究』第14号、192-195頁。
若井彌一(1991)「校内研修の活性化と校長のリーダーシップ」『教育委員会月報』第一法規出版、第43巻第1号、9-13頁。
若林満・南隆男・佐野勝男(1980)「わが国産業組織における大卒新入社員のキャリア発達過程-その継時的分析-」慶應義塾大学産業研究所『組織行動研究』6、5-131頁。

【研究報告書等】
浅野良一(2008)「教員研修体系及び各研修の評価・効果測定手法の研究開発事業実績報告書」兵庫教育大学
鹿毛雅治(2001)「教師の仕事を支える意欲の統合的構造とその発達」(1999・2000年度科学研究費補助金(奨励研究A、研究課題番号：11710076) 研究実績報告書」
加治佐哲也研究代表(2005)「学校運営の改善に向けた教員等の研修の在り方に関する調査研究報告書」(平成16年度文部科学省調査研究委嘱事業)
国立教育政策研究所(2011)「教員の質の向上に関する調査研究報告書
日本教育経営学会(2009)「校長の専門職基準[2009年版]-求められる校長像とその力量-」
日本教師教育学会(2005)「地方教育行政の教員の資質向上策に関する資料集」
吉本二郎研究代表(1985)「学校の意思形成に関する研究」(第2次調査報告書)

【行政刊行物】
神奈川県立総合教育センター(2008)「学校内人材育成(OJT) 実践のためのガイドブック」
北九州市「教員の評価等に関する調査研究協議会」(2006)「新たな教員の評価システムに関する調査研究(最終報告書)」
京都市教育委員会・京都市立永松記念教育センター(2003)「教員自らが力量を高めるための研修のあり方-アンケート調査が示す効果ある研修-」『平成14年度研究紀要』Vol.1
東京都(2006)「東京都職員人材育成基本方針-『展望』と『選択』による新たな人事管理の確立に向けて-」
東京都教育委員会(2008)「OJTガイドライン-学校におけるOJTの実践-」
東京都教育委員会(2008)「東京都教員人材育成基本方針」
東京都公立学校教職員の研修制度検討委員会(2009)「東京都公立学校教職員の研修制度検討委員会報告書-東京都公立学校教員研修体系の再編・整備等について-」
広島県立教育センター(2005)「教員の資質・能力及び指導力の向上を図る研修の効果に関する研究Ⅱ-10年経験者研修の効果測定を通して-」『研究紀要』第32号
広島県立教育センター(2007)「教員研修評価・改善システムの開発に関する研究-研修効果測定の方法

とその評価指標の構築や検証を通して」『研究紀要』第 34 号
三重県教職員人材育成検討協議会（2003）「教職員の人材育成の在り方について（最終報告）」
文部科学省（2001）「21 世紀教育新生プラン－レインボープラン－＜7つの重点戦略＞」
文部科学省（2007）「教員勤務実態調査報告書（小・中学校）報告書」
文部科学省（2007）「教員勤務実態調査報告書（高等学校）報告書」
文部科学省初等中等教育局初等中等教育企画課「教育委員会月報（平成 28 年 2 月号）」第一法規出版

【審議会答申】
中央教育審議会答申（1971）「今後における学校教育の総合的な拡充整備のための基本的施策について」
教育職員養成審議会建議（1972）「教員養成の改善方策について」
中央教育審議会答申（1978）「教員の資質能力の向上について」
臨時教育審議会（1985）「教育改革に関する第1次答申」
臨時教育審議会（1986）「教育改革に関する第2次答申」
臨時教育審議会（1987）「教育改革に関する第3次答申」
臨時教育審議会（1987）「教育改革に関する第4次答申」
教育職員養成審議会答申（1987）「教員の資質能力の向上方策等について」
中央教育審議会答申第1次答申（1996）「21世紀を展望した我が国の教育の在り方について」
教育職員養成審議会第1次答申（1997）「新たな時代に向けた教員養成の改善方策について」
教育職員養成審議会第2次答申（1998）「修士課程を積極的に活用した教員養成の在り方について」
中央教育審議会答申（1998）「今後の地方教育行政の在り方について」
教育職員養成審議会第3次答申（1999）「養成と採用・研修との連携の円滑化について」
教育改革国民会議報告（2000）「教育を変える17の提案」
中央教育審議会答申（2002）「新しい時代における教養教育の在り方について」
中央教育審議会答申（2005）「新しい時代の義務教育を創造する」
中央教育審議会答申（2006）「今後の教員養成・免許制度の在り方について」
中央教育審議会答申（2007）「今後の教員給与の在り方について」
中央教育審議会答申（2012）「教職生活全体を通じた教員の資質能力の総合的な向上方策について」
中央教育審議会答申（2015）「これからの学校教育を担う教員の資質能力の向上について～学び合い、高め合う教員育成コミュニティの構築に向けて～」

【英語文献】
Danielson, C.（2007）Enhancing Professional Practice: A Framework for Teaching (2nd edition), Association for Supervision and Curriculum Development, pp.3-4.
Danielson, C.（2008）The handbook for Enhancing Professional Practice, Association for Supervision and Curriculum Development, pp.116 – 124.
Deal, T. E. and Peterson, K. D. (1990) The Principal's Role in Shaping School Culture, Washington, D. C.: Office of Educational Research and Improvement, U. S. Department of Education.
Hargreaves, A. and Dawe, R. (1990) "Paths of Professional Development: Contrived Collegiality, Collaborative Culture, and the Case of Peer Coaching," Teaching & Teacher Education, Vol.6, No.3, pp.227-241.
Huberman, M. (1989) "The Professional Life Cycle of Teachers," Teachers College Record, Vol.91, No.1, Fall, pp.31-57.
Jalongo, M. R., Isenberg, J. P. and Gerbracht, C. (1995) Teachers Stories: from Personal Narrative to Professional Insight, San Francisco, Jossey-Bass Publishers.
Kirkpatrick, D. L. (1975) "Techniques for Evaluating Training Programs," Evaluating Training Programs. Alexandria, VA, American Society for Training and Development, pp.1-17.
Kirkpatrick, D. L. (1994) Evaluating Training Program. San Francisco, CA: Berrett- Koehler Publishers.
Liberman, M. (1956) "Education as a Profession," Englewood. Cliff, New Jersey. Prentice Hall.
Phillips, J. J. (1996) Accountability in Human Resources Management, Houston, TX: Gulf Publishing.
Phillips, J. J. (1996) "Measurring ROI: The Fifth Level of Evaluation," Technical and Skills Training, Vol.3, pp.10-13.
Schön, D. A. (1983) The reflective Practitioner. How Professionals Think in Action, Basic book.

あとがき

　本書は「優秀教員」を職能開発の成功モデルと推定し、量的・質的な調査結果に基づき現職研修の効果を明らかにすることにより、優秀教員が育成される条件を探るとともに、職能開発を促進する支援策の在り方を考究してきた。調査対象となった「優秀教員」は、制度創設当初の最も厚い層の中から選定された方々であるが、横並び意識の強い学校組織の中では、必ずしも有効に活用されていない実態に加え、一部に制度自体を疑問視する向きがあることも承知している。今後の人材活用や制度運用にも課題が残されているといえよう。

　既述のとおり、現職研修による教員の職能開発に向けて、教職生涯を通じて学び続ける基盤の形成、教育センター等における研修プログラムの開発、派遣研修の拡充、自主研修の奨励・支援をはじめとする現職研修システムの再編・整備に加え、人事管理システムを一体的に運用する機能強化が必要である。また、多忙化の軽減による研修時間の確保、校長を中心とした学校組織の育成力、教育行政による支援力がより重要性を増すことに伴う改革が不可欠である。多種多様な教育課題が山積している現状において、唯一の成長可能な資源である人的資源への投資こそ、学校教育における人材育成を通じた我が国の成長・発展にとって最重要かつ喫緊の課題であるといえよう。

　本書の基礎となった論考の根底には、現職教員研修の実態に対する問題意識が存在するが、それは筆者の公立高校教員としての経験に基づく視点も相当含まれている。筆者は優秀教員ではなく、彼らに伍するような卓越した指導力や顕著な実績もない。ただし、教職に就いて以降、職場環境や職務経験を通じて、そして多様な現職研修の機会を得ることによって育成されてきたという点では共通項を有している。すなわち、多くの恩人との出会いと交流に刺激を受け、触発されたことが成長の原動力になったと自覚している。とりわけ、現職研修に関しては、多くの経験が職能開発に結び付くとともに、教育実践活動にも役立てることができた。しかし他方では、施策の不備や人事上の都合もあり、研修成果を活用できない事態に陥るという直接的・間接的な経験の省察も踏まえている。

振り返ると大学学部卒業後の1年間、当時は教育困難校と呼称されていた高校での臨時的任用教員としての勤務は、厳しい現実に直面しながらも、教職生活の原点となる体験であった。本務採用となって赴任した高校では、尊敬する上司・先輩教員や高校時代の恩師に囲まれた職場において、様々な職務を経験する機会が与えられるなど、恵まれた環境の中で育成されてきたことを実感している。

　他方、教員としての成長を求め、派遣研修にも自発的に志願し、複数回の研修機会を得ることができた。まず、教職5年目に国際協力機構（JICA）青年海外協力隊（JOCV）事業により、2年間の現職派遣による国際協力活動の経験を積んだ。中米ニカラグア国家技術庁・国立経営経済技術学校に配属となり、授業の担当や教員に対する校内研修の組織化等の本来業務に加え、現地の日本大使館を通じた政府開発援助（ODA）の資金協力を得ながら、教科書作成及び学校予算の健全化の任務にも取り組んだ。その経験は、教育行政や学校経営に関心を抱き、現在に至る専攻分野を決定付けるものとなった。多種多様な専門性を持つ日本人駐在員・隊員、外国の援助関係者及び任国の人々との交流を通じた異文化体験により、学校現場での教育実践にとどまっていた視野を広げることができたと同時に、我が人生における最大の転機ともなった。

　次に、学校教育現場に復帰して約2年後には、「沖縄県国際都市形成構想」に係る通訳者養成事業の第一期生として、ユネスコの世界文化遺産に登録されているスペインの大学都市、アルカラ・デ・エナーレス（Universidad de Alcalá）における1年間の派遣留学の機会を得た。スペイン語の習得は、中米での国際協力活動の経験による付随的効果であった。学校教育との直接的な関連こそなかったものの、世界各地からの留学生が集う環境の中で、欧州通貨統合を目前に控えた激動の時期に、多大な刺激と示唆を受けながら貴重な時間を過ごした。また、この時期を中心に多くの国々を旅する機会に恵まれ、80カ国以上への渡航経験を積むことができた。

　再度復帰した学校教育現場においては、特色ある学校づくりの一環として、国際・観光系の学科のカリキュラム開発を中心とした教育実践活動に取り組んだ。学科主任として、旅行業に関する難関国家資格取得者の輩出や商業高校英語スピーチコンテスト全国最優秀賞の獲得という幸運にもめぐりあった。また、高校

教員をめざす動機であった野球部顧問として、全国高等学校野球選手権大会（夏の甲子園）ベスト４という快挙にも立ち会うことができた。さらに、2000年九州・沖縄サミットの関連イベントとして開催されたＧ８高校生サミットの経済分科会担当、同年の全国高等学校観光教育研究協議会の事務局長をはじめ、職務上の多様な経験も積むことができた。

　その後、大学院派遣研修として、兵庫教育大学大学院修士課程（学校教育研究科・教育経営コース）における学び直しの機会を得た。２年間フルタイムの大学院生活を過ごし、それまで別世界であった研究や学会に関わり始め、修士論文「自律的学校経営を創造する地方教育行財政の政策立案に関する研究」の執筆に取り組んだ。その長期休業期間中には、国際協力機構（JICA）主催の技術協力専門家養成を目的とした研修課程に参加し、約２ヶ月に及ぶ国内外での濃密な時間を過ごすこともできた。さらに、修士課程修了から３年後には、縁あって兵庫教育大学院博士課程（連合学校教育学研究科・学校教育実践学専攻・学校教育方法連合講座）における学究の機会を得ることとなった。

　博士課程に入学以降の研究遂行過程においても、多くの方々からご指導・ご支援を賜った。

　加治佐哲也先生（兵庫教育大学学長）には、修士課程から博士課程の最終学年に学長に就任されるまでの間、一貫して主指導教員としてご指導を賜った。先生の研究者としての学識の深さ、教育者としての姿勢にも敬服し、多くのことを学ばせていただいた。先生との出会いがなければ、博士課程への進学はもちろん、研究成果の発現や学位の取得には至らなかった。これまでの物心両面にわたるご支援に対し、深甚なる謝意を申し上げたい。

　佐藤真先生（関西学院大学教授）には、加治佐先生の学長就任に伴う後任として、主指導教員を担当していただいた。顕著なご活躍により、多忙を極める状況にも関わらず、的確なご助言によって学位取得まで導いていただいた。ご指導を受ける幸運に恵まれたことを実感しており、あらためて学恩に感謝申し上げたい。

　竺沙知章先生（京都教育大学教授）と兼松儀郎先生（鳴門教育大学教授→兵庫県加西市教育長）には、副指導教員としてご指導・ご鞭撻を賜った。博士論文

はもちろん、その基礎となる各学会への投稿論文の執筆に際し、研究上の課題を明確に指摘していただいた。有益なご助言のお陰で、調査データの分析手法や論述内容の見直しに役立てることができた。

　博士論文の審査に際しては、安部崇慶先生（故人）、森廣浩一郎先生（兵庫教育大学教授）、渡邉隆信先生（神戸大学教授）、佐古秀一先生（鳴門教育大学理事・副学長）にお世話になった。審査会においても、貴重なご指摘をいただいたことに感謝申し上げたい。

　そのほかにも、所属学会における自由研究発表の質疑応答や投稿論文の査読を通じて、貴重なご指摘やご示唆を頂戴するなど、数多くの学びの機会を得ることができた。ご芳名をあげることは叶わないが、日本教育行政学会、日本教師教育学会をはじめとする関係者の皆様に対する学恩にも感謝申し上げたい。

　質問紙調査でお世話になった、全国各地の優秀教員の方々にも感謝を申し上げなければならない。日々の多忙な教育実践活動の合間を縫って、回答を寄せていただいたお陰で、データとして有効活用することができた。また、インタビュー調査では、12名の方々の勤務地を訪問させていただいた。貴重な時間を割いて、教員としてのライフコースを詳細に語っていただいた。皆様のご理解・ご協力に対し、衷心より感謝を申し上げたい。

　大学院博士課程在学中は、学校教育現場での職務と研究の両立に努める必要があった。その間、3年連続で生徒指導主任を担当するとともに、入学当初は野球部の監督を務めていたため、研究時間の確保に苦労した時期もあった。そのような逆境にあっても、多くの方々のご支援により、学位取得まで辿り着くことができた。教職生活をスタートして以降に勤務した沖縄県立高等学校、沖縄県教育庁をはじめ、海外派遣勤務や派遣研修等を含めて、これまでお世話になった全ての関係者の皆様にもお礼を申し上げたい。

　本書のベースとなる博士論文の執筆から8年が経過し、その間に筆者は高等学校教諭から教育行政職及び学校管理職としての勤務経験を経て、2015年4月より国立大学法人兵庫教育大学大学院に奉職している。

　現在、教職員の皆様のご支援を受けながら、教育・研究・社会貢献の諸活動に

専念することができている。所属している教育実践高度化専攻（教職大学院）学校経営コースの浅野良一先生、小西哲也先生、小倉裕史先生には、授業やコース運営をはじめ日頃より大変お世話になっている。本書の刊行が決まってからは、川上泰彦先生、安藤福光先生、上田真弓先生（文部科学省）には検討会を開催していただき、加除訂正に関する参考意見を頂戴することができた。平素からのご厚誼を含めて、格別の感謝を申し上げたい。

　結びに、私事で恐縮ながら、仕事に追われる慌ただしい日常の中で、家族（妻、長女、長男）はいつも支えになってくれている。博士課程の修了から歳月が流れ、当時は小学生と幼稚園生であった子どもたちは、大学生と中学生となった。その間の転勤・転職に伴う転校・進学も経験したが、環境の変化に適応しながら、それなりに成長してくれている。遠い異国から嫁いできた妻も、波乱万丈な人生の旅路を今のところは一緒に歩んでくれている。普段は言葉にできていないが、家族に対しても感謝の意を伝えたい。

2019 年 4 月

當山　清実

著者プロフィール

當山 清実（とうやま　きよさね）

1966 年	沖縄県生まれ
1989 年～ 2011 年	沖縄県立高等学校教諭
・1993 年～ 1995 年	ニカラグア国家技術庁・国立経営経済技術学校技術顧問・校長補佐（JICA 青年海外協力隊派遣）
・1997 年～ 1998 年	アルカラ大学スペイン言語文化ディプロマコース（派遣留学）
・2003 年～ 2005 年	兵庫教育大学大学院学校教育研究科（修士課程）。修士（学校教育学）
・2008 年～ 2011 年	兵庫教育大学大学院連合学校教育学研究科（博士課程）。博士（学校教育学）
2011 年～ 2013 年	沖縄県教育庁社会教育主事
2013 年～ 2015 年	沖縄県立高等学校教頭
2015 年～ 2019 年	兵庫教育大学教職大学院学校経営コース准教授
2019 年～	兵庫教育大学教職大学院学校経営コース教授

所属学会：日本教育行政学会、日本教師教育学会、日本教育経営学会、日本スクールコンプライアンス学会、日本学校改善学会（理事）

国立大学法人兵庫教育大学教育実践学叢書 5
「優秀教員」の職能開発
効果的な現職研修の検討

平成 31 年 4 月 3 日　初版第 1 刷発行

■著　者　　當山 清実
■発行者　　加藤 勝博
■発行所　　株式会社 ジアース教育新社
　　　　　　〒 101-0054　東京都千代田区神田錦町 1-23　宗保第 2 ビル
　　　　　　TEL：03-5282-7183　FAX：03-5282-7892
　　　　　　E-mail：info@kyoikushinsha.co.jp
　　　　　　URL：http://www.kyoikushinsha.co.jp/

■ DTP・表紙カバーデザイン　土屋図形 株式会社
■印刷・製本　シナノ印刷 株式会社
○定価はカバーに表示してあります。
○乱丁・落丁はお取り替えいたします。(禁無断転載)
Printed in Japan
ISBN978-4-86371-494-6